동일성과 차이
―Identität und Differenz

Aus der Erfahrung des Denkens
Was ist das – Die Philosophie?
Gelassenheit
Identität und Differenz
From KLEIN SCHRIFTEN
In: DENKWEGE. Edition in four volumes.
by Martin Heidegger

Copyright ⓒ Klett-Cotta - J.G. Cotta'sche Buchhandlung Nachfolger GmbH, 2022
All rights reserved.

Korean translation edition is published by arrangement with
J.G. Cotta'sche Buchhandlung Nachfolger GmbH.

Korean Translation Copyright ⓒ Minumsa 2000, 2025

이 책의 한국어 판 저작권은 J.G. Cotta'sche Buchhandlung Nachfolger GmbH와 독점 계약한
(주)민음사에 있습니다.

저작권법에 의해 한국 내에서 보호를 받는 저작물이므로
무단 전재와 무단 복제를 금합니다.

동일성과 차이

마르틴 하이데거

신상희 옮김 | 임보라 감수

민음사

차례

동일성과 차이 1957년 초판의 확장판

　　　　머리말 9

　　　　동일률 11

　　　　형이상학의 존재-신-론적 구성틀 40

　　　　안내 82

　　　　하이데거의 부록 84

　　　　하이데거의 노트 86

　　　　하이데거의 색인 105

　　　　편집자 주 107

철학—그것은 무엇인가

　　　　철학—그것은 무엇인가? 143

　　　　하이데거의 색인 171

　　　　편집자 주 173

사유의 경험으로부터

　　　　사유의 경험으로부터 181

　　　　편집자 주 205

초연한 내맡김

　　　　초연한 내맡김 213

　　　　초연한 내맡김의 해명 231

　　　　안내 287

　　　　하이데거의 노트 288

　　　　하이데거의 색인 289

　　　　편집자 주 290

편집자 후기 301

일러두기

— 이 책은 Martin Heidegger, *Kleine Schriften*(Klett-Cotta, 2022) 중에서 네 편을 번역한 것이다. 클레트코타 판은 귄터 네스케(Günther Neske) 출판사에서 나온 초판에 편집자와 하이데거의 주석, 노트가 추가된 개정판이다. 한국어 판 번역은 신상희, 개정판 감수와 번역은 임보라의 것이다.

동일성과 차이 *Identität und Differenz* (1957년 초판의 확장판)
철학 — 그것은 무엇인가 *Was ist das — die Philosophie?*
사유의 경험으로부터 *Aus der Erfahrung des Denkens*
초연한 내맡김 *Gelassenheit*

— 본문에서 각주는 하이데거가 자필본에 기록한 보완 사항, 수정 기호, 여백 주석 등을 원전 비평을 통해 반영한 것이며, 하이데거의 원주는 숫자로 표시했다. 미주는 원서 편집자가 작성한 것이다. 원서의 이탤릭체는 한국어 판에서 고딕으로 표시했다. 하이데거의 의사에 따라, 독일어판에 실린 주석 외의 한국어 판 옮긴이 주, 해제 등은 삭제되었다.

— 옮긴이는 원문의 이해를 위해서 꼭 필요하다고 생각되는 중요한 개념의 경우 둥근 괄호 ( ) 속에 원어를 병기했다. 이와 구분하기 위해 하이데거가 괄호로 표시한 단어는 괄호 없이 병기했다.(예: 그것das) 텍스트의 이해를 위해 옮긴이가 덧붙인 글은 꺾쇠 괄호 [ ] 속에 넣었다.

— 본문 여백에는 귄터 네스케 초판의 페이지를 [숫자]로 표시했고, 긴 세로줄 |은 초판 페이지 나눔 표시다.

1957년 초판의 확장판

동일성과 차이

머리말[a]

「동일률(Der Satz der Identität)」은 브라이스가 지역에 자리 잡은 프라이부르크 대학교의 500주년 기념 행사 기간 중인 1957년 6월 27일 대학 교정에서 발표했던 강연문을 그대로 실은 글이다.

「형이상학의 존재-신-론적 구성틀(Die onto-theo-logische Verfassung Metaphysik)」은 1956~1957년 겨울 학기 헤겔의 『논리학』에 관한 세미나 연습 시간에 결론 맺은 논의를 부분적으로 수정해 다시 내놓은 글이다. 이 강연은 1957년 2월 24일 토트나우-베르크에서 발표되었다.

「동일률」은 멀리 앞질러 내다보면서 되돌아가 바라본다. 즉 거기로부터 「사물(das Ding)」 강연에서 제시된 논의 해명이(「안내」를 확인할 것[1]) 말해지고 있는 그런 영역을 향해 멀리 앞질러 바라보면서, 또 형이상학의 구성틀이 차이(Differenz)를 통해 규정되는 그런 형이상학의 본질이 유래하고 있는 저 영역 속으로 되돌아가 바라본다.

---

a 〔1〕 초판 22, 23쪽 참조[2]

『동일성과 차이(*Identität und Differenz*)』의 공속성은 출간된 이 글에서는 사유해야 할 사태(das zu Denkende)로서 제시되고 있다.³

어떤 점에서 차이가 동일성의 본질에서 유래하는지는 생기(Ereignis)와 품어-줌 사이에 편재하는 어우러진 울림소리ᵇ에 귀를 기울임으로써 독자 스스로가 찾아내야 한다.⁴

이 영역에서는 아무것도 증명ᶜ될 수 없지만, 많은 것이 시사될 수는 있다.

1957년 9월 9일
토트나우베르크에서

---

b 〔1〕 *Einklang*
c 〔1〕 argumentieren
　　argumentum ⁵

동일률ᵃᵇ

동일률은 통상적인 형식에 따르면 A=A를 의미한다. 이 명제는 최고의 사유 법칙으로서 간주되고 있다. 우리는 이 명제를 잠시 뒤따라-사유하고자 한다. 왜냐하면 우리는 이 명제에 의해 동일성이 무엇인지를 경험하고자 하기 때문이다.ᶜ

사유는, 어떤 하나의 사태에 의해 요구되어(angesprochen), 그 사태를 뒤따라갈 경우, 도중에ᵈᵉ 자신에게 일어나는 변화를 경험할 수 있다. 그 때문에 다음의 논의에서는 길에 주목하되 내용에는 덜 주목하는 것이 좋을 것 같다. 강연의 진행으로 말미암아 이미 우리는 내용에 올바로 머무를 수가 없다.

---

a (1) vgl. *Anhang*.¹

b (1) vgl. die Vortragsreihe »Grundsätze des Denkens« Stud(ium) generale S(ommer) S(emester) 1957 | versucht, den »geschichtlichen« Horizont für diesen Vortrag zu verdeutlichen.²

c (1) S. 31 u(nten).³

d (1) ⟨*unterwegs*⟩ – d. h. aus dem stetig entsprechenden Einblick in die *Sache* – – vgl. 32.⁴

e dann eignet der Sache eine Macht der Verwandlung –
  inwiefern?

[14] 　동일률을 나타내기 위해 사용되는 A=A의 형식이란 무엇을 말하는가? 그 형식은 A와 A가 꼭같음(Gleichheit)을 일컫는다. 하나의 등식에는 적어도 둘이 속해 있다. 하나의 A는 다른 A와 꼭같다. 동일률이 진술하고자 하는 것은 | 이와 같은 것인가? 명백히 아니다. '동일적인 것(das Identische)'이라는 낱말은 라틴어로는 이뎀(idem)이며, 그리스어로는 토 아우토(τὸ αὐτο)이다. 독일어로 옮길 경우, 토 아우토란 동일한 것(das Selbe)을 말한다. 어느 누가 줄곧 동일한 것을 말할 때, 예를 들어 '식물은 식물이다.'라고 말할 때, 그는 동어 반복으로 말하는 셈이다. 어떤 것이 동일한 것으로 존재할 수 있기 위해서, 그때마다 [필요한 것은] 하나 정도면 충분하다. 그것은 똑같은 등식에서처럼 둘을 필요로 하지 않는다.

　A=A의 형식은 똑같음을 말해 준다. 그것은 A를 동일한 것이라고 일컫지 않는다. 따라서 동일률에 대한 통상적인 형식은 바로 이 명제가 말하고 싶어 하는 바의 그것을, 즉 'A는 A이다', 다시 말해 각각의 A는 각자 동일한 것이라는 점을 가리고(verdecken) 있다.

　우리가 '동일적인 것'[이라는 낱말]을 이런 식으로 바꿔 쓰는 동안에, 그것에 의해 플라톤이 동일적인 것을 명확하게 파악했던 하나의 오래된 낱말이 나직이 귓전에 울려 퍼지고 있다. 그 오래된 낱말은 더욱더 오래된 낱말로 거슬러 올라감으로써 그 뜻이 새겨질 수 있다. 플라톤은 소피스트 대화편 254d에서 스타시스(στάσις)와 키네시스(κίνησις), 즉 정지와 운동에 대해서 말한다. 플라톤은 이 대목에서 이방인이 다음과 같이 말한 것으로 서술한다. οὐκοῦν αὐτῶν ἕκαστον τῶν μὲν δυοῖν ἕτερόν ἐστιν, αὐτὸ δ' ἑαυτοῦ ταὐτόν.⁵

　"하지만 이제 그것들 가운데에서 [즉 존재, 정지, 운동 중에서] 각각은 이 둘과는 다른 것이지만, 그 각각의 자신은 자기 자신에게는 동일한 것이다."ᶠ⁹ 플라톤은 ἕκαστον αὐτὸ ταὐτόν(각각은 각자 동일한 것)이라고 말하고 있을 뿐만 아니라, ἕκαστον ἑαυτῷ ταὐτόν^h(각각의 자신은 자기 자신에게 동일한 것)^i이라고 말하고 있다.

여격 에아우토(ἑαυτῷ)는 각각의 어떤 것은 자기 자신에게 되돌려 [15] 보내지고 있다는 점을, 다시 말해 각각의 자기는 자기 자신에게 있어서는 자기 자신과 동일한 것^j이라는 점을 의미한다. 독일어는 여기에서 그리스어와 같이 동일적인 것을 같은 낱말로서, 하지만 동일적인 것의 다양한 형태들을 하나로 잇는 가운데 이 동일적인 것을 명료하게 해 준다는 이점을 가지고 있다.

따라서 'A는 A이다.'는 동일률에 대한 적합한 형식은 각각의 A는 각자 동일한 것임을 말하고 있을 뿐만 아니라, 오히려 각각의 A 자신은 자기 자신과 함께 동일한 것임을 말해 주고 있다. 동일함 속에는 '함께'의 관계, 따라서 하나의 매개, 연합, 종합, 즉 통일성을 지향하는 하나됨이 놓여 있다. 이 때문에 동일성은 서양 사유의 역사를 관통해 줄곧 통일성의 성격 속에서 나타나게 된다. 그러나 이 동일성은 결코 그 자신은 아무런 관계도 없이 그저 단 하나만을 단단히 고수하는 어떤 것의 창백한 공허함이 아니다. 그렇지만 동일성 속에 편재하면서 이미 일찍이 [사유거리로] 떠오르기 시작했던 그 관계, 다시 말해 자기 자신과 동일한 것이라는 그 관계조차도 이런 매개로서 결정되고 각인되어 나타날 때까지, 또 동일성 내부에서 이런 매개^k가 출현하기 위한 하나의

---

f 〔1〕 〈»Nun ist doch von ihnen jedes den beiden〉 (anderen) zwar 〈ein anderes, selber jedoch ihm selbst dasselbe.«〉^6

g 〔2〕 〈»Nun ist doch von ihnen jedes ein anderes〉 als die 〈beiden, selber jedoch ihm selbst dasselbe.«〉^7

h 〔1〕 〈ἑαυτῷ〉

i 〔1〕 〈ihm selbst〉

j 〔1〕 〈nämlich für es selbst mit ihm selbst〉

k 〔1〕 〈als diese Vermittelung〉

[16] 머물-자리(Unter-kunft)¹가 발견될 때까지, 서양의 사유는 2000년 이상을 필요로 했던 것이다. 왜냐하면 라이프니츠와 칸트에 의해 준비되기 시작한 사변적 관념론의 철학은 비로소 | 피히테, 셸링, 그리고 헤겔을 통해 그 자체 종합적인 동일성의 본질에 [이러한 본질이 머무를 수 있는] 머물-자리ᵐ를 수립하기 때문이다. 그러나 이러한 것은 여기에서는 제시될 수가 없다. [하지만] 한 가지만은 반드시 기억해 두어야 한다. 즉 사변적 관념론의 시대 이래로, 동일성의 통일성을 단순히 그저 똑같기만 한 것으로서 표상하면서 이 통일성 속에 편재하는 매개를 도외시한다는 것은 사유에게는 금지되고 있다. 그런 일이 일어나는 곳에서는 동일성이 단지 추상적으로 표상되고 있을 뿐이다.

또한 'A는 A이다.'라는 좀 더 개선된 형식에서도 오직 추상적인 동일성만이 나타나고 있다.ⁿ [우리의 논의는] 거기에 이르고 있을 뿐인가?º 동일률은 동일성에 관해서 어떤 것을 진술하고 있는가? 아니다. 적어도 직접적으로는 아니다. 이 명제는 오히려 동일성이 무엇인지, 또 동일성이 어디에 속해 있는지를 이미 전제하고 있다.⁸

어떻게 우리는 이 전제에 관해서 [무엇인가] 알려 주는 어떤 정보를 얻게 되는가? 우리가 단지 경솔하게ᵖ 'A는 A이다.'의 형식으로 말하는 대신에, 그 명제의 기본 어조(Grundton)를 주의 깊게 듣고 그것을 뒤따라 사색한다면, 동일률은 어떤 정보를 우리에게 제공할 것이다. 그것은 본래 'A는 A이다'라고 말한다. 우리는 무엇을 듣고 있는가? 이 '이다'라는 낱말에서 이 명제는 각각의 존재자가 어떻게-있음을, 즉 '그것 자체

---

l [1] ⟨*Unterkunft*⟩ weshalb "Unterkunft" – "Ortschaft" – Hingehören zu … (⁹Bergung
m [1] (den Be-Reich)¹⁰
n [1] ⟨Auch in der verbesserten Formel »A ist A« kommt allein⟩ das abstrakt Identische ⟨(die abstrakte Identität) zum Vorschein.⟩
o [1] ⟨(Kommt es dahin?)¹¹⟩
p [1] ⟨leicht-sinnig⟩

가 자기 자신과 함께 동일한 것임(Es selber mit ihm selbst dasselbe)ᑫ을 말하고 있다. 동일률은 존재자의 존재에 관해서 말하고 있다. 이 명제가 존재의 법칙인 한에서만, 다시 말해 모든 존재자로서의 존재자에는 동일성이 — 즉 자기 자신과의 통일성〔하나됨〕이 — 속한다는 것을 말해 주고 있는 그런 존재의 법칙인 한에서만, 그 명제는 사유의 법칙으로서 통용된다.

|동일률의 기본 어조ʳ에 귀 기울여 볼 경우 이 명제가 진술하는 바의 그것은 서양적-유럽적 사유 전체가 사유하고 있는 바로 그것이다. 즉 그것은 동일성¹²의 통일성이야말로 존재자의 존재 속에서 근본 특징을 형성하고 있다는 사실이다.ˢ 우리가 어떤 식으로든 여하한 종류의 존재자와 관계하고 있는 곳에서는 어디에서나, 우리는 우리 자신이 동일성으로부터 말 건네지고 있음을 발견하게 된다. 이러한 동일성의 말 건넴(Anspruch)이 아무런 말도 하고 있지 않다면, 존재자가 자신의 존재 속에서 나타나는 일은¹³ 결코 있을 수 없을 것이다. 따라서 어떤 학문도 존립할 수 없을 것이다. 왜냐하면 학문에는 그때그때마다 자신이 다루고자 하는 그 대상의 동일함(Selbigkeit)이 먼저 보증되어 있지는 않을 것이고, 또 그렇다면 학문이 학문 자신으로 존립하는 일은 있을 수 없기 때문이다.ᵘ 이런 보증에 의해 연구는 자기가 탐구해야 할 작업의 가능성을 확고히 한다. 그럼에도 불구하고 대상의 동일성에 대한 주도적인 표상은 학문들에게 결코 구체적인 이점을 제공해 주지 않는다.

[17]

---

q 〔1〕 Der Übergang übereilt.
r 〔1〕 Hauptton
s 〔1〕 ⟨Die Einheit der Identität⟩ die in der Identität waltende »Einheit« (das einigende Eine) ⟨bildet einen *Grundzug* im Sein des Seienden.⟩
t 〔1〕 ὄν - ἕν Ἓν πάντα
u 〔1〕 Sie könnte nie auf den selben »Gegenstand« züruck kommen und dadurch in der Stetigkeit ihres Fortgangs bleiben.

따라서 학문적 인식이 성공을 거둠으로써 대단한 결실을 이룬다고 할 때, 이러한 것은 어디에서나 〔전혀〕 이용할 수 없는 어떤 것에 기인하고 있다. 대상의 동일성의 말 건넴은, 학문들이 이런 말 건넴[v]에 귀 기울이건 말건 간에, 또 들은 것을 등한시하고 있든 혹은 들은 것으로 말미암아 당황해하고 있든 간에, 말하고 있다.

[18] 동일성의 말 건넴은 존재자의 존재로부터 말하고 있다. 그러나 이제 존재자의 존재가 서양의 | 사유에서 가장 일찍이 고유하게 언어에 이르고 있는 곳, 즉 파르메니데스에게서, 토 아우토는 — 즉 동일적인 것은 — 거의 과도한 의미에서 말해지고 있다. 파르메니데스의 명제들[w] 가운데에는 다음과 같은 하나의 명제가 있다.

τὸ γὰρ αὐτὸ νοεῖν ἐστίν τε καὶ εἶναι.[x]

"동일한 것은 곧 받아들임(사유)이기도 하고 또 존재이기도 하다."[14]
여기에서는 상이한 것, 즉 사유와 존재가 동일한 것으로서 사유되고 있다. 이것은 무엇을 말하는가? 이것은 게다가 우리가 형이상학의 이론으로서 알고 있는 것, 즉 '동일성은 존재에 속한다는 것'과 비교해 볼 때, 완전히 다른 어떤 것이다. 파르메니데스는 존재가 하나의 동일성에 속해 있다고 말한다.[yz][15] 여기에서 동일성은 무엇을 뜻하는가? 파르메니데스의 명제에서 '토 아우토', 즉 동일한 것이라는 낱말은 무엇을 말하는가? 파르메니데스는 이러한 물음에 아무 대답도 주지 않는다. 그는 우리가 피해서는 안 될 하나의 수수께끼를 우리에게 던지고 있다.

---

v 〔1〕 ⟨diesen Anspruch⟩ eigens als solchen
w 〔1〕 ⟨»Sätze«⟩
x 〔1〕 die verschiedenen Übersetzungen, d. h. Auslegungen dieses Satzes
y 〔1〕 ⟨Das Sein gehört in⟩ die ⟨Identität.⟩
z 〔2〕 ⟨Das Sein gehört in⟩ die ⟨Identität.⟩

우리가 반드시 인정해야만 하는 사실은 다음과 같다. 즉 사유가 동일성의 〔하나의〕 명제에 이르기 훨씬 이전에 이미 사유의 초창기에서 동일성 자체가 말하고 있으며, 그것도 어떤 하나의 잠언(Spruch) 속에서 말하고 있다는 사실이다. 이 잠언이 넌지시 말하는 바는 곧, 사유와 존재는 동일한 것에 함께 속해 있으며 또 이 동일한 것으로부터 함께 속해 있다는 점이다.

뜻밖에도 우리는 이제 '토 아우토', 즉 동일한 것을 〔암시적으로나마〕 이미 해석하고 있는 셈이다. 우리는 동일함을 공속성(Zusammengehörigkeit)이라고 풀이한다. 사람들은 흔히 이 공속성을, 차│후에 생각해 내 일반적으로 잘 알려진 동일성의 의미에서 표상하려고 한다. 무엇이 우리가 그렇게 〔표상하지〕 못하도록 저지할 수 있겠는가? 그것은 오직 우리가 파르메니데스에게서 읽고 있는 그 명제 자체일 뿐이다. 왜냐하면 그것은 다르게 말하고 있기 때문이다. 즉 이 명제는 존재가 ─ 사유와 함께 ─ 동일한 것에 속해 있다는 점을 말해 주고 있기 때문이다. 존재는 이[16] 동일성에 의해 이런 동일성의 하나의 특징으로서 규정되고 있다. 이에 반해 차후의 형이상학에서 생각된 동일성은 존재 가운데에 깃들어 있는 하나의 특징으로서 표상되고 있다. 따라서 우리는 형이상학적으로 표상된 이러한 동일성으로부터 〔이 동일성에 입각해〕 파르메니데스가 말하는 그 동일성을 규정하려 하면 안 된다.

파르메니데스의 명제 속에서 말하는 사유와 존재의 동일함은 형이상학에 의해 존재로부터 존재의 특징으로서 규정되는 그런 동일성보다도 훨씬 더 멀리서[a] 유래하고 있다.[b]

파르메니데스의 명제를 이끌어 가는 중심 단어인 '토 아우토', 즉

---

a 〔1〕 〈│*kommt weiter her*│〉 Her-kunft
b 〔1〕 inwiefern?

동일한 것은 여전히 어둠 속에 남아 있다. 우리는 그것을 어두운 상태 그대로 내버려둔다. 하지만 우리는 동시에 '토 아우토'로 시작하는 그 명제로부터 우리에게 주어지는 하나의 눈짓을 건네받아야 한다.

그러나 우리는 그사이에 사유와 존재의 동일함을 이미 이 둘의 공속성으로서 확정하고 말았다. 이러한 처사는 성급했을지는 모르겠으나, 어쩔 수 없는 일이었다. 우리는 성급함을 해소해야만 한다. 우리가 앞에서 말해진 그 공속성을 사유와 존재의 동일함에 관한 결정적이면서도 유일한 규준이 되는 그런 해석으로서 간주하지 않는 한에서, 우리는 이런 일을 또한 할 수도 있다.

[20] | 만일 우리가 관례에 따라 습성적으로 함께-속해-있음(Zusammen-gehören)ᶜ을 사유해 본다면, 이 낱말의 강조가 이미 암시하고 있는 그것은, 속해 있음의 의미가 함께로부터 ─ 즉 이 함께의 통일성ᵈ에 의해서 ─ 규정된다고 하는 사실이다. 이 경우에 '속해-있음'은 '함께'의 질서 속으로 들어가 그 안에서 지정되고 정돈되고 있음을, 즉 다양성을 통일하는 그런 통일성 속으로 들어가 그 안에 설정되어 있음을, 또 체계의 통일성 속으로 들어가 그 안에 통합되어 있음을, 그리고 〔모든 것의 척도가 되는〕 그런 결정적인 종합의 통합하는 중간자를 통해 매개되어 있음을 의미한다. 철학은 이러한 함께-속해-있음을 결합(nexus)과 연결(connexio)로서, 즉 어떤 것을 다른 어떤 것과 필연적으로 묶어매는 그런 결합의 행위(Verknüpfung)로서 표상한다.

그러나 함께-속해-있음은 또한 함께-속해-있음으로서 사유될 수 있다.[17] 이것이 말하고자 하는 바는 곧, 이 함께가 이제는 속해 있음으로부터 규정된다는 점이다. 그렇다면 여기서 '속해-있음'은 무엇을 의미하

---

c 〔1〕 vgl. Leibniz; dazu Vom Wesen d〔es〕 Grundes4 〔4. Aufl.〕 S. 10 f.[18]
d 〔1〕 ⟨von ⟨dessen⟩⟩ der in ihm spielenden ⟨Einheit⟩

며, 또 이러한 속해-있음으로부터 비로소 그것〔속해-있음〕에게ᵉ 고유하게 〔속해 있는〕 저 함께는 어떻게 규정되는지를 물어보아야만 하겠다. 이 물음에 대한 대답은 우리가 생각하는 것보다도 더욱 가까이 우리에게 놓여 있지만, 그것은 아직도 손에 잡히지 않은 상태로 〔불분명하게〕 있다. 이러한 암시를 통해서 우리가 이제, 속해 있음을 함께의 통일성으로부터는 더 이상 표상할 수 없으며 오히려 이 함께를 속해 있음ᶠ으로부터 경험할[19] 가능성에 대해 주목하고 있다면, 그것으로 충분하다. 그러나 이러한 가능성에 대한 암시가 〔결국은〕 아무런 검증도 할 수 없는 사태관계에 의존하고 있는 어떤 것을 인위적으로 꾸며 대는 공허한 | 말장난 속에서 모두 소진되고 마는 것은 아닐까? [21]

우리가 좀 더 예리하게 주시하면서 사태가 〔우리에게 스스로〕 말하게 할 때까지는 〔적어도〕 그렇게 보인다.

함께-속해-있다는 의미에서의 함께-속해-있음에 대한 생각은 이미 〔앞에서〕 말해진 하나의 사태 관계(Sachverhalt)를 고려하는 가운데 솟아나고 있다. 그것은 바로 그것의 단순 소박함(Einfachheit)으로 말미암아 조망하기가 힘겹다. 그러나 동시에 우리가 다음 사항을 유념한다면, 이 사태 관계에 우리는 좀 더 가까이 다가가게 될 것이다. 즉 함께-속해-있음을 함께-속해-있음으로서 설명하며 해명하는 가운데, 우리는 이미 파르메니데스의 암시(Wink)에 따라 동일한 것에 서로 속해 있는 것, 즉 사유와 존재를 〔늘〕 염두에 두고 있었던 것이다.

만일 사유를 인간의 본질적 특성이라고 이해한다면, 우리는 이 경우에 인간과 존재 이 양자에게 관련된 함께-속해-있음을 숙고하게 된다. 그 순간 우리에게는 다음과 같은 질문들이 줄을 잇는다. 즉 존재란 무

---

e 〔1〕⟨und wie sich aus⟩ diesem
f 〔1〕⟨Gehören⟩

엇인가,ᵍ 인간은 누구인가, 또는 인간은 무엇인가? 등등의 질문들이 줄지어 나온다. 이러한 물음들에게 충분한 대답이 주어지지 않는다면, 우리는 인간과 존재가 함께-속해-있다는 것에 관해 신뢰할 만한 어떤 것을 발견할 수 있는 토대를 결여하고 있는 셈인데, 그 정도는 누구나 잘 알고 있다.[20]

[22] 그러나 우리가 이런 식으로 물어 가는 동안에, 우리는 인간과 존재의 함|께를 하나의 짝지음(Zuordnung)으로서 표상하여 이것을 인간으로부터 혹은 존재로부터 정리정돈하면서 설명하려는 시도 속에 매이게 된다. 이런 경우에 인간과 존재에 관한 전승된 개념들은 이 둘을 짝짓기 위한 발판을 형성한다.ʰ

우리가 고집스럽게 단지 이 양자의 병렬 관계만을 표상하려고 애쓰지 말고, 오히려 이 둘의 통일성을 창출하기 위해서, 무엇보다 먼저 '서로가-서로에게-속해 있다(Zu-einander-Gehören)'는 어떤 사태 관계가 이러한 '함께' 속에서 움직이고 있는 것은 아닌지 또 그렇다면 어떻게 움직이고 있는지를 한 번쯤은 주목해 보는 것이 좋지 않을까?ⁱ 게다가 이제는 이미 인간과 존재의 함께-속해-있음을 — 비록 아주 먼 곳으로부터라고는 하더라도 — 이 둘의 본질에 관한 전승된 규정들 속에서 통찰해 볼 가능성이 [우리에게는] 존립하고 있다. 어느 정도로 그런 가능성은 존립하는가?

분명히 인간은 존재하는 어떤 것이다. 이러한 존재자로서 그는 돌, 나무, 독수리와 마찬가지로 존재의ᵏ 전체 안에 속해 있다. '속해-있음'

---

g (1) ⟨Sein⟩ vgl. S. 25²¹

h (1) Der Mensch – das Sein – wie zwei vorhandene fur sich bestehende Dinge, die nachträglich zusammengestellt und in eine Zuordnung untergebracht werden sollen.

i (1) ⟨vor allem ein Zu-einander-Gehören⟩ spielt ⟨*im Spiel* ist?⟩

j (2) ⟨*vor* allem ein Zu-einander-Gehören im Spiel ist?⟩

은 여기에서 '존재' 속으로 정돈되어 있음(eingeordnet in das Sein)'을 뜻한다. 그러나 인간의 탁월성은, 인간이 사유하는 본질 존재로서 존재에게 개방된 채 존재 앞에 세워지고,ᵐⁿ 그리하여 존재와 관련된 채로 머무르면서 존재에 응답한다는° 점에 고이 깃들어 있다. 인간은 본래 이러한 응답의 연관ᵖ으로 존재하며(ist),ᑫ 그는 오직 이러한 연관일 따름이다. 여기에서 '오직'이라는 낱말은 어떠한 제한을 뜻하지 않으며, 오히려 그것은 과분함을 의미한다. 인간(의 본질 존재) 속에는 '존재에 속해 있음(ein Gehören zum Sein)이 편재하고 있는데, 이러한 속해 있음은 자신이 존재에 내맡겨져(übereignet)ʳˢ 있기 때문에ᵗ 존재에 귀 기울이는 그런 속해 있음이다. | 그러면 존재는 어떠한가? 우리는 존재를 그것의 시원적 의미에 따라 〔지속적〕 현존(Anwesen)ᵘᵛ이라고 생각해 보자. 존재는 인간에게 부수적으로 현존하는 것이 아니며 또 예외적인 방식으로 현존하는 것도 아니다. 존재는 오직 자신의 요구(말 건넴)에 의해서 인간에게 다가와 관계를 맺음(an-gehen)으로써만 본원적으로-존재하며(wesen) 존속한다(währen). 왜냐하면 인간이 존재를 향

[23]

---

k 〔1〕⟨»Seins«⟩
l 〔1〕⟨in das⟩ Seiende! ⟨Sein⟩
m 〔1〕⟨*vor* dieses⟩ gebracht und zu Zeiten ⟨gestellt ist⟩
n 〔2〕⟨vor dieses⟩ gebracht ⟨ist⟩
o 〔1〕⟨auf das Sein bezogen bleibt (und ihm so)⟩, indem er ihm – d. h. dem Seienden entspricht in seinem Menschsein.
p 〔1〕⟨*dieser Bezug*⟩
q 〔1〕⟨der Mensch *ist* (eigentlich)⟩ in welcher Weise von Sein? Anwesen zu ······ und bei ······ und mit ······
r 〔1〕⟨(*übereignet*)⟩ ⟨vereignet in das Ereignis⟩⟩
s 〔2〕⟨*übereignet*⟩ kurs〔iv〕
t 〔1〕⟨hört,⟩ insofern ⟨es diesem⟩ ausgesetzt und zugleich von ihm benötigt wird. ⟨(*übereignet* ist,)⟩
u 〔1〕⟨Anwesen⟩
v 〔1〕 S. u. Z. 〔Sein und Zeit〕 S. 25/26²²

해 열려 있을 때 비로소 그는 존재를 현존으로서 다가오게 하기 때문이다. 이러한 현-존(An-wesen)은 훤한-밝힘의 열린 장을 필요로 하며,ʷ 그리하여 이러한ˣ 필요로-함(Brauchen)에 의해 현-존은 인간의 본질(Menschenwesen)에게 내맡겨진 채로 ʸᶻᵃ 머무르게 된다.²³ 이것은 결코, 존재가 오직 인간을 통해서만 비로소 정립된다는ᵇ 그런 뜻이 아니다. 이에 반해 분명해지는 사실은 다음과 같다.

인간과 존재는 서로가 서로에게 내맡겨져 있다(einander übereignet sein).ᶜ 이 둘은 서로가 서로에게 속해 있다(einander gehören). [전통 철학이] 더 이상 가까이 사색하지 못했던 이러한 '서로에게 속해 있음(Zueinandergehören)'ᵈ으로부터 인간과 존재는 처음으로 철학을 통해서 형이상학적으로 파악된 자신들의 [다양한] 본질 규정들을 받아들여 왔던 것이다.ᵉ

우리가 ─ 변증법ᶠ을 사용하든 사용하지 않든 간에 ─ 모든 것을 단

---

w (1) ⟨⟨*braucht*⟩⟩ bedarf und verlangt
x (1) ⟨*dieses*⟩
y (1) ⟨⟨übereignet⟩⟩ *noch nicht* von »eignen« sprechen–zu voreilig.
z (1) gleichsam uberantwortet.
   { Überantwortung des Seins an d(en) Menschen
   { Verantwortung des Menschen fur das Sein–
   → was beide be-stimmt, verbietet jedoch eine bloße
   Gegenstellung ebenso wie eine Vermischung.²⁴
   (hier ganz anders zu denken
   Be-Zug und *Ver-Hältnis*)²⁵
a (2) ⟨übereignet⟩ kurs(iv)
b (1) ⟨gesetzt⟩ daher Sein weder Thesis (Position) noch Synthesis
c (1) ⟨⟨übereignet⟩⟩ (2) ⟨übereignet⟩ E (Ereignis) vgl. S. 27 × - ×²⁶
d (1) ⟨Aus diesem⟩ allerdings bislang ⟨nicht naher bedachten Zu-einander-gehören⟩
e (2) ⟨*Aus* diesem nicht naher bedachten Zueinandergehören *haben* Mensch und Sein allererst diejenigenWesensbestimmungen *empfangen*, in denen sie durch die Philosophie *metaphysisch* begriffen werden.⟩ E (Ereignis)
f (1) ⟨mit oder ohne Dialektik⟩

지 질서와 매개 속에서 표상하고 있는 한, 우리는 인간과 존재 속에 앞서-편재하고-있는(vorwaltend)ᵍ 이 양자의 함께-속해-있음을 고질적으로 오인하고 있는 셈이다. 그래서 우리는 존재로부터 혹은 인간으로부터 결합된ʰ 그런 결합들(Verknüpfungen)만을 발견하게 되는데, 〔결국〕 이러한 결합은 인간과 존재의 함께-속해-있음을 짜맞춤(Verflechtung)으로서 나타낼 뿐이다.ⁱ

| 우리는²⁷ 아직도 함께-속해-있음 속으로 들어가 그 안에 머무르지(einkehren) 못하고 있다. ʲᵏˡᵐ 그러나 어떻게 이러한 진입(Einkehr)ⁿ에 도달할 수 있는가? 그것은 우리가 표상하는 사유의 태도를 뿌리침(absetzen)으로써 이루어질 것이다.ᵒ 이러한 뿌리침은 어떤 도약(Sprung)이라는 의미에서의 어떤 명제(ein Satz, 뜀)이다.ᵖ 도약이란 뛰어내림(abspringen)이다. 즉 근대 시대에 이르러 객체에 대한 주체로 전락하고 말았던, 이성적 동물이라는 인간에 관한 통상적인 표상 개념으로부터 벗어나는(weg) 행위이다. 뛰어내림ᑫ은 동시에 존재로부터

[24]

---

g (2) ⟨vorwaltende⟩
h (1) ⟨die entweder vom Sein oder vom Menschen her⟩ veranstaltet ⟨sind⟩
i (1) So lange wir den Sachverhalt in dieserWeise vorstellen, bleiben »der Mensch« und »das Sein« gleichsam zwei verschiedene »Seiende«, die an einander und mit einander verkoppelt (Kopula) werden sollen. (vgl. »Zur Seinsfrage«, Junger-Festschr(ift) 1955).²⁸
j (1) ⟨Wir *kehren* noch nicht in das Zusammen*gehören* ein.⟩
k (1) Einkehr – spricht so, als seien wir irgendwo außerhalb – statt »*Einkehr*«: *Erwachen!*²⁹ vgl. Anhang.³⁰
l (1) »*Einkehr*«: auch dieses noch im Horizont des metaph(ysischen) Vorstellens.
m (1) das trifft in gewiss(er) Weise fur das metaph(ysische) Vorstellen zu – vgl. Hegel – der Mensch und das Absolute »Holzwege«³¹
n (2) ⟨*Einkehr*⟩ 29! 34!
o (1) ⟨Dadurch, daß wir uns von der Haltung des vorstellenden Denkens *absetzen*.⟩
p (1) ⟨Dieses *Sichabsetzen* ist ein *Satz* im Sinne eines *Sprunges*⟩³² *32!* S. 28; 33 u (nten)
q (1) ⟨*Absprung*⟩ (2) ⟨*Absprung*⟩ 33

벗어나 뛰어내린다. 그러나 이 존재는 일찍이 서양의 사유가 시작한 이래로 모든 존재자를 존재자로 근거 짓는 그런 근거ʳ로서 해석되어 왔다.

뛰어내림이 근거로부터 뛰어내릴 때, 그러한 뛰어내림ˢ은 어디로 도약해 들어가는가? 그것은 어떤 심연적인 밑바탕(Abgrund) 속으로 도약해ᵗ 들어가는가? 우리가 단지 형이상학적 사유의 시야 영역 속에서 그러한 도약을 표상하고 있는 한, '그렇다'고 할 수도 있다. 그러나 우리가 도약하면서ᵘ 우리 자신을 풀어-놓고 있는(sich-loslassen)ᵛ 한, '아니'라고도 할 수 있다. 그렇다면 그러한 도약은 과연 어디로 향하고 있는가? 그것은 우리가 이미 [존재의 부름에 이끌린 채] 들어와 [이러한 부름과] 관계 맺어져(eingelassen) 있는 그런 영역을 향해 도약해 들어가는 것이다.ʷˣ 다시 말해, '존재에 속해 있음' 속으로 들어가는 것이다. 그러나 존재 자체는 우리에게 속해 있다. 왜냐하면 존재는 오직 우리에게서만 존재로서 본원적으로-존재할 수 있기 때문이며, 다시 말해 현-존할 수 있기 때문이다.ʸ

---

r (1) ⟨Grund⟩ »Grund« und »An-wesen«
s (1) ⟨Absprung⟩
t (1) ⟨Springt⟩
u (1) ⟨springen⟩
v (1) ⟨uns loslassen⟩³³ das Loslassen
   sich lösen aus dem Schlaf   bedarf keines
   Verschlafenheit.   Sprunges
   Erwachen aus der
   anfänglichen Vergessenheit
   des E. (Ereignisses) (Entz(ieh)en (?)³⁴)
   S. 28 Einheimisch werden (wohnen), worin wir schon
   eingelassen sind. S. 34.
w (1) ⟨wohin wir schon eingelassen sind⟩ also weder Sprung noch Einkehr
x (2) ⟨wohin wir schon eingelassen sind⟩ also keine »Einkehr« nötig;
                                         als stünden wir draußen.
   Aber auch (vgl. 32) kein »Absprung«   vgl. 28 u(nten)

그러므로 인간과 존재의 함께-속해-있음을 고유하게 경험하기 위해서는 어떤 도약^{z}이 필요해진다. 이러한 도약은 인간과 존재의 서로-향함(ein Zueinander)과 이 둘의 형세(Konstellation)를 처음으로 수여해주는 저 속해-있음^a 속으로 아무런 매개도 없이 홀연히 파고 들어가는 그런 진입이다.^{b} 인간과 존재는 어떤 충만함(Zureichung)으로부터 서로가 서로에게 내맡겨진 채 고유해지기(übereignet)^c 때문에, 이 둘이 서로 그때마다 이미 자신의 본질에 도달^{d}하고 있는^e [바로] 그 영역 속으로 홀연히 진 | 입해 들어가는 것이 곧 도약이다. 이러한 내맡김의 영역 속으로 진입해 들어가는 그런 도약이 처음으로 사유의 경험^{fg}을 [기분적으로] 조음하면서 규정한다.^{35}

[25]

참으로 묘한^h 도약이다. 그러나 어쩌면 이러한 도약으로 인해 우리는, 우리가 본래적으로 이미 존재하고 있는 그곳에서 아직도 넉넉히 체류하지 못하고 있다는 점을 통찰하게 된다.^{ij} 우리는 어디에 있는가?^{k} 존재와 인간의 어떠한 형세 속에 우리는 머무르고 있는가?^{l}

---

y (1) das Sein west nicht an – sondern »ist«(?)^{36} An-wesen
z (1) ⟨Sprung⟩
a (1) ⟨brückenlosen Einkehr⟩ Erwachen in ⟨jenes Gehören⟩
b (1) 28!
　weder Einkehr noch Absprung – sondern
　Andenken ⟵⟶ Erwachen in den Aufenthalt im Vorenthalt
　| »wach«
c (1) ⟨schon in ihrem Wesen erreicht haben⟩
d (1) ⟨erreicht⟩
e (2) ⟨über(eignet)⟩ über-reicht
f (1) ⟨Einfahrt⟩ das Entwachen in das E (Ereignis)
g (1) ermuntert (er-eignet in das E (Ereignis)) 30^{37}
h (1) ⟨Seltsamer Sprung⟩ also kein Sprung.
i (1) ⟨nicht genügend dort aufhalten, wo wir (eigentlich) schon sind⟩
j (2) ⟨wo wir eigentlich schon sind⟩^{38}
k (1) ⟨Wo sind wir?⟩ Die Frage ohne zureichenden Übergang.
l (1) ⟨In welcher Konstellation^{39} von Sein und Mensch?⟩

오늘날 우리가 인간과 존재가 서로에게ᵐ 다가와 관계 맺는 그 형세를 통찰하기 위해서는 불과 수년 전에 그랬던 것 같은 번거로운 사항들ⁿ을 적어도 [이제는] 더 이상 필요로 하지 않는 듯이 보인다. 존재가 오늘날의 기술 세계에서는 어떤 식으로 우리에게 현-존하고º 있는지를 [정말로] 경험하고자 한다면, [이제는] 핵 시대(Atomzeitalter)라는 낱말을 부르는 것만으로도 충분하다고 사람들은 생각한다. 그러나 우리가 기술 세계를 그저 존재와 매한가지로 놓아도[간주해도] 되는가? 분명히 그럴 수는 없다. 비록 우리가 이 세계를 전체로서, 다시 말해 핵 에너지ᵖ와 인간의 계산적인 계획ᑫ 그리고 자동화가 결집된 그런 전체로서 표상한다고 하더라도, 분명히 그럴 수는 없다. 기술 세계를 제아무리 상세히 묘사한다고 할지라도, 기술 세계를 이런 식으로 지적하는 것만으로는 어째서 존재와 | 인간의 형세ʳ⁴⁰를 결코 밝힐 수 없다는 것인가? 인간이 이미 [앞에서] 언급된 기술 세계 전체를 단지⁴¹ [인간에 의해 만들어진] 인간의 산물(Gemächte)로 여기고 있는 한, [아무리 상황을 상세히 분석한다고 할지라도] 이러한 모든 상황ˢ-분석은 너무도 생각이 짧기 때문이다. 가장 넓은 의미에서 그리고 그것의 다양한 현

[26]

---

    statt »Konstellation«:   Zu-Ordnung
    in das Gehörige bringen.
                                    Disposition

ob(en) 21⁴²
m (1) ⟨*aus*⟩
n (1) vgl. Bremer Vorträge *1949* »Einblick in das, was ist«⁴³ und *Die Frage nach der Technik* 1953⁴⁴
o (1) ⟨*wie das Sein* heute in der technischen Welt *uns an-west*⟩ unzureichend gesagt
p (1) »als letzte Realität«
q (1) *Kybernetik!*⁴⁵
r (1) ⟨*Konstellation*⟩
s (1) ⟨*Analyse der Situation*⟩

상에 따라 생각해 본다고 하더라도, 기술적인 것은 인간에 의해 기투되는 계획으로서 간주될 뿐이다. 그런데 바로 이러한 계획이 결국에는 인간을 어떤 결단 앞으로, 즉 그가 자신이 만들어 낸 계획의 노예로 전락할 것인가 혹은 여전히 주인으로 남아 있길 원하는가, 라는 그런 결단 앞으로 몰아세운다.

기술 세계 전체에 대한 이런 생각에 의해서 사람들은 모든 것을 인간 탓으로 되돌리면서 기껏 해 봐야 기술 세계의 윤리를 촉구하는 정도에 도달할 뿐이다.[46] 사람들은 이런 생각에 사로잡혀, 기술은 어디까지나 인간 자신의 문제일 뿐이라고 자신들의 생각[t]을 강화시켜 나간다. 사람들은 기술의 본질[u]에서 말하고 있는 존재의 말 건넴을 귀담아 듣지 못한다.[47]

우리는 이제 기술적인 것을 단지[v] 기술적으로, 다시 말해 인간과 그의 기계에 입각해 표상하려는 태도를 그만두어야 한다. 그리고 우리의 시대에 단지 인간에게만이 아니라 모든[w] 존재자에게 — 즉 자연과 역사에게 — 그것들의 존재에 입각해서 부름 짓고 있는 그런 〔존재의〕 말 건넴에 주목해 보아야 한다.

그것은 어떤 말 건넴인가? 우리들 모두의 현존은 온갖 것을 계획하고 계산하며 제어하는[48] 일에 몰두하도록 어디에서나 도발적으로 요청되고 있다. 즉 방금 전까지 놀다가도 이내 곧 | 일에 시달리고, 또 금세 쫓기다가 금세 밀려나는 그런 식으로 어디에서나 도발적으로 요청되고 있는 자신의 모습을 발견하게 된다. 이러한 도발적인 요청(Herausforderung)에서는 무엇이 말하고 있는가? 이러한 도발적인 요

[27]

---

t 〔1〕 〈Meinung〉
u 〔1〕 〔2〕 〈Wesen〉
v 〔1〕 〈nur〉
w 〔1〕 〈alles〉

청은 단지 인간의 자의적인ˣ 기분에서 솟아나는 것일까? 아니면 이때는 이미 존재자 자체가 우리에게 다가와서⁴⁹ 우리로 하여금 계획을 내놓고 계산하도록 (줄기차게) 요구하고 있는(ansprechen) 것은 아닐까? 그렇다면 이것은 곧, 존재자를 계산 가능성(Berechenbarkeit)의 시야 영역 속에서 나타나도록 부추기는 이러한 도발적인 요청ʸᶻ 밑에 존재가 서 있다는 것이 아닐까?ᵃᵇᶜ 사실이 그렇다. 그리고 단지 이것만이 아니다.ᵈ⁵⁰ 존재가 도발적으로 요청되고 있듯이 그와 같은 정도로 인간도 역시 도발적으로 요청되고 있다. 다시 말해 인간은 그가 관계하는 존재자를 그의 계획과 계산 작업의 부품(Bestand)으로서 안전하게 확보하면서, 이러한 주문 행위(Bestellen)를 무한정 거듭해 나가도록 세워지고(gestellt)ᵉ 있다.ᶠ

인간과 존재를 서로에게 내-세움(zu-stellen)ᵍ으로써 결국 인간과 존재가 상호 교대로ʰ 자신을 세우도록ⁱ 하는, 이러한 도발적인 요청함의

---

x (1) ⟨selbstgemachten⟩
y (1) ⟨Dann stunde⟩ gar ⟨das Sein unter der Herausforderung⟩
z (2) ⟨Dann stunde⟩ sogar ⟨das Sein unter der Herausforderung⟩
a (1) im *Geschick*
   wie dies gemäßer zu sagen –
   Beständigkeit d(es) Bestandes – Gegenständl(ichkeit)
   d(es) Gegenstandes
   – *Objektivität* – Wirklichk(eit) – bis zu Anwesen hin
   »Sein« *geschickt ereignet*⁵¹ im E. (Ereignis)
   | Α-Λήθεια. |
b (1) ⟨erscheinen zu lassen?⟩ *Anwesenlassen*
c (2) ⟨erscheinen zu lassen?⟩ Sein unter der *Herausforderung* als Bestellbarkeit zu Wesen – d. h. geschickt aus dem Ge-stell.⁵²
d (1) *unzureichend gesagt*:
   Anwesenlassen selber angewiesen (woher und wie), das
   Anwesen – als standige Bestellbarkeit – zu lassen – ins Freie (welches?) zu geben.
e (1) ⟨gestellt⟩
f (1) Planung und Strategie des Friedens – Kybernetik
g (1) ⟨*zu*-stellt⟩

모임 전체를 지칭하기 위한 이름이 곧 모아-세움틀(Ge-stell)이다. 사람들은 이러한 낱말의 사용에 대해 언짢아한다. 그러나 우리는 '세움(stellen)'이라는 말 대신에 '놓음(setzen)'ʲ이라고 말해도 무방하며, 이때 우리는 모아-놓음(Ge-setz)이라는 낱말을 사용해도 괜찮을 것이다. 사태관계를 들여다보았을 때 이러한 것이 요구되고 있다면ᵏ, (굳이) 모아-세움틀이라고 말하지 못할 까닭이 왜 없겠는가?

그 안에서 그리고 거기로부터 인간과 존재가 기술 세계에서 서로에게 다가와 관계하게 되는 터전이자 유래이기도 한 바로 그것이 모아-세움틀의 방식으로 말을 건네고 ˡᵐⁿ 있다.⁵³ | 존재ᵒᵖ가 상호 교대로 서로를 세우는 가운데, 우리는 우리 시대의 형세를 규정하는 (시대의) 요구를 듣는다. 모아-세움틀은 어디에서나 직접적으로 우리에게 다가와 관계하고 있다. 만약 우리가 지금 이렇게 말해도 좋다면, 이 모아-세움틀은 모든 핵에너지와 모든 기계들보다도 더욱 (심층적으로) 존재하고 (seiend)ᑫ 있으며, 또한 쇄도하는 온갖 조직과 정보 그리고 자동화의 물결보다도 더욱 (심층적으로) 존재하고 있다. 우리는 더 이상 우리로 하

[28]

---

h (1) – je nach ihrer Weite – ⟨*wechselweise*⟩ vgl. 23
i (2) ⟨*wechselweise stellen*⟩ vgl. 23⁵⁴
j (1) Sein als *Position*
k (1) ⟨wenn der Blick in den *Sachverhalt* dies *verlangt?*⟩
   »das Gefels« bei Bettina v. Arnim⁵⁵
l (1) ⟨|*spricht an*|⟩ es spricht *als* dieses gerade *nicht* an
m (1) ⟨|*spricht an*|⟩ spricht an nur das
   (das schon aus der Vergessenheit erwachte)
   ent-sagende Denken im E. (Ereignis)
n (1) ⟨|*spricht an*|⟩ zeigt sich an – freilich kein fragen(?)⁵⁶ zugestanden und noch weniger bedacht oder gar gedacht –
o (1) hier immer noch das Ungemäße, daß »Sein« als das Gegenüber zum Menschen erscheint, während es als Ge-Stell beides – dasWesende von Sein und Mensch samt dem »und« bestimmt.
p (1) 32.
q (2) ⟨»seiender«⟩⁵⁷

여금 존재자의 존재를 현존ʳ이라고 사유하도록 이끄는 표상함의 시야 영역 안에서 이러한 모아-세움틀을 다루지는 않기 때문에, 즉 모아-세움틀은 [이제는] 더 이상 현존하는 어떤 것처럼 우리에게 다가와 관계하지는 않기 때문에, 이러한 것은 우선은 [일단] 낯설어 보인다. 특히 무엇보다도 모아-세움틀이 최종적인 어떤 것이 아니라, 그 자체가 존재와 인간의 형세ˢ를 본래적으로ᵗᵘ 철저히 지배하고 있는 그것을 비로소 우리에게 건네주는(zuspielen) 한에 있어서, 모아-세움틀은 여전히 [우리에게는] 기이하고도 낯설게 남아 있다.

서로가 서로를 요청하는 도발적인 요청의 방식에서 인간과 존재가 함께-속해-있음은, 인간이 존재에 귀속함으로써 고유해지고(vereignen)ᵛ 또 존재는 인간-본질에게 다가와 고유해진다(zueignen)ʷ는 사실과 또 어떻게 그렇게 되는지를 넌지시 일러 주는 가운데 우리를 당혹스럽게 한다. 모아-세움틀ˣ 안에는 이렇듯 기묘한 이중적인 고유화 작용이(ein seltsames Vereignen und Zueignen) 편재하고 있다. 그 안에서 인간과 존재가 서로에게 고유해지는(ge-eignet)ʸ 바로 이러한 고유함(Eignen)을 단적으로 경험하는 것ᶻ이, 다시 말해 우리가 생기(Ereignis)라고 부

---

r   (2) in dessen geschicklichen Abwandlungen bis
    zur Gegenständigkeit
s   (1) ⟨Konstellation⟩
t   (1) ⟨eigentlich⟩
u   (2) ⟨»eigentlich«⟩ dies Wort jetzt streng aus dem
    E. (Ereignis) gedacht.
v   (2) ⟨vereignet⟩
w   (2) ⟨zugeeignet⟩
x   (1) ⟨Ge-Stell⟩
y   (2) ⟨ge-eignet⟩
z   (1) ⟨schlicht zu erfahren⟩ also kein Sprung vgl. 24 ob(en)
            er-fahren –
        einheimisch werden, worin wir schon eingelassen sind

르는 그것ᵃ⁵⁸ 속으로 진입해 들어가는 것ᵇᶜ이 중요하다. 생기라는 낱말은 자생적으로 형성된 낱말이다. 생-기함(Er-eignen)이란 근원적으로는 다음을 뜻한다. 〔존재의 진리의 일어남을〕 열린 눈으로 바라본다(Er-äugen), 다시 말해 〔존재의 진리의 일어남을〕 통 | 찰하며, 이런 통찰 속에서 〔존재의 진리의 일어남을〕 자기에게 불러들이고,ᵈ 고유해진다.ᵉ 생기라는 낱말은, 〔앞에서 지시된〕 올바른 사태로부터 사유해 볼 때, 〔우리의〕 사유 행위를 이끌어가는 중심 단어(Leitwort)로 간주되어야 한다.⁵⁹ 이렇게 사유된 중심 단어로서의 생기는 그리스 시대의 중심 단어인 '로고스(λόγος)' 그리고 중국 문화의 중심 단어인 '도(道)'가 그렇듯이 거의 번역될 수 없다. 여기에서 생기라는 낱말은, 그 밖에도 우리가 어떤 일어난 사건(Geschehnis) 혹은 발생된 사건(Vorkommnis)ᶠ이라고 말하는 그런 것을 더 이상 의미하지 않는다. 이 낱말은 이제 '유일한 것(Singulare tantum)'으로서 사용된다.⁶⁰ 이것이 지칭하는 그것은, 오직 단수에서만 스스로 생기하고ᵍ 있을 뿐이다(sich-ereignen). 그러나 더 이상 〔헤아릴 수 있는〕 어떤 하나의 수에 있어서 생기하는 것이 아니라, 유일무이하게(einzig)ʰ 스스로 생기하고 있을 뿐이다. 우리가 존재와 인간의 형세ⁱ로서의 모아-세움틀 가운데에서 〔철저히〕 현대의 기

[29]

---

a 〔1〕 ⟨einzukehren in das⟩ genauer: (ins) E. (Ereignis) einkehren in Es (?)⁶¹.

b 〔1〕 ⟨d. h. einzukehren⟩ Einkehr nur aus Verwendung in die Vereignung. Verwendung nur aus Brauch (?).

c 〔2〕 ⟨d. h. einzukehren⟩ ? Vgl. ob(en) 24 entwachen

d 〔1〕 in d(ie) Lichtung ⟨aneignen.⟩

e 〔1〕 | E (Ereignis) und Blick |

f 〔1〕 ⟨ein Vorkommnis⟩, eine Begebenheit ⟨nennen⟩.

g 〔2〕 ⟨ereignet sich⟩ in welchem Sinn? Enteignis zum R. (Ratsal) des V.-H. (Ver-Hältnisses).⁶²

h 〔1〕 ⟨einzig⟩ das Einzige

술 세계를 관통하며 경험하고 있는 그것은, 생-기라고 말해지는 그것의 선행적인 놀이⁶³이다. 그러나 생기는 필연적으로 자신의 선행적인 놀이 속에 고착되지는 않는다. 왜냐하면 생-기 안에는, 그것 (생-기)이ʲ 보다 더 시원적인 어떤 생기함 속으로 나감으로써 모아-세움틀의 단순한 편재를 이겨 냄(verwinden) 가능성이 (우리에게) 말 건네고 있기 때문이다.⁶⁴ 생-기로부터 생-기ᵏ에로 나아가면서ˡ 모아-세움틀을 이렇게 이겨 낸다는 것은, (그 영역에 의해서) 인간이 좀 더 본래적으로 생-기에 도달하게 되는 바로 그런 영역ᵐ⁶⁵ 속에 그대로 머물러 있는 가운데, (오늘날) 기술이 지배하고 있는 그 세계를 생기적(ereignishaft)으로 철회하여 기술 세계를 단지 봉사의 역할로 되돌려놓는 일일 수도 있다. 그러나 이때 이러한 철회는 결코 인간 자신의 노력이나 힘만으로는 이루어질 수 없다.ⁿ

[30] 그러면 길은 어디로 흘러드는가? 그 길은 우리가 엄밀한 의미에서 생- | 기라고 부르는 저 단순 소박한 것(das Einfache) 속으로 우리의 사유가 진입해 들어가는 방향ᵒ으로 흘러들고 있다. 지금 우리는 어디 저 멀리 홀로 떨어져 있는 보편적인 어떤 것ᵖ⁶⁶을 향해 우리의 사유를 아무렇게나 내동댕이쳐 버리는 그런 위험 속으로 빠져들고 있는 것처럼 보인다. 그러나 실은 생-기라는 낱말이 말하고자 하는 그것과 더불어, 우리에게는 —그 안에 우리가 이미 체류하고 있는— 저 가깝고도 가

---

i (1) ⟨Konstellation⟩
j (1) ⟨es⟩ d. h. das E. (Ereignis)
k (1) (2) ⟨aus dem Ereignis *in* dieses⟩
l (1) ⟨brächte⟩
m (1) ⟨zur Dienstschaft⟩ nicht gegenüber dem Menschen sondern im Bez(ug) zum E. (Ereignis) ⟨innerhalb des *Bereiches*⟩
n (1) die *positive* Erfahrung der »Idee« und der Natur
o (2) ⟨Einkehr⟩ ! 24
p (1) auf ein abgelegen Allgemeines

장 가까운 것만이 직접적으로 말을 건네 오고 있을 뿐이다.ᑫ 우리가 속해 있는 그것에로ʳ 우리를 가깝게 하는 바로 그것 — 그 안에 우리는 속해 있는 자(das Gehörende)로 존재하고 있다 — 보다, 다시 말해 생-기보다 우리에게 무엇이 더 가까울 수 있을까?

생-기는 그 자체 진동하며 용솟음치는 영역ˢ이며, 이 영역에 의해서 인간과 존재는 서로 자신의 본질ᵗ에 도달ᵘ하게 된다. 이것은 곧, 형이상학이 이 양자〔인간과 존재〕에게 증여했던 그런 규정들을 상실함으로써 인간과 존재는 각자의 본래적인 면목(das Wesende)을 〔이러한 영역에 의해서〕 획득하게 되는 것이다.

생기를 생-기로서 사유함은 곧, 그 자체 진동하며 용솟음치는ᵛ⁶⁷ 영역의 얽힌 구조(Bau) 속에서 집을 짓는 일(bauen)ʷ이다.⁶⁸ 그 자체 흔들거리는 그런 구조로 집을 짓기 위한 도구를 사유(Denken)는 언어로부터 받아들이고 있다. 왜냐하면 언어는 아주 다정다감하면서도, 그러나ˣ 갑자기 엄습해 오면서 모든 것을 억제하는(verhalten)ʸ 진동침

---

q 〔1〕 ⟨nur das *Nächste* jenes *Nahen* unmittelbar zuspricht, darin wir uns schon aufhalten.⟩⁶⁹

r 〔1〕 ⟨*worin*⟩

s 〔1〕 ⟨|*der*|*in sich schwingende*|*Bereich*⟩
|dafür kein ontisches Beispiel|
so wie schon »Sein« einzig – im *Es gibt*

t 〔2〕 ⟨*Wesen*⟩ M. (*Menschen*) als die Sterblichen –
gebraucht im E. (Ereignis)
|S. (Sein) als Austrag – : Lichtung des Sichverbergens –
(Wesen d(er) Wahrheit)
E (Ereignis)

u 〔1〕 ⟨in *ihrem Wesen erreichen*⟩
schon je – aber noch nicht entborgen –
sich erreicht haben – einander *gereicht* bleibt.

v 〔1〕 ⟨*schwebenden*⟩

w 〔1〕 ⟨Das Ereignis *als* Er-eignis denken, heißt, am Bau dieses in sich schwingenden Bereiches *bauen*.⟩

(Schwingung)인데, 바로 이 진동침이 생기의 흔들거리는ᶻ 구조 속에서 일어나고 있기 때문이다. 우리의 본질이 언어에 귀속하면서 그 안에서 고유해지는 한, 우리는 생기 안에 거주하고 있는(wohnen)ᵇ 것이다.ᵃ

이제 우리는 (더 이상은) 회피할 수 없는 다음과 같은 물음을 엉성하게나마 제기해야 할 자리에 이르게 되었다. 즉 생기는 동일성과 무슨 관계가 있는가? 이 물음에 대한 대답은, 아무런 관계도 없다는 것이다. 그러나 이에 반해서 동일성은 생기와 — 모든 점에서 그런 것은 아니라고 하더라도 — 많은 점에서 관계가 있다. | 어째서 그런가? 우리는 우리가 걸어온 길을 몇 걸음 물러섬으로써 대답하려고 한다.

[31]

생기는 인간과 존재ᶜ를 이 둘의 본질적인ᵈ 함께에 속하게 함으로써 그 안에서 (이 둘을) 고유하게 한다(vereignen). 처음으로 몰아쳐 오는 생기의 번쩍거림(Aufblitzen)ᵉᶠ을 우리는 모아-세움틀 속에서 통찰한다.⁷⁰ 이것은 현대 기술 세계의 본질을 형성한다. 모아-세움틀 속에서 우리는 인간과 존재가 함께-속해-있는ᵍ 한 가지ʰ 방식을 통찰하게 되는데, 바로 이 안(함께-속해-있음)에서는 속하게-함ⁱ이 비로소 이러한

---

x (1) ⟨die zarteste,⟩ und daher auch ⟨auch die anfälligste⟩
y (2) ⟨*verhaltende*⟩ an sich haltend unter-haltend aushaltend.
z (1) ⟨alles verhaltende *Schwingung* im *schwebenden*⟩ *schwingen* und *schweben* – noch ungemäß –
b (1) ⟨*wohnen*⟩
a (1) ⟨*Sprache*⟩⁷¹
    die Sage des Eigentums
       | vgl. Unterwegs z(ur) Sprache⁷²
c (1) ⟨»Sein«⟩
d (1) ⟨(wesenhaftes)⟩ eigentümliches
e (1) ⟨*Aufblitzen*⟩ vgl. Einblick 1949⁷³
f (1) das ferne Leuchten im Einst der Ἀ-Λήθεια
    vgl. Hegel und die Griechen Gad.(Gadamer)-Festschrift⁷⁴

함께의 양식과 이 함께의 통일성을 규정하고 있다. (일찍이) 우리는 파르메니데스의 다음 명제, 즉 "동일한 것은 곧 사유이기도 하며 또 존재이기도 하다"[75]라는 명제에 의해서, '속해-있음'이 '함께'에 비해 우위를 갖는 그런 양식의 함께-속해-있음에 대한 물음 속으로 이끌려 들어갔었다. 이 동일한 것의 의미에 대한 물음이 동일성의 본질[j]에 대한 물음이다. 형이상학의 학설은 동일성을 '존재에 내재하는 하나의 근본 특성(ein Grundzug im Sein)'이라고 표상하고 있다[k]. 그러나 이제 (여기에서) 드러나고 있는 사실은 다음과 같다. 즉 존재는 사유와 함께 (동일성 속으로 들어가) 동일성에 속해 있으며,[l] 이 동일성[mn]의 본질은 우리가 생기라고 부르는 그것으로서의 저 함께-속하게-함으로부터 유래하고 있다는 것이다. 동일성의 본질[o]은 (생-기에 속해 있는) 생-기의 고유한 자산(Eigentum)이다.[pqr] 우리가 우리의 사유를 동일성의 본질이

---

g (1) Er-eignen als Gehörenlassen
　　／　　　↑ dieses aus der Be-fugnis
　　　　　　| darin der Brauch
　　　　　　　(der Sterb(lichen))
　　hier aber absichtlich das Ge-Viert verhüllt –
h (1) ⟨ein⟩ ausgezeichnetes ⟨Zusammen*gehören*⟩
i (2) ⟨*Gehörenlassen*⟩
　　Lassen als Eignen – Gewähren – *Reichen* – Halten (*Hältnis*)
j (1) ⟨*Wesen*⟩ Wandlung von »Wesen«
　　in Eigentümlichkeit (E (Ereignis))
k (1) ⟨*stellt* die Identität als einen Grundzug im Sein *vor*⟩[76] im doppelt(en) Sinn des Vorführens und Auffassens
l (1) ⟨Sein gehört⟩ zusammen ⟨mit dem Denken⟩
m (2) ⟨Sein gehört *mit* dem Denken *in*⟩ die ⟨Identität⟩
n (2) vgl. ob(en) 18. 19
o (1) ⟨(*Wesen*)⟩ *Eigentümliche*
p (1) ⟨Das Wesen der Identität⟩ entstammt dem Eigentum des E. (Ereignisses).
q (1) ⟨Das Wesen der Identität ist⟩ ein ? nicht deutlich genug ⟨Eigentum des Er-eignisses.⟩

[32] 유래하는 곳ˢ으로 지시하려고ᵗᵘ⁷⁷ 시도함에 있어서 의지할 만한 어떤 것이 있다고 한다면, 바로 이러한 경우에 이 강연의 제목에서는 무엇이 변할 수 | 있을까? 아마도 '동일률'이라는 명칭의 의미가 변화하게 될지도 모른다.

    이 명제는 우선 존재 속에, 다시 말해 존재자의 근거 속에 내재하는 어떤 하나의 특성으로서 동일성을 전제하고 있는 그런 근본 명제(Grundsatz)의 형식 속에서 말해지고 있다. 진술이라는 의미에서의 이 명제가 〔사유의〕 도상에서 일종의 도약ᵛ의 양식을 갖고 있는 어떤 명제 〔뜀〕로 되었다.ʷˣ⁷⁸ 이때 이러한 도약은 존재를 존재자의 근거로서 간주하려는 태도를 버리고 심연적-밑바탕 속으로 뛰어 들어가는 행위였다. 그러나 이러한 심연적-밑바탕은 텅 빈 것(das leere Nichts) 혹은 어두운 혼란이 아니라 생-기이다.ʸ 이 생-기 속에서, 한때 존재의 집이라고 일컬어졌던 그런 언어로서 말하고 있는 그것의ᶻ 본질ᵃ이 진동하며 용솟음치고ᵇ 있다.⁷⁹ 이제 동일성의 명제는 〔다음과 같이〕 말한다: 동일성의 본질이 요구하는 것은 도약ᶜ이라고 말이다. 왜냐하면, 만일 인간과 존재의 함께-속해-있음이 이러한 생기의 본질적인 빛(Wesenslicht)에 도달해야만 한다면, 바로 이런 경우에 동일성의 본질은 도약을 필요

---

r   (2) 〈*Das Wesen der Identität ist ein Eigentum des Er-eignisses.*〉⁸⁰
s   (1) 〈*Ort*〉 Topo-logie
t   (1) 〈*weisen*〉
u   (2) 〈*Wesensherkunft* der Identität zu *weisen*〉
v   (1) (2) 〈*Sprunges*〉
w   (1) Met 〔Metaphysik〕!
x   (1) ob〔en〕 24
y   (1) 〈*das Er-eignis.*〉⁸¹
z   (1) 〈*schwingt* das »Wesen« dessen, was als *Sprache spricht*〉
a   (2) 〈*schwingt* das *Wesen*〉
b   (1) 〈*schwingt*〉⁸² 30
c   (1) 〈*Sprung*〉

로 하기 때문이다.

'동일성에 대해 진술하는 그런 진술로서의 명제'로부터 '동일성의 본질 유래 속으로 도약해 들어가는 그런 도약ᵈ으로서의 명제(뜀)'로 나아가는 도상에서ᵉ 사유는 변화한다. 이런 까닭에 사유는 현재를 맞이하여-주시하는(entgegenblickend) 가운데 인간의 상황을 넘어서서 존재와 인간을 서로에게 고유하게 하는 그것으로부터 — 즉 생-기로부터ᶠ — 이 둘의 형세ᵍ를 통찰한다.

모아-세움틀이, | 즉 인간과 존재ʰ로 하여금 계산 가능한 것을 계산 [33] 하도록 서로가 서로를 닦달하는 도발적인 요청이, 인간과 존재ⁱ를 비로소 이 둘의 본래적인 차원으로 향하게 하여 그 안에서 (시원적으로) 탈생기하는(enteignen)ʲᵏ 그런 생기로서 우리에게 말을 건네 올 그런 가능성이 우리를 맞이하며-기다리고(entgegenwarten) 있다고 가정해 본다면, 이때 인간에게는 온갖 존재자를, 즉 현대의 기술 세계에 존재하는 모든 것을, 그리고 자연과 역사를, 또한 이 모든 것에 앞서 그러한 것들의 존재ˡ를, 좀 더 시원적으로 경험할 수 있는 그런 길이 환히 열리게 될지도 모른다.

핵 시대의 세계에 관한 숙고가 제아무리 진지하게 책임감을 갖고서 핵에너지의 평화로운 이용만을 목적으로 삼으며 오직 이러한 목적에 안심하고 있는 한, 사유는 아직도 여전히 중간 정도의 도상에 서 있을

---

d (1) ⟨Sprung⟩
e (1) ⟨Unterwegs⟩ ob(en) 13
f (1) ⟨was *beide* einander *eignet*, aus dem *Er-eignis*⁸³.⟩ 28
g (1) ⟨Konstellation⟩
h (1) ⟨Sein⟩
i (1) ⟨Sein⟩
j (1) ⟨Eigentliches *enteignet*⟩
k (2) ⟨Eigentliches *enteignet*⟩
l (1) ⟨|Natur und Geschichte|, allem zuvor ihr »Sein«⟩⁸⁴

뿐이다. 이렇게 반쪽 난 어설픈 숙고에 의해서는 기술 세계가 앞으로도 자신의 형이상학적인 우세 속에서 계속 번창할 것이며 아주 확고해질 것이다.^{mnop85}

정말로 자연 자체가 미래에는 언제나 현대^q 물리학의 자연으로 남아 있게 될 것이며 또 역사는 단지 사학^r의 대상으로서만 설명될 뿐이라는 주장은 과연 결정된 것일까? 우리는 오늘날의 기술 세계를 악마의 작품(Teufelswerk)이라고 내던져 버릴 수도 없으며, 또 오늘날의 세계가 이런 점을 스스로 걱정하고 있지 않는 한 우리는 이 세계를 절멸시킬 필요도 없다.

그러나 그렇다고 해서 우리는, 기술 세계가 이 세계로부터의 뛰어내림st 자체를 단적으로 거절하고 있다는 그런 식으로, 한쪽으로 치우쳐 지나치게 생각할 필요도 없다. 이런 생각은 지금 눈앞에서 | 생생하게 전개되는 일들에 사로잡힌 채 이러한 일들만이 유일하게 존재하는 현실이라고 간주한다. 이런 생각은 물론 상상할 수 있는 것이기는 하지만, 그렇다고 해서 앞선-사유(Vordenken)는 아니다. 여기에서 앞선-사유란, 인간과 존재^u의 동일성의 본질^v이 말 건네 오는 그런 말 건네 옴으로서 우리에게 다가오고 있는 그것을 맞이하여-주시하는 그런 사유

[34]

---

m (2) ⟨metaphysischen Vorherrschaft⟩
n (1) die Sicherung ihrerseits wird »abgesichert«.
o (1) – d. h. die Vergessenheit des E. (Ereignisses) bleibt.[86]
p (1) Ge-Stell wird nicht als E (Ereignis) erfahren.

                    Was ver-langt dies?

q (1) ⟨modernen⟩
r (1) ⟨Historie⟩
s (1) ⟨Absprung⟩
t (2) ⟨Absprung⟩ 24
u (1) ⟨Mensch und Sein⟩[87]
v (2) ⟨Wesens⟩

이다.ʷ

동일성 속에 내재하고 있는 매개ˣʸ와도 같이 이처럼 단순한 관계를 고유하게 파악하기 위해서, 사유는 2000년 이상을 필요로 했다. 동일성의 본질 유래 속으로 진입ᶻ해 들어가는 사유가 단 하루 만에 활성화되리라고 우리는 생각해도 좋은가? 이러한 진입은 어떤 하나의 도약ᵃ을 요구하고 있기 때문에, 그것은 자신의 시간을, 즉 사유의 시간을 필요로 한다. 이러한 사유의 시간은 오늘날 도처에서ᵇ 우리의 사유를 저해하는 계산함의 시간과는 다른 것이다. 오늘날 생각하는 기계〔컴퓨터〕는 1초에도 수천 가지 관계들을 계산해 내지만, 이 관계들은 그 기술적인 이로움에도 불구하고 〔실은〕 본질이 아예 결여되어 있는(wesenlos) 것이다.

우리는 언제나 우리가 무엇을 어떻게 사유ᶜ 하고자 시도하든지 간에 이 모든 것을 전승(Überlieferung)ᵈ의 활동 영역 속에서 사유한다. 이러한 전승으로 말미암아 우리가 숙고하는 사유로부터 더 이상은 결코 어떠한 계획함도 아닌ᵉ 그런 앞선-사유 속으로 자유롭게 해방될 때, 전승은 〔우리의 사유하는 삶 속에〕 편재하고 있는 것이다.

우리가 이미 사유된 것을 향해 사유하며 나아갈 때,ᶠ 비로소 우리는 '〔앞으로도〕 여전히 사유해야 할 그것'을 향해 나아갈 수 있을 것이다.ʰᵍ88

---

w (2) ⟨auf uns zukommt⟩
x (1) ⟨Vermittelung⟩ Hegel
y (2) ⟨Vermittelung⟩
z (2) ⟨denkende Einkehr⟩
a (1) ⟨Sprung⟩⁸⁹ das Bereiten eines Erwachens – dazu S. 24
b (1) ⟨überallher⟩
c (2) ⟨denken⟩
d (2) ⟨Überlieferung⟩
e (1) ⟨das kein Planen mehr ist⟩, aber auch kein Prophezeien.
f (2) ⟨dem schon Gedachten zuwenden⟩ im Schritt züruck
g (1) ⟨dem schon Gedachten zuwenden, werden wir ver | wendet für das (noch)⟩ erst ⟨zu Denkende⟩

[35] # 형이상학의 존재-신-론적 구성틀ᵃ

[37]   이 세미나는 헤겔과의 대화를 시작하기 위한 시도였다. 한 사상가와의 대화는 단지 사유의 사태만을 다룰 수 있을 뿐이다. '사태'란 일반적인 규정에 따르자면 논쟁거리, 즉 오로지 사유를 위해 사유에게 다가오는 그 경우로서 쟁점이 되는 것을 의미한다. 그러나 여기에서 쟁점이 되는 그 논쟁은 결코 사유를 통해 비로소 시작되는 것이 아니다. 사유의 사태는 어떤 논쟁에서 그 자체 쟁점이 되는 것이다. 중세 독일어의 스트리트(strit)에서 유래한 '논쟁(Streit)'이라는 낱말은 우선적으로 불화를 뜻하지 않으며 오히려 밀어붙임(Bedrängnis)ᵇ을 뜻하고 있다. 사

---

a (1) (Notiz vor Beginn des Textes)
S. 45/46 »Wir wagen einen Versuch mit dem Schritt züruck.«
S. 47 u(nten) Die Ausdauer und *Vorbereitung*. –
| die »gewagt werden muß!«
(Diese Bestimmungen sind keine Bekundung einer
persönlichen Bescheidenheit – sondern gehören zu der
von der Sache bestimmten Not dieses Denkens –
(Attitüde der Besch(eidenheit)!)¹
47/48 angesichts dessen, was *jetzt ist* (Ge-Stell)
           Industrie-Gesellschaft
             Soziologie – Kybernet(ik) |

유의 사태는 이 사태가 사유를 비로소 사유해야 할 그 사태에로 데려오며 또 이러한 사태로부터 [사유를] 사유 자신에게 데려오는 그런 방식으로 사유를 밀어붙이고 있다.ᶜ

헤겔의 경우에 사유의 사태란 바로 사유 그 자체(das Denken als solches)이다. | 우리가 사태의 이러한 한계를 — 즉 사유 그 자체를 — 심리학적으로나 인식론적으로 곡해하지 않기 위해서, 우리는 사유된 것의 사유되어 있음을 충분히 전개하는 가운데 사유 그 자체를 설명해 나가야 한다. 사유된 것ᵈ의 사유되어 있음이 여기에서 무엇을 뜻하는지는, 오직 칸트가 말하는 선험적인 것(das Transzendentale)ᵉ의 본질로부터만 이해될 수 있다. 그러나 헤겔은 이 선험적인 것을 절대적으로 — 다시 말해 그의 경우에는 사변적으로 — 사유하고 있다. 헤겔이 사유 그 자체의 사유에 관해 말하고 있을 때, 그가 겨냥하고 있는 것은, 사유란 '순수히 사유의 기본 요소 안에서' 전개되고 있다는 점이다.(Enc. Einleitung, §14)² 14절의 제목은 — 이 제목은 매우 간결하지만 그것을 사태에 합당하게 생각한다는 것은 무척 힘들다 — 다음과 같은 것을 말해 주고 있다. 즉 헤겔에게서 사유의 사태란 '사상(Gedanke, 思想)'ᶠ이라는 것이다. 그러나 이러한 사상이 그 자신의 최고의 본질적 자유에 이르기까지 펼쳐지게 되면, 그것은 '절대적 이념(die absolute Idee)'이 된다. 헤겔은 이러한 이념에 관하여 그의 『논리학(*Wissenschaft der Logik*)』 마지막 부분에서 다음과 같이 말하고 있다. "오직 절대적인 이념만이 존재(Sein)ᵍ이고, 사멸하지 않는 삶이며, 스스로 아는 진리이고,

[38]

---

b [1] 〈*Bedrängnis*〉
c [1] aber dieses Denken selbst gehört zur Sache.
d [1] 〈*Gedachtheit* des *Gedachten*〉
e [1] 〈*Transzendentalen*〉
f [1] 〈»*der Gedanke*«〉³ vgl. S. 49.
g [1] 〈»ist«〉 dial[ektisch] spekul[ativ]

따라서 모든 진리이다."⁴ (ed. Lass. Bd. Ⅱ, 484⁵) 이렇게 헤겔 자신은 서구적 사유의 모든 사태 위에 군림하고 있는 이름 즉 존재(Sein)라는 이름을 사유의 사태에게 분명히 부여하고 있다.(세미나에서는 '존재'라는 낱

[39] 말의 다양하면서도 통일적인 사용법이 논의되었다. 헤겔은 | 존재를 우선은, 그러나 결코 그것만은 아닌 "무규정적인 직접성"으로서 이해하고 있다. 여기에서 존재는ʰ 규정하는 매개에 의해서 — 즉 절대적 개념으로부터, 그리하여ⁱ 이러한 절대적 개념을 향해서ʲ — 통찰되고 있다. "존재의 진리는 본질이다", 즉 절대적 반성이다. 본질의 진리는 무한한 자기 인식이라는 의미에서의 개념이다. 존재는 사유의 절대적인 자기 사유이다. 절대적 사유만이 존재의 진리이며 존재'이다'. 여기에서 진리는 어디에서나 가능적인 앎ᵏ 자체가 진리 자신을 확실하게 인식한 것(die ihrer selbst gewisse Gewußtheit des Wißbaren als solchen)이다.)ˡ

그러나 헤겔은 동시에 그의 사유의 사태를, 앞서 흘러갔던 사유의 역사와 대화하는 가운데 사태에 맞게 사유하고 있다. 헤겔은 그렇게 사유할 수 있고 또 틀림없이 그렇게 사유했던 최초의 인물이다.ᵐ 철학사에 대한 헤겔의 관계는 사변적 관계이며, 오직 이런 관계로서만 [그 관계는] 일종의 역사적 관계이다. 역사 운동의 성격은 변증법적 과정이라는 의미에서의 일어남이다. 헤겔은 이렇게 적어 놓고 있다. "철학사에서 나타나는 사유의 이러한 전개는 철학 그 자체 안에서도 나타난다. 그러나 그것은 상술한 바와 같은 역사적인 외면성으로부터 해방되

---

h [2] ⟨ist⟩ schon
i [1] ⟨her und *deshalb*⟩
j [2] »Sein« – : der Name für die geschickliche Stufe der
   εἶνα   Unmittelbarkeit des Vorstellens (νοεῖν)
k [1] ⟨Gewußtheit des⟩ Alls des⁶ ⟨Wißbaren⟩
l [2] Vgl. u(nten) S. 53
m [1] weshalb?
   welches *Bedürfnis?* vgl. die Diff.schrift (Differenzschrift)⁷

어 순수히 사유의 기본 요소 안에서(rein im Elemente des Denkens) 나타날 뿐이다."⁸(Enc. §14)

우리는 깜짝 놀라 멈춰 선다. 철학 자체와 철학사는 헤겔 자신의 말에 따르자면 | 외면성의 관계 속에 있다는 것이다. 그러나 헤겔이 사유한 외면성은 결코 외면적으로 순전히 피상적이며 무차별적인 것이라는 조잡한 의미가 아니다. 여기에서 외면성(Äußerlichkeit)은, 그 안에서 모든 역사가 체류하고 있으며 또 절대 이념의 운동에 대한 모든 실제적인 경과 과정이 체류하고 있는 그런 외부(Außerhalb)를 의미한다. 이념과의 관계 속에서 해명된 역사의 외면성은 이념의 자기 외화의 결과로서 밝혀진다. 외면성은 그 자체가 하나의 변증법적인 규정이다. 그러므로 헤겔이 철학에서 역사학적(historisch) 표상과 체계적 사유를 통일했다고 사람들이 확정하고 있을 때, 그들은 헤겔의 본래적인 사상에는 이르지 못한 채 그 배후에 머무르게 된다. 왜냐하면 헤겔에게서는 역사학이 문제시되는 것도 아니며 또 이론적인 구성틀이라는 의미에서의 체계가 문제시되는 것도 아니기 때문이다. [40]

철학에 관한 이러한 지적들은, 또 철학이 역사에 대해서 갖고 있는 그런 관계에 대한 지적들은 무엇을 의미해야 하는가? 이러한 지적들은, 헤겔에게서 사유의 사태는 그 자체 역사적이라는 사실을, 하지만 그것은 일어남(Geschehen)이라는 의미에서 역사적(geschichtlich)이라는 사실을 암시하고 있다. 일어남의 과정적 성격은 존재의 변증법을 통해 규정된다. 헤겔에게서 사유의 사태는 자기 자신을 사유하는 그런 사유로서의 존재이며, 또 이러한 사유는 사변적으로 전개되는 가운데 비로소 자기 자신에게 도달되고, 그리하여 사유는 그때마다 | 상이하게 전개된 형태들 및 바로 이런 까닭으로 말미암아 아직은 필연적으로 전개되지 못한 형태들의 여러 단계를 통과한다. [41]

이렇게 경험된 사유의 사태로부터 비로소 헤겔에게는 독특한 준칙

이, 즉 헤겔이 앞서 간 사상가들과 이러저러한 방식으로 대화를 나누기 위한 표준(Maxime)이 발생한다.

그러므로 헤겔과 대화하며 사유하고자 시도할 때, 우리는 헤겔과 더불어 단지 동일한 사태에 관해 말할 뿐만 아니라 동일한 사태에 관해 동일한 방식으로 말해야 한다. 그러나 동일한 것(das Selbe)은 꼭 같은 것(das Gleiche)이 결코 아니다. 꼭 같은 것 안에서는 상이함이 사라진다. 동일한 것 안에서는 상이함이 나타난다.ⁿ 동일한 사태가 동일한 방식으로 사유에게 다가와 결정적으로 관계를 맺게 되면 될수록 상이함은 더욱더 긴박하게 나타난다. 헤겔은 존재자의 존재를 사변적-역사적으로 사유하고 있다. 그러나 이제 헤겔의 사유가 역사의 한 에포케(Epoche)에 속해 있는 한,(이 말은 역사가 결코 지나가 버린 것이라는 의미가 아니다.) 우리는 헤겔이 사유한 존재를 헤겔과 동일한 방식으로, 즉 역사적으로 사유하고자 시도한다.

[42] 사유가 자신의 사태에 머물러 있을 수 있는 까닭은 오직 사유가 이런 머무름 속에서 그때마다 좀 더 사태에 가까워지고 또 그 사유에게 동일한 사태가 더욱 쟁점화됨ᵒ으로써 가능할 뿐이다. 이런 식으로 사태가 사유에게 요구하고 있는 바는 다음과 같다. 즉 사유는 사태를 그것〔사태〕의 사태 관계 속에서 견뎌 내야만 하며, | 또 사유가 사태를 그것의 품어-줌/내어-줌(Austrag)에로 가져오도록 〔사유가 사태에〕 응답함으로써 사태 관계를 고수해야 한다는 것이다. 자신의 사태에 머무르는 사유는, 만약 이 사태가 존재라고 한다면, 그러한 존재의 품어-줌 속으로 들어가 관계 맺어야 한다(sich-einlassen). 따라서 우리가 헤겔과 대화하는 가운데 이러한 대화를 펼쳐 나가기 위해서는 먼저 동일한 사태의

---

n 〔1〕〈Im Selben *erscheint*〉 das Zusammengehören des Verschiedenen, 〈die Verschiedenheit.〉

o 〔1〕〈strittiger〉 bedrängender (37)

동일함(Selbigkeit)을 좀 더 분명히 파악하고 있어야만 한다. 이러한 태도는 앞에서 말해진 내용에 따르자면 사유의 사태의 상이성과 더불어 동시에 역사적인 것의 상이성을 철학사와의 대화 속에서 뚜렷이 밝힐 것을 요구한다. 여기에서 이러한 명료화는 부득이 간결하면서도 개괄적인 방식으로 행해져야만 한다.

헤겔의 사유와 우리가 시도하는 사유 사이에 지배하는 상이성을 명확히 밝혀내고자 한다면, 우리는 세 가지 점에 유념해야 한다.

우리는 아래와 같이 묻는다.

1. 헤겔과 우리에게서 사유의 사태는 어떤 것인가?
2. 헤겔과 우리에게서 사유의 역사와 대화하기 위한 표준은 어떤 것인가?
3. 헤겔과 우리에게서 이 대화의 성격은 어떤 것인가?

첫째 질문에 대하여

헤겔에게서 사유의 사태는 절대적 사유 안에서 [사유된] 존재자의 사유되어 있음에 입각한 존재이며 또 이러한 절대적 사유로서의 존재이다. 우리에게서 사유의 사태는 [헤겔과] 동일한 것, 즉 존재이지만, 이 존재는 존재자와의 차이에 입각한 존재이다. | 좀 더 예리하게 말하자면, 헤겔에게서 사유의 사태는 절대적 개념으로서의 사상이다. [그러나] 우리에게서 사유의 사태는 — 잠정적으로 말해서ᵖ — 차이로서의 차이이다.ᑫʳˢ

[43]

---

p [1] ⟨vorläufig benannt⟩

q [1] ⟨Für uns ist die *Sache* des Denkens,⟩ d. h. das Fragwürdige – S. 63 Wesensherkunft. ⟨*vorläufig benannt*, die Differenz *als* Differenz.⟩

r [2] ⟨Für uns ist die Sache des Denkens, *vorläufig benannt*,⟩ d. h. innerhalb des Gesprächs mit dem Wesen der Metaphysik »*seinsgeschicklich*« gedacht. ⟨die

둘째 질문에 대하여

헤겔에게서 철학사와의 대화를 위한 표준은, 그 이전의 사상가들에 의해 사유된 것의 영향력과 테두리 속으로 들어가는 것이다. 헤겔이 스피노자와 대화하는 가운데 그리고 칸트와 대화하기에 앞서 그의 준칙 (Maxime)을 강조했다는 것은 우연이 아니다.(『논리학』, Ⅲ권, Lasson, Bd. Ⅱ, 216쪽 이하) 헤겔은 스피노자에게서 완성된 "실체의 관점"을 발견한다. 그러나 이 실체의 관점은 최고의 관점이 될 수 없다. 왜냐하면 존재가 아직도 결정적으로는 자기 자신을 사유하는 그런 사유로서 생각되고 있지 않기 때문이다. 존재는 실체와 실체성으로서 전개되었을 뿐 아직도 절대적인 주관성 속에 존재하는 그런 주체로서는 전개되지 않았다. 그럼에도 불구하고 스피노자는 독일 관념론의 사유 전체를 언제나 새롭게 요구하면서도, 이와 동시에 그는 독일 관념론의 사유 전체를 모순에 빠뜨리고 있다. 그 까닭은 스피노자가 사유를 절대자와 더불어 시작하도록 했기 때문이다.ᵗ 이에 반해 칸트의 길은 다른 길이며, 절대적 | 관념론의 사유에 있어서나 철학 일반에 있어서 스피노자의 체계보다 훨씬 더 결정적이다. 헤겔은 통각ᵘ의 근원적 종합이라는 칸트의 사상에서 "사변적 발전을 위한 가장 심오한 원리들 중의 하나"(같은 책, 227쪽)를 보고 있다.⁹ 헤겔은 사상가들이 저마다 지니고 있는 힘을 그들이 사유해 낸 것 속에서 찾아내고 있는데, 이러한 그의 태도는 〔그들이〕 사유해 낸 것이 그때마다 〔도달된 사유의〕 단계로서 〔언제나〕 절대적인 사유 속으로 지양될 수 있는ᵛ 한에서 유지된다. 이러한 사유가 절

[44]

Differenz *als* Differenz.〉

s 〔1〕 d. h. das »*und*« a[ls] s[olches] für *Sein a[ls] s[olches] und Seiendes a[ls] s[olches]*¹⁰

t 〔1〕 〈*mit dem Absoluten anfangen läßt*〉¹¹

u 〔1〕 〈der〉 transzendentalen 〈Apperception〉

v 〔1〕 〈in das absolute Denken〉 verweist und darin 〈aufgehoben werden 〈kann〉〉

대적인 까닭은, 오직 그 사유가 변증법적이면서도 사변적인 사유의 과정 속에서 움직이면서 이러한 과정을 위한 제 단계를 요구하고 있기 때문이다.ʷ

우리에게서 역사적 전승과의 대화를 위한 표준은, 우리의 대화가 초창기 사유의 힘 속으로 들어가고 있다는 점에서는 〔헤겔과〕 동일하다. 그러나 우리는 사유의 힘을 이미 사유된 것 안에서가 아니라 아직은 사유되지 않은 어떤 것 속에서 찾고 있는데, 여기에서 사유되지 않은 어떤 것이란 그것으로부터 사유된 것이 자신의 본질 공간을 수용하게 되는 바로 그것이다.ˣ 그러나 이미 사유된 것은 언제나 새로운 충만 속으로 찾아드는 아직은 사유되지 않은 것을 비로소 준비한다.ʸ 사유되지 않은 것의 표준은, 예전에 사유된 것을 언제나 좀 더 상승된 — 예전의 것을 넘어서는ᶻ — 어떤 발전과 체계ᵃ의 관계ᵇ 속으로 이끌어 가려고 하지 않으며, 오히려 그것〔표준〕은 아직도 여전히 남겨진〔숨겨진〕 채 있어 온 것ᶜ 속으로 〔지금까지 우리에게〕 전승된 사유를 풀어놓으라고ᵈ 요구한다.ᵉ 아직도 여전히 남겨진 채 있어 온 바로 그것이 — 비록 고유하게 시원자(das Anfangende)로서 사유되지는 않는다고 하더라도 — 전 | 승을(Überlieferung) 시원적으로 철저히 지배하고 있으며, 또 언제나 전승에 앞서 본원적으로 존재하고 있다.ᶠᵍ

[45]

---

möchte?¹²
w 〔1〕 ⟨verlangt.⟩ der »Wille« des »Geistes«
x 〔1〕 ⟨von dem her das Gedachte seinen Wesensraum empfängt⟩
y 〔1〕 ⟨bereitet⟩¹³
z 〔1〕 ⟨noch höhere und es überholende⟩
a 〔1〕 keine Dialektik
b 〔1〕 ⟨Einbezug⟩
c 〔1〕 ⟨Gewesenes⟩ (der An-Fang)¹⁴
d 〔1〕 ⟨Freilassung⟩
e 〔1〕 schon Wesendes – als Gewährnis – (Ἀλήθεια)
　　　　　　　　　　　　≠ Wahrheit –

셋째 질문에 대하여

헤겔에게서 앞서 흘러간 철학사와의 대화는, 지양(Aufhebung)ʰ의 성격을, 즉 절대적으로 정초한다(die absolute Begründung)는 의미에서의 매개하는 파악(das vermittelnde Begreifen)이라는 성격을 지니고 있다.

우리에게서 사유의 역사와 나누는 대화의 성격은 더 이상 지양이 아니라 뒤로 물러섬(der Schritt zurück)ⁱʲ이다.ᵏ

지양ˡ은 자기를 인식하는 앎의 완전히 전개된 확실성ᵐ이라는 의미에서의 절대적으로 정립된 진리를 향해 〔지금까지 사유된 모든 것을〕 고양시키며-모아들이는 그런 〔절대적으로 정립된〕 진리의 구역 속으로 나아간다.ⁿ

뒤로 물러섬은 지금까지 간과된 영역을 향해 그 속으로 들어가는데, 이러한 영역으로부터 진리의 본질은º 처음으로 사유할 만한(denkwürdig) 것이 된다.ᵖᑫ

사태, 표준, 그리고 사유의 역사와 대화하는 그런 대화의 성격에 입

---

f [1] ⟨west ihr stets *voraus*, ohne doch eigens als das An-fangende gedacht zu sein.⟩ ⟨*An-Fang*: E. [Ereignis]⟩[15]
g [2] ⟨*west* ihr stets *voraus*, ohne doch *eigens und als* das An-fangende gedacht zu sein.⟩
h [2] ⟨Aufhebung⟩
i [1] ⟨*sondern der Schritt zürück*⟩ 71 f.
j [2] ⟨sondern *der Schritt zürück*⟩ Vgl. 71 f.!
k [1] ⟨*sondern der Schritt zürück.*⟩ Hu.Br. [Humanismus-Brief][16]
l [2] ⟨Aufhebung⟩
m [1] ⟨Gewißheit⟩
n [2] »der Gedanke«
o [1] ⟨»Wesen« der Wahrheit⟩ vgl. *Schluß* d[es] Vortrags:
   Hegel und die Griechen. *1958*[17]
   Hd. Akad. d. Wiss. [Heidelberger Akademie der Wissenschaften][18]
   vgl. Zur Sache des Denkens 1969 S. 77 Anmerkung.[19]
   »Wahrheit« – Wahrnis
   Gewährnis der Lichtung des Sichverbergens.

각해 헤겔의 사유와 우리의 사유 사이에 놓인 상이성을 이와 같이 간결히 특징적으로 파악한 이후에, 우리는 이미 시작한 헤겔과의 대화를 좀 더 명확하게 진행시켜 나가고자 한다. 다시 말해서, 우리는 뒤로 물러섬으로써 어떤 하나의 시도를 | 감행하고자 한다.ʳ "뒤로 물러섬"이라 [46] 는 명칭은 여러 가지 오해를 불러일으키기 쉬울 것이다. "뒤로 물러섬"은 하나하나의 사유 발걸음이 아니라 사유가 움직여 나가는 하나의 양식이며 하나의 기나긴 길ˢ을 뜻한다. 뒤로 물러섬이 서양의 사유 역사와 대화하는 우리의 대화의 성격을 규정하고 있는 한, 사유(er)²⁰는 지금까지 철학 속에서 사유된 것으로부터 확실히 벗어나게 된다. 사유는 자신의 사태, 즉 존재ᵗ 앞에서 물러섬으로써 사유된 것을 자기 맞은편 쪽으로 가져오는데, 이 맞은편 안에서 우리는 [전승된] 모든 사유의 원천ᵘ을 — 이러한 원천이 [전승된] 모든 사유에게 일반적으로 그 사유가 체류하며 머무를 구역(Bezirk)을 마련해 준다 — 형성하고 있는 그것에 입각해 역사 전체를 통찰하게 된다.ᵛʷ²¹ 이것은 헤겔ˣ 과는 달리

---

p (1) ⟨Der Schritt züruck weist in den bisher⟩ vergessenen –
   im Entzug verbliebenen – noch nicht erfahrenen –
   sich verbergenden ⟨Bereich, aus dem her das »*Wesen*« *der Wahrheit*⟩ i(m) S(inne)
   der Gewährnis d(er) Lichtung ⟨allererst denkwürdig wird.⟩
q (2) ⟨Der *Schritt züruck* weist in den bisher *übersprungenen*⟩
   besser: noch nicht erfahrenen ⟨Bereich, aus dem her das *Wesen* der Wahrheit allererst *denkwürdig* wird.⟩
r (1) ⟨*Wir wagen einen Versuch | mit dem Schritt zrück.*⟩
s (1) ⟨des⟩ (entsagenden) ⟨Denkens und einen langen Weg⟩ der Rückweg in den An-Fang
t (1) ⟨das Denken *tritt vor* seiner Sache, dem Sein⟩ d. h. der Diff(erenz) in ihrer Verbergung
u (1) ⟨*Quelle*⟩
v (1) Lichtung
w (1) *E [Ereignis]* vgl. S. 48 u(nten) »das Wohin«
x (1) absol(utes) Denken

〔우리에게〕 이미 전수되어 제기되었던 문제^{y}가 아니라, 사유의 이러한 역사를 통해 어디에서도 질문되지 않은 것이다. 우리는 이것을 잠정적으로 불가피하게 전승된 언어^{z}로 명명하고자 한다. 우리는 존재와 존재자 사이의 차이(Differenz)에 관하여 말한다.^{a} 뒤로 물러섬은 사유되지 않은 것으로부터 — 즉 차이 그 자체로부터 — 사유해야 할 것^b 속으로 파고 들어간다.^{cde} 그것은 차이의 망각(Vergessenheit)이다. 여기에서 사유해야 할 그 망각은 레테(Λήϑη, 은닉)로부터 사유된 차이 그 자체의 감춤(Verhüllung)인데, 이러한 감춤은 〔실은〕 | 감춤 자체의 입장에서 보자면 시원적으로 스스로 내빼고 있었던 것이다.^{f} 망각은 차이에 속한다.$^{22\,g}$ 차이는 망각에 귀속하기 때문이다. 인간적인 사유의 망각함

[47]

---

y 〔2〕 ⟨*Problem*⟩!
z 〔1〕 ⟨*Sprache der Überlieferung*⟩^{23} als vorstellende – setzende –
a 〔2〕 ⟨Wir sprechen von der *Differenz*⟩ und zwar derjenigen ⟨zwischen dem Sein und dem Seienden.⟩
b 〔1〕 Differenz a[ls] s[olche]
c 〔1〕 ⟨Der Schritt zurück geht vom Ungedachten, ⟨von der Differenz als solcher, in das zu-Denkende.⟩⟩ *Schritt zurück* vor dem Ganzen des Seinsgeschickes ist in sich Erwachen aus dem E (Ereignis) in das E. (Ereignis) *als* – Enteignis aus der Fuge.
d 〔1〕 ⟨Der Schritt zurück geht vom Ungedachten, ⟨von der Differenz als solcher, in das zu-Denkende.⟩⟩ besser: von der Diff(erenz) *in* das zu Denkende: die Diff(erenz) *als solche*. Zu ihr gehört die Vergessenheit. Sie^{24} bleibt entzogen, vorenthalten. Verbergung ist Verb(ergun)g d(er) Lichtung a(ls) s(olcher) d. h. des E (Ereignisses).
e 〔2〕 ⟨Der Schritt zurück geht vom Ungedachten, ⟨von der Differenz *als* solcher, in das zu Denkende:⟩⟩ besser: *von* der Diff(erenz) *in* das zu Denkende: die Diff(erenz) *als solche*.
Zu ihr a(ls) S(olcher) gehört die Vergessenheit. Sie bleibt entzogen, vorenthalten. Verbergung ist Verb(ergun)g der Lichtung a(ls) s(olcher)
d. h. des E (Ereignisses).
f 〔1〕 〔2〕 vgl. Was heißt Denken?^{25} der Entzug. V. u. A. (Vorträge und Aufsätze) *135* ob(en) 140^{26}
g 〔2〕 *inwiefern?*

(Vergeßlichkeit)으로 말미암아 나중에 비로소 망각(Vergessenheit)이 차이를 뒤덮어 버리는 것이 아니다.ʰ

존재자와 존재의 차이는, 그 안에서ⁱ 형이상학이 — 즉 서양의 사유가 — 자신의 본질 전체에 있어,²⁷ 형이상학 자신으로 존재할 수 있는 그런 구역이다.²⁸ 따라서 뒤로 물러섬ʲ은 형이상학으로부터 형이상학의 본질ᵏ 속으로 들어가는 그런 운동이다. 헤겔은 '존재'라는 다의적인 낱말을 그의 사상을 이끌어 가기 위한 주도적인 낱말로써 사용했다. 우리는 이러한 사실을 지적함으로써, 존재와 존재자에 관한 담론은 결코 '존재'에 관한 밝힘의 역사ˡ의 어떤 하나의 에포케에만 고착될 수 없다는 점을 분명히 인지하게 된다. 유개념의 공허한 보편성 밑에서 존재자에 관한 역사학적인 학설들은 저마다 각각 개별적인 경우로서 속해 있지만, '존재'에 관한 담론에서는 이 존재라는 이름이 결코 하나의 유개념이라는 의미에서 이해되지는 않는다. '존재'는 그때마다 늘 역운적으로ᵐ 말해 오고 있으며, 바로 이런 까닭에 전승을 철저히 지배하고 있다.²⁹

그러나 형이상학으로부터 그것의 본질 속으로 뒤로 물러섬ⁿ은 이제 우리가 가늠할 수 없을 정도의 [사색의 기나긴] 시간과 인내를 요구하고 있다. [그러나] 단 한 가지 사실만큼은 분명하다. 그것은 이러한 물러섬이 지금 여기에서 [당장이라도] 감행°되어야 할 하나의 준비ᵖ를 필요로 하고 있다는 점이다. | 그렇지만 이러한 물러섬은 존재자로서의 존재 [48]

---

h 〔1〕 Die Rede von der Vergessenheit keine Diffamierung der Philosophie –
i 〔2〕 ⟨*innerhalb* dessen⟩ als eines ungedachten
j 〔1〕 ⟨*Schritt zurück*⟩
k 〔1〕 〔2〕 ⟨*Wesen*⟩
l 〔2〕 ⟨*Lichtungsgeschichte*⟩ d. h. Seins-Geschick
m 〔2〕 ⟨*geschicklich*⟩
n 〔1〕 ⟨*Schritt zurück*⟩
o 〔1〕 ⟨*gewagt*⟩ – 61 u〔nten〕 (45 u〔nten〕)
p 〔1〕 ⟨*Vorbereitung*⟩

자 전체를 고려하는ᑫ 가운데, 다시 말해 그것이 지금은ʳ 어떻게 존재하고 있는지 또 어떻게 (앞으로) 자신을 더욱 명백하고도 뚜렷하게 내보이게 될 것인지를 고려하는 가운데 행해져야 한다. 지금 존재하고 있는(ist) 것은 무엇이든지 현대 기술의 본질의ˢ 지배를 통해서 각인되고 있는데, 이러한 지배는 이미 삶의 모든 분야에서 다양하게 명명되는 특징들을 통해서 — 즉 기능화, 완전성, 자동화, 관료화, 정보화를 통해서 — 나타나고 있다.ᵗᵘ 우리가 생명체에 대한 표상을 생물학이라고 부르듯이, 기술의 본질에 의해서 철저히 지배되는 그런 존재자에 대한 서술과 형식화를 우리는 기술 공학(Technologie)이라고 부를 수 있다.ᵛ 이러한 표현은 핵 시대의 형이상학을 지칭하기 위한 명칭으로서 사용된다. 형이상학으로부터 형이상학의 본질 속으로 뒤로 물러섬은 — 현재에서부터 바라볼 때 그리고 그런 현재ʷ를 꿰뚫어 보며 투시할 때 — 기술 공학 및 이 시대에 대한 기술 공학적인 서술과 해석으로부터 (이제) 비로소 사유해야 할 현대 기술의 본질ˣ 속으로 물러서는 그런 물러섬이다.³⁰

이러한 지적을 통해서 우리는 "뒤로 물러섬"이라는 명칭이 불러일으키기 쉬운 여타의 다른 오해들로부터 — 즉 뒤로 물러섬은 서양 철학을 태동시킨 최초의 사상가들에게로 되돌아가는 역사학적인 역행(Rückgang) 속에 존립한다는 그런 생각으로부터 — 벗어날 수 있다. 물론 뒤로 물러섬이 우리를 이끌어가는 저 방향ʸ은 (우리가) 물러섬을 수

---

q (1) ⟨angesichts⟩
r (1) ⟨jetzt⟩
s (1) ⟨Wesens⟩
t (1) ⟨Information⟩, Kybernetik ⟨darstellt.⟩
u (2) Kybernetik
v (1) der Mensch die Industriegesellschaft. *Soziologie*
w (1) ⟨|Einblick in sie|⟩ »Einblick in das was ist« 1949.³¹
x (1) ⟨Wesen⟩ das *Eigene*
y (1) ⟨Wohin⟩ 46.

행함으로써 비로소 펼쳐지며 제시된다.^z

| 세미나를 통해서 헤겔의 형이상학 전체^a를 조망하기 위해서 우리 [49]
는 특별히 도움이 되는 한 대목^b을 골라 해명해 보기로 하겠다. 그 구절
은 『논리학』 제1권, 즉 '존재론'에 나오는 첫 구절이다.³² 이미 이 구절
의 제목을 구성하고 있는 낱낱의 단어들은 우리의 사유를 일깨우기에
충분하다. 그 제목은 "학문의 시초는 무엇에 의해서 이루어져야 하는가?"
이다. 이 물음에 대한 헤겔의 대답은, 그 시초가 "사변적인 본성"에 존
재하고 있음을 증명하는 가운데 주어진다. 이것은 시초가 직접적인 어
떤 것도 아니고 매개되는 어떤 것도 아니라는 것을 말해 주고 있다.
시초의 이러한 본성을, 우리는 "시초는 결과이다.(Der Anfang ist das
Resultat.)"라는 하나의 사변적인 명제에 담아 말하려고 시도했다. [이
명제에서 말해진] '이다(ist)'의 변증법적인 다의성에 따르자면, 이 명
제가 말하는 바는 다음과 같다. 우선 이 명제가 뜻하는 바는, — 라틴어
의 '레줄타레(resultare)'라는 낱말의 뜻을 그대로 받아들일 때 — 시초
는 자기 자신을 사유하는 그런 사유의 변증법적인 운동이 완성됨으로
써 나타나는 반동[적인 결과](Rückprall)이다.^c 이러한 운동의 완성은,
즉 절대적 이념은 완전히 펼쳐진 전체이며 존재의 충만함(die Fülle des
Seins)이다. 이러한 충만함으로부터 나타나는 반동은 존재의 공허함(die
Leere des Seins)을 낳는다.^{de} 이러한 공허함에 의해서 (절대적으로 스스로
아는 앎으로서의) 학문의 시초는 이루어져야 한다. 존재^f는 운동의 시초

---

z [1] | der Rückweg in den An-Fang |
a [1] ⟨Ganze⟩
b [1] ⟨als Notbehelf⟩
c [1] wohin? in die Entäußerung zur einf(achen) Abstraktion
d [1] »Sein«
e [1] das unbestimmte Unmittelbare – | die Bestimmung
    als *Vermittelung*   aus ihr wird angefangen.
f [1] ⟨»das Sein«⟩ »das Sein«: der Gedanke – die absolute Vermittelung des

[50] 와 종말로 머무르고 있으며, 특히 이러한 시초와 종말에 앞서 운동 자체로서 [도처에] 머무르고 있다. 존재는 충만함으로부터 가장 | 극단적인 외화(Entäußerung)로 나아가며 또 이러한 외화로부터 스스로를 완성하는 충만함 속으로 귀환하는, 그 자체 순환하는 운동으로서 본원적으로 존재한다. 따라서 헤겔에게서 사유의 사태는 그 자체[자기 안에서] 순환하는 존재(das in sich kreisende Sein)로서의 자기 자신을 사유하는 그런 사유(das sich denkende Denken)이다.[g] [따라서] 시초에 대해서 사색하는 사변적인 명제는 "결과는 시초이다"[h]라고도 말해질 수 있는데, 이렇게 [주어와 술어를] 뒤바꾼 명제의 역전은 정당할 뿐만 아니라 필연적인 것이다. 결과로부터 시초가 귀결하는 한, 이러한 결과와 더불어 본래적으로 시작되어야 한다.[i]

이것은 헤겔이 시초에 관해서 언급한 대목의 결론 부분에서 괄호 속에 넣어 덧붙여 말했던 다음의 진술과 동일한 의미를 지니고 있다.(Lass. I, 63): "(그래서 태초는 신에 의해서 이루어진다는 것이야말로, 신이 누릴 수 있는, 전혀 논쟁할 여지도 없는 최상의 권리일 것이다.)"[33] 이 대목의 제목에서 제기되고 있는 질문에 걸맞게, [여기에서도] "학문의 시초"가 다루어지고 있다. 학문의 시초가 신에 의해서 틀림없이 이루어지는 것이라고 한다면, 그것은 신에 관한 학문 즉 신학이다. 여기에서 신학이라는 이름은 [그리스 시대] 이후의 중세적 의미에서 말해지고 있다. 그에 따르자면 신-학(Theo-logie)이란, 신에 대해서 표상하는 사유를 진술한 것

Denkens des Denkens. Vgl. ob[en] S. 38
g [1] »das Sein«: – die *Wirklichkeit* – die Actualitas der Tätigkeit –
　　der reinen – vollendeten Vermittlung.
　　　keinen Rest zurücklassenden
h [1] ⟨»*Das Resultat* »ist« der Anfang.«⟩
i [1] das Resultat
　　die vollendete d. h. nicht aufhörende sondern in ihre
　　volle Bewegtheit gelangte Vermittelung.

이다. 애초에 테올로고스(θεόλογος), 혹은 테올로기아(θεολογία)라는 그리스어는 신들에 관한 신비적이면서도 시적인 말함을 뜻하는 것이어서, 그것은 교의론과 교회의 교리와는 아무런 관계도 없었다.

어째서 "학문"[j]은 피히테 이래로 형이상학을 지칭하기 위한 그런 이름이 되었을까? 어째서 "학문"[k]은 신학인가? 대답은 이렇다. 〔무릇〕 학문은 존재자 자체의 존재에 대한 참다운[lm] 앎의 체계적인[n] 전|개(Entwicklung)이기 때문이다. 중세 시대에서 근세 시대로 접어들면서, 존재를 다루는 학문 — 즉 보편적으로 존재하는 존재자 자체를 다루는 학문 — 을 지칭하기 위한 강단 철학적인 명칭은 곧, 존재철학(Ontosophie) 혹은 존재론(Ontologie)이었다. 그렇지만 서양의 형이상학은, 비록 그것이 그리스인에 의해서 시작된 이래로 이러한 명칭[o]에 〔철저히〕 결속되지는 않는다고 하더라도, 존재론인 동시에 신학이다. 그래서 「형이상학이란 무엇인가?」(1929)[34]라는 〔프라이부르크 대학〕 취임 강연에서, 형이상학은 존재자로서의 존재자(das Seiende als solches)에 대해서 묻는 동시에(und) 존재자 전체[pq]에 대해서 묻는 그런 물음으로서

[51]

---

j (1) 〈»Die Wissenschaft«〉
k (1) 〈»Die Wissenschaft«〉
l (1) 〈als welches sich das Sein des Seienden selbst weiß und so wahrhaft »ist«〉 das »ist« des spekulativen Satzes und »die Wirklichkeit«. –
m (2) 〈als welches *sich* das Sein des Seienden selbst *weiß* und so wahrhaft *ist*〉
n (1) (2) heißt? vgl. Kant, K. d. r. V.(Kritik der reinen Vernunft). Die Architektonik d(er) reinen Vernunft: »Ich verstehe aber unter einem Systeme die Einheit der mannigfaltigen Erkenntnisse unter einer Idee. Diese ist der Vernunftbegriff von der Form eines Ganzen, sofern durch denselben der Umfang des Mannigfaltigen sowohl, als die Stelle der Teile untereinander, a priori bestimmt wird.«[35]
o (1) 〈– und noch ungebunden an diese Titel –〉
p (1) καθόλον – besagt für A. (Aristoteles) zugleich: κοινότατον und τιμιώτατον ὄν. 55 67.
q (2) das καθόλον aber meint bei Arist (Aristoteles) zumal das κοινότατον und das τιμιώτατον ὄν.
   καθ ὅλον und ἕν eine ausgezeichnete κατάφασις – λέγειν τι κατά τινος Was läßt

규정되었다. 이러한 전체의 전체성이 존재자를 합일하는 통일성이며, 이 통일성이 〔존재자 자체를〕 산출하는 근거였다.ʳˢ 〔그러므로〕 진정한 독자를 위해서 〔이것이 뜻하는 바를 말해 보자면〕 그것은 곧 형이상학은 존재-신-론이다(Die Metaphysik ist Onto-Theo-Logie)라는 말이다. 신학이 그리스도 신앙의 신학이든 철학의 신학이든, 이러한 신학을 그것의 근원적인 유래로부터 경험하고 있는 사람이라면, 그는 오늘날 사유의 영역에서 신에 대하여 침묵하는 것이 좋다.³⁶ 그 까닭은, 형이상학의 존재-신론적 성격이 〔앞으로의〕 사유를 위해서는 의문스러운ᵗ 것이 되었기 때문이다. 그것은 어떤 무신론적 근거에서가 아니라 오히려 어떤 사유(ein Denken)의 경험으로부터 그런 것이다. 〔그런데〕 존재-신-론에서는 아직도 여전히 사유되지 않고 있는(ungedachte) 형이상학의 본질의 통일성ᵘ이 바로 이 어떤 사유에게는 〔은밀히〕 스스로를 내보여 주고 있었던 것이다. 그러나 사유가 자신에게는 숙명적인 전승과의 대화를 임의적으로 아무렇게나 끊어 버리지 않는 한, 형이상학의 이러한 본질은 사유에게는 | 언제나 가장 사유할 만한 가치가 있는 것(das Denkwürdigste)으로 여전히 남아 있을 것이다.³⁷

[52]

『형이상학이란 무엇인가?』의 제5판(1949)³⁸에 첨가된 서문에서는 형이상학의 존재-신론적인 본질이 명확히 지적되고 있다.ᵛ (17쪽 이하,

---

sich καθ ὅλον sagen – wenn Seiendes τὰ ὄντα – εἶναι –
55, 67

r 〔1〕 ⟨Die *Ganzheit* dieses *Ganzen* ist die *Einheit* des Seienden, die als der hervorbringende Grund einigt⟩ ὄν – ἕν | ἀρχή
   Allheit
   ἕν – Πάντα
   Vor. u. Auf. 〔Vorträge und Aufsätze〕³⁹

s 〔2〕 ⟨Die Ganzheit dieses Ganzen ist die *Einheit* des Seienden, die als der hervorbringende Grund *einigt*⟩ ὄν – ἕν | ἀρχή

t 〔2〕 ⟨*fragwürdig*⟩

u 〔2〕 ⟨*ungedachte* Einheit des *Wesens*⟩

제7판 18쪽 이하 참조)⁴⁰ 그런데 형이상학이 존재론이기 때문에 그것이 신학이라고 주장한다면, 그것은 너무도 성급한 주장일 것이다. 그에 앞서 사람들은, 신이 철학 속으로 들어와 문제로 등장하고 있기 때문에 형이상학은 신학 즉 신에 대한 진술이라고 말할 것이다. 그러므로 형이상학의 존재-신론적 성격에 대한 물음은 다음과 같은 물음으로 첨예화된다. 즉 어떻게 해서 신ʷˣ은 철학 속으로 — 다시 말해 단지 근대 철학 속으로만이 아니라 철학 자체 속으로 — 들어와 문제로 등장하는 것일까? 이러한 물음은, 먼저 그것이 물음으로서 충분히 펼쳐져 있을 경우에만, 대답될 수 있을 것이다.

신이 어떻게 해서 철학 속으로 들어와 문제로 등장하게 되는가라는 이 물음은, 신이 문제로 등장하지 않을 수 없는 바로 그곳(wohin) — 즉 철학 자체 — 그것ʸ을 우리가 충분히 밝혀낼 경우에만, 사태에 맞게 철저히 사유될 수 있을 것이다. 우리가 철학사를 단지 역사학적으로 살펴보는 동안에도, 우리는 어디에서나 신이 철학사에서 문제시되어 왔다는 사실을 발견하게 될 것이다. 그러나 철학이 사유로서 존재자로서의 존재자 속으로 자발적으로 | 관여해 들어가는 자유로운 행위라고 가정한다면, 이때 신이 철학 속으로 들어올 수 있는 유일한 경우는 오직, 철학이 자발적으로 — 즉 자신의 본질에 따라 — 신이 철학 속으로 들어와 문제로 등장할 것을 요구하면서 또 어떻게 해서 그렇게 문제로 등장하게 되는지를 규정하고 있을 때에만 가능할 뿐이다. 이런 까닭에 신이 어떻게 해서 철학 속으로 들어와 문제로 등장하는가라는 그 물음은, 형이상학의 존재-신론적인 본질 구성틀은 어디로부터ᶻ 유래하는가라

[53]

---

v 〔1〕 vgl. Holzwege 1950. S. 179.⁴¹
w 〔1〕 in welchem Sinne von Gottheit (θεῖον)?
x 〔2〕 und nach welchem Sinn v〔on〕 Gottheit (θεῖον)
y 〔1〕 ⟨dasjenige⟩
z 〔1〕〔2〕 ⟨Woher⟩

는 물음으로 되돌아온다. 그러나 이와 같이 제기된 물음을 인수한다는 것은 곧, 뒤로 물러섬ª을 수행한다는 뜻이다.⁴²

이렇게 뒤로 물러서면서 우리는 이제 모든 형이상학의 존재-신론적인 구조의 본질 유래를 사색한다. 우리는 어떻게 해서 형이상학에서는 신이, 그리고 그에 상응하는 신학이, 또 이러한 신학과 더불어 존재-신론적인 근본 특성이 문제로 등장하게 되는가라고 묻는다. 우리는 이러한 물음을 철학사 전체와 대화하는 가운데 제기한다. 그러나 이와 동시에 우리는 특히 헤겔을 염두에 두면서 묻는다. 이러한 태도로 말마암아 우리는 그 이전에 기묘한 어떤 것을 사색하게 된다.

헤겔은 존재를 그것의 가장 공허한 공허함 속에서 즉 가장 보편적인 것 속에서 사유한다.ᵇᶜ 그는 동시에 존재를 그것의 최고로 완성된 충만함 속에서 사유한다.ᵈ⁴³ 그럼에도 불구하고 그는 사변적인 철학을 — 다시 말해 본래적인 철학을 — 존재-신론이라고 부르지 않고 '논리학(Wissenschaft der Logik)'이라고 부르고 있다. 이렇게 부름으로 [54] 써 헤겔은 결정적인 어떤 것을 드러내고 있다. | 물론 사람들은 형이상학을 '논리학(Logik)'이라고 명명하는 이러한 사실을, 헤겔에게 있어서 사유의 사태는 "사상(der Gedanke)" — 이 말은 [여기에서] 유일한 것(Singulare tantum)으로서 이해되는데 — 이라는 점을 지적함으로써 손쉽게 설명할 수도 있을 것이다. 사상이나 사유는 오랜 관습에 따르자면 분명히 논리학(Logik)의 테마이다. 확실히 그렇다. 그러나 헤겔이 전통에 충실하여 사유의 사태를 존재자로서의 존재자와 존재자 전체 속에서 — 즉 존재의 공허한 상태로부터 존재의 완전히 전개된 충만함 속으

---

a [1] ⟨Schritt zurück⟩
b [1] 38 und ff.
c [2] Vgl. ob[en] S. 38 und ff.
d [1] S. 49 u[nten]

로 나아가는 존재의 운동 속에서 — 발견하고 있다는 사실도 또한 결코 부인할 수 없는 확고한 사실이다.

그러나 도대체 어떻게 해서 "존재(das Sein)"는 스스로를 "사상(der Gedanke)"으로서 표현할 수 있게 되는가? 존재는 근거로서 [이미] 앞서-각인되어(vorgeprägt) 있지만[ef] 사유는 이러한 근거를 캐내면서(Ergründen) 그 근거를 정초하는 방식으로 [자기 자신과 관계하면서] 이러한 근거로서의 존재 속으로 스스로 집결하고 있으며, 또 이러는 사이에 사유는 존재와 공속하게 되는 것이라는 그런 사실 이외에 도대체 다른 이유가 또 있을 수 있을까?[44] 존재는 스스로를 사상으로서 명백히 드러낸다. 이것은 곧, 존재자의 존재가 자기 자신을 캐내면서 정초하는 그런 근거로서 스스로를 탈은폐하고 있다는 것을 말한다. 근거라는 낱말, 즉 라틴어의 라티오(Ratio)는 이 낱말의 본질 유래에 따르면 모아들이면서 앞에 놓여 있게 한다(das versammelnde Vorliegenlassen)는 의미에서의 로고스(Λόγος), 즉 헨 판타(Ἐν Πάντα, 모든 것을 모아들이는 일자)이다. 그러므로 헤겔에게서 사실상 '학문'이 — 다시 말해 형이상학이 — '논리학'인 까닭은, 학문(Wissen|schaft)이 사유를 주제로 삼고 있 [55] 기 때문이 아니라, 사유의 사태가 [언제나] 존재로 머물러 있되, 이러한 존재는 일찍이 그것이 로고스 — 즉 근거 짓는 근거(der gründende Grund) — 라는 형태로 자신을 탈은폐한 이래로 정초함으로서의 사유를 요구하고 있기 때문이다.

형이상학은 존재자를 존재자로서,[45] 즉 그것의 보편적인 성격[g]에 있어서 사유한다. 형이상학은 존재자를 존재자로서 즉 전체[h]에 있어

---

e [1] ⟨daß das *Sein als Grund*[46] vorgeprägt ist⟩ vgl. 57 Vgl. *66*.
f [2] ⟨daß das *Sein als*⟩ der ⟨*Grund vorgeprägt* ist⟩ vgl. Der Satz vom Grund.[47] vgl. 57.
g [2] κοινότατον besser: das Gemeinsamste vgl. S. 69

서 사유한다.[48] 형이상학은 존재자의 존재를 가장 보편 일반적인 것(das Allgemeinste)의 — 즉 어디에서나 모든 존재자에게 동등하게-타당한 것(das Gleich-Gültigen)의 — 근거를 캐내는 통일성에 있어서 사유할 뿐만 아니라, 총체(Allheit)[i]를 — 즉 모든 것 위에 존재하는 최고의 존재자(das Höchste)를 — 정초하는 통일성에 있어서 사유한다. 그리하여 존재자의 존재는 [무엇보다 먼저] 근거 짓는 근거로서 사유된다(vorausdenken). 따라서 모든 형이상학은 근본적으로 철두철미 근거에 관하여 설명하고 근거를 알려 주면서 궁극적으로는 근거의 해명을 추궁하는 근거 지움(Gründen)이다.[j][k]

우리는 왜 이런 사실을 언급하는가? 이는 우리가 존재론, 신학, 존재-신론을 그 본래의 무게에 있어서 경험하기 위해서이다. 존재론과 신학이라는 명칭들은, 우선 통상적으로 볼 때, 이미 잘 알려진 다른 학문들 즉 심리학, 생물학, 우주론, 고고학이라는 명칭들과 그다지 달라 보이지 않는다. 마지막 음절인 학(學) 혹은 논(論)은 통상적으로는 대개 마음이나 영혼, 살아 있는 것, 우주, 오래된 유물들에 관한 학이 문제되

[56] 고 있다는 것을 전적으로 의미한다. | 그러나 -론(-logie)이라는 음절에는 학문들의 모든 앎을 분절하고 움직이며 확보하고 전달하는 수미일관된 진술이라는 의미에서의 논리적인 것만이 은닉되어 있는 것이 아니다. -론(-Logia)은 각 학문에 있어서 학문들의 대상들이 그것들의 근거에 입각하여 표상되는 — 즉 개념 파악되는 — 근거 지움의 연관 전

---

h (1) in seiner Ganzheit, denkt aber nicht
   die Ganzheit a(ls) s(olche) aus deren Herkunft –
   die nicht mehr durch »das Sein« bestimmt sein kann
i (1) ⟨*Allheit*⟩[49]
j (1) reor
       ratio
k (2) ratio im M. A. (Mittelalter) = rede

체이다. 그러나 존재론과 신학이 존재자 자체의 근거를 파헤치며 존재자로서의 존재자를 전체에 있어서 〔그것의 근거를〕 정초하고 있는 한, 그것들〔존재론과 신학〕은 '논(論)들(Logien)'이다. 그것들은 존재자의 근거인 존재에 관하여 설명한다. 그것들은 로고스를 해명하면서 본질적인 의미에서 로고스를 따르고 있기에 곧 〔로고스를 논하는〕 로고스의 논(Logik des Λόγος)이다. 그러므로 그것들은 좀 더 정확히 말하자면 존재-론(Onto-Logik)이며 신-론(Theo-Logik)이다. 형이상학은 보다 사태에 맞게 그리고 보다 명확하게 사유될 경우에, 그것은 존재-신-론(Onto-Theo-Logik)으로서 드러난다.

우리는 이제 '논리학(Logik)'이라는 이름을 어떤 본질적인 의미에서 이해하고 있는데, 이러한 이름은 헤겔이 사용했던 제목까지 포함하고 있을 뿐 아니라 그것을 비로소 해명해 주기도 한다. 즉 우리는 논리학이라는 이름을, 어디에서나 존재자로서의 존재자 전체를 근거(로고스)로서의 존재로부터 파헤치며 정초하는¹ 그런 사유를 지칭하기 위한 이름으로서 이해한다. 형이상학의 근본 특성은 존재-신-론이다. 이로써 우리는 어떻게 해서 신이 철학 속으로 들어와 문제로 등장하게 되는가를 설명할 수 있는 위치에 서 있게 되었을 것이다.

| 어떤 정도라면 설명은 성공적이라고 말할 수 있겠는가? 〔그러한 설명에 의해서〕 우리가 사유의 사태는 존재자로서의 존재자 즉 존재ᵐ라는 사실을 주의할 때이다. 존재는 근거라는 본질 양식 속에서 나타난다. 그러므로 사유의 사태, 즉 근거ⁿ로서의 존재는, 그 근거가 최초의 근거로서 즉 프로테 아르케(Πρώτη ἀρχή, 최초의 근거, 제일 원인)로서 표상 [57]

---

l 〔1〕 ⟨*vom Sein als dem Grund (Λόγος) her ergründet und begründet*⟩ vgl. Der Satz v(om) Grund⁵⁰
m 〔1〕 Sein des Seienden.
n 〔2〕 ⟨Sein *als der* Grund⟩

될 경우에만 근본적으로 사유된다. 사유의 근원적인 사태(ursprüngliche Sache)는 궁극적인 근거(ultima ratio)에로 귀환하면서 정초하는 사유와 상관관계에 있는 근원적-원인(Ur-Sache), 즉 제일 원인(causa prima)으로서 자신을 나타낸다. 근거라는 의미에서의 존재자의 존재는 근본적으로는 오직 자기 원인(causa sui)으로서만 표상된다. 자기 원인이라는 말은 신에 관한 형이상학적 개념이다. 사유의 사태는 존재이기 때문에, 또 이때 존재는 다양한 방식으로 근거로서 즉 로고스로서 휘포케이메논(ὑποκείμενον, 근저에 존재하는 것)으로서 실체(Substanz)로서 주체로서 본재하기 때문에, 형이상학은 신을 향해서 사유해야만 한다.

추정하건대 이러한 설명은 올바른 어떤 것을 건드리고 있을지는 모르겠으나 형이상학의 본질을 해명하기에는 전적으로 불충분하다. 왜냐하면 형이상학은 신-론일 뿐 아니라 또한 존재-론이기 때문이다. [따라서] 형이상학이 그 이전에 단지 존재-론이거나 또는 단지 신-론이거나 또한 그 밖에 어떤 것으로 존재하는 것이 아니다. 오히려 형이상학은, 그것이 존재-론이기 때문에, 신-론으로 존재하는 것이며, 또 그것이 신-론이기 때문에, 존재-론으로 존재하는 것이다.[51] 형이 | 상학의 존재-신론적인 본질 구성틀은, 여기에서 사색되어야 할 사태가 그 이전에 충분히 설명될 경우에는, 신-론으로부터도 혹은 존재-론으로부터도 설명될 수 없다.

말하자면 어떠한 통일로부터 존재-론과 신-론이 함께-속해 있는지°가 아직도 여전히 사유되지 않고 있다. 즉 이러한 통일의 유래가 아직도 여전히 사유되지 않고 있으며, 또한 이러한 통일에 의해서 통합되는 구분된 것의 구분이 아직도 여전히 사유되지 않고 있다. 왜냐하면 여기에서는 서로 독자적으로 존립하는 형이상학의 두 분과의 결합이 문제되고

---

o [1] [2] ⟨aus *welcher Einheit* die Ontologik und Theologik *zusammengehören*⟩

있는 것이 아니라, 존재-론과 신-론 안에서 물어지고 사유되고 있는 그 무엇의 통일이, — 즉 최고의 것이면서도 궁극적인 것에 있어서의 존재자로서의 존재자와 통일 관계에 있는(in Einem mit) 보편적이면서도 일차적인 것에 있어서의 존재자로서의 존재자가, — 문제되고 있기 때문이다.⁵² 이러한 통일 관계의 통일성은 후자가 자기 나름대로 전자를 정초하고 전자가 자기 나름대로 후자를 정초하는 그런 성격을 갖는다. 정초하는 두 가지 방식들의 상이성 자체는, 우리가 언급하기는 했으나 아직은 사유되지 않은 그런 구분(Unterschied)에 귀속된다.

존재자로서의 존재자를 그 보편적인 것과 최고의 것ᵖ에 있어서 통합하는 그런 통일〔성〕속에 형이상학의 본질 구성틀은 고요히 머무르고 있다(beruhen). 여기에서는 형이상학의 존재-신론적인 본질에 대한 물음을 우선은 단지 물음으로서만 해명하는 것이 중요하다. 형이상학의 존재-신론적인 구성틀 | 에 대한 물음이 논의하며 해명하는 그 장소에서는 오직 사태 자체만이 우리에게 지시할 수 있을 뿐이며, 그리하여 우리는 사유의 사태를 좀 더 사태에 맞게 사유하려고 시도하게 된다. 사유의 사태는 서양의 사유에게는 '존재'라는 이름하에서 전승되었다.⁵³ 우리가 이러한 사태를 약간 더 사태에 맞게 사유할 경우에, 즉 우리가 좀 더 세심하게 쟁점이 되는 사태에 주의를 기울일 경우에, 존재는 언제나 그리고 어디에서나 존재자의(des Seienden) 존재를 — 여기에서의 소유격은 목적격적 의미에서의 소유격(genitivus obiectivus)으로 이해되어야 한다 — 의미한다. 존재자는(Seiendes)ᵠ 언제나 그리고 어디에서나 존재의(Seins) 존재자를 — 여기에서의 소유격은 주격 의미에서의 소유격(genitivus subiectivus)으로 이해되어야 한다 — 의미한다. 물

[59]

---

p 〔1〕 〈im Allgemeinen und〉 des Seienden 〈im Höchsten〉
q 〔1〕 vgl. Holzw. 〔Holzwege〕 *162*⁵⁴

론 우리는 〔어느 정도는〕 유보해 두면서 〔여기에서는〕 객체와 주체라는 〔도식적인〕 방향 속에서 소유격에 대해서 말하고 있다. 왜냐하면 주체와 객체라는 이러한 명칭들은 그 자체가 이미 존재의 특정한 각인에서 비롯된 것이기 때문이다. 분명한 것은 오직, 존재자의 존재에 있어서 그리고 존재의 존재자에 있어서 그때마다 어떤 하나의 차이가 문제되고 있다는 사실뿐이다.

따라서 우리가 존재를 존재자와의 차이 속에서 사유하고[r] 존재자를 존재와의 차이 속에서 사유할 때에만, 우리는 존재를 사태에 맞게 사유하는 것이다.[55] 이렇게 해서 차이는 제대로 시야 속에 들어오게 된다.[s] 우리가 그것을 표상[t]하려고 한다면, 우리는 금세 이 차이를, 우리의 표상이 존재와 존재자에게 | 덧붙여 놓은 어떤 관계로서 파악하게 되는[u] 잘못을 범하게 된다. 그럼으로써 차이는 하나의 분별의 대상, 즉 우리의 지성의 산물로 전락하게 된다.

[60]

그러나 우리가 일단 차이란 우리의 표상 활동이 부가된 것이라고 가정한다면, 그때에는 무엇에 부가된 것인가라는 물음이 제기된다. 사람들은 존재자에 부가된 것이라고 답할 것이다. 그렇다고 해 두자. 그러나 여기에서의 이 '존재자(das Seiende)'란 무엇을 뜻하는가?[v] 존재하는(ist) 그런 것 이외에 달리 무엇을 뜻하는가?[w] 그래서 우리는 소위 부가된 것이라고 추정되는 것 즉 차이에 대한 표상을 존재에 속하는 어떤 것이라고 생각해 본다. 그러나 '존재(Sein)'는 그 자체가 존재하는 것(Seiendes)

---

r 〔1〕 〈Sein denken wir demnach *nur dann sachlich*, wenn wir es *in der Differenz mit dem Seienden denken*〉[56]
s 〔1〕 〈So kommt die Differenz *eigens* in den Blick.〉[57]
t 〔1〕 〔2〕 〈vozustellen〉
u 〔1〕 〈*ver*leitet, die Differenz als eine *Relation* aufzufassen〉
v 〔1〕 〈Aber was heißt dies: »das Seiende«?〉
  und wie das hin-zu…?
w 〔1〕 »*ist*« intr〔ansitiv〕

인ˣ 그런 존재를 의미한다. 소위 부가된 것으로서의 차이가 귀속되어야만 하는 바로 그곳에서, 우리는 언제나 이미 존재자와 존재를 이 둘의 차이 속에서 만나고 있는 것이다.⁵⁸ 여기서 그것은 마치 토끼와 고슴도치에 대한 그림 동화에서 "내가 벌써 여기 있지.(Ich bünn all hier)"라고 말하는 고슴도치의 이야기와 같은 것이다. 이제 사람들은 존재자와 존재가 그때마다 이미 차이로부터 그리고 차이ʸ 안에서 발견되고 있다는ᶻ 이러한 기묘한 사태 관계를 거칠게나마 다음과 같이 설명할 수도 있을 것이다. 즉 우리의 표상하는 사유는 마치 우리의 머리〔머릿속 생각〕를 한없이 넘어가되 우리의 머리에서 비롯되면서 어디에서나 존재자와 존재 사이에 차이를 가져다 놓는ᵃ 그런 식으로 이제 그렇게 설정되어 있으며 또 그런 상태로 존재하는 것이라고 말이다. 얼핏 보기에는 분명하지만 급조된 이러한 설명에 대해서는 할 말도 많겠고 좀 더 많은 물음이 제기될 수도 있겠다. 그러나 무엇보다도 먼저 제기되어야 할 물음은, 마치 그 안으로 차이ᵇ가 삽입되어 들어가 있는 듯한│그 "사이(zwischen)"ᶜ는 어디에서 비롯되고 있는가라는 물음이다. [61]

우리는 여러 의견들과 설명들에서 벗어나 그 대신에 다음과 같은 것에 주목한다. 도처에서 그리고 언제나 우리는 차이라고 말해지는 그것을 사유의 사태에서 — 즉 존재자로서의 존재자에서ᵈ — 의심할 여

---

x [1] ⟨»ist«⟩ »ist« tr[ansitiv] 62
y [1] Austrag
    Aus – Einander – tragen / aber gerade dies
       »Lichtend«⁵⁹
z [1] ⟨daß Seiendes und Sein je schon aus der Differenz und in ihr vorgefunden werden⟩⁶⁰
a [1] ⟨anbringt⟩
b [1] ⟨Differenz⟩ Differenten
c [1] ⟨das »zwischen«⟩ »das Zwischen«
d [1] ⟨im Seienden als solchem⟩

지도 없이 발견하기에, 우리는 이렇게 발견된 것을 전혀 그 자체로[61]서 인지하지 못한다. 또한 그것을 인지하도록 우리에게 강요하는[e] 것도 (실은) 아무것도 없다. 차이를 사색하지 않은 채로 방치하든지[f] 아니면 그것을 그 자체로서[g] 고유하게 사색하든지, 이 모든 것은 전적으로 우리의 사유에 달려 있다. 그러나 이러한 자유가 모든 경우들에게 타당한 것은 아니다. 사유는 자신도 모르는 사이에, '이렇게 자주 말해지는 존재란 무엇을 뜻하는가'라는 물음 속으로 소환되어 들어가는 경우가 홀연히 생길 수도 있다. 여기에서 존재가 곧 ······의 존재로서, 따라서 차이의 소유격에 있어서 드러나고 있을[h] 경우에, 앞의 물음은 좀 더 사태에 맞게 다음과 같이 물어질 수도 있다. 즉 존재와 존재자가 그때마다 각각 저마다의 방식으로 차이로부터 나타날 경우에, 이러한 차이는 어떻게(aus der Differenz her) 여겨져야 할 것인가?[ijkl] 이 물음에 충분히 답하기 위해, 우리는 먼저 우리 자신을 차이 속으로 이끌어 들어가 이러한 차이와 사태적으로 대면[m]해야만 된다. 차이와 마주하는 이러한 대면[n]

---

e (1) ⟨zwingt⟩
f (2) ⟨die Differenz⟩ als solche ⟨unbedacht zu lassen⟩
g (1) ⟨oder sie *eigens als solche*⟩ d. h. als was?
h (1) ⟨Zeigt sich⟩ jedoch
i (1) ⟨Was haltet ihr von der Differenz, wenn sowohl das Sein als auch das Seiende je auf ihre Weise <u>aus der Differenz her</u> erscheinen?⟩[62] Differenz läßt erscheinen – gibt frei –
j (1) sie erscheinen nicht, sondern werden durch »Differenz« verdeckt in ihrer »Einheit« aus dem E. (Ereignis)
k (1) und ihr Zusammengehören – wie erfahren? im E. (Ereignis) ent-sagend gebraucht
l (1) dazu Wes. d. Grundes (Wesen des Grundes)[63] Wesen der »Wahrheit«[64] – d. h. »Entbergung« (noch von Dasein her!)
m (1) gegen uns über – |kein Gegen stand wir? in das »Gegen« gehörend.
n (2) gegen uns über – |kein Gegen stand

은 우리가[65] 뒤로 물러섬을 수행할 때 우리에게 개시된다. 왜냐하면 뒤로 물러섬으로써 초래되는 멀음의-사라짐(Ent-Fernung)을 통해서 처음으로 가까운 것 자체가 스스로를 증여하면서 가까움(Nähe)이 비로소 밝혀지게 되기 때문이다. 뒤로 물러섬을 통해서 우리는 | 사유의 사태 즉 차이로서의 존재[op]를 자유롭게 대면하게 되지만, 이러한 대면의 장소는 어떤 식으로든지 전혀 대상화될 수 없다.[q]

[62]

우리가 여전히 차이를 주시하면서 그것을 이미 뒤로 물러섬을 통하여 사유해야 할 사태로 해방하는[r] 가운데, 우리는 [여기에서] 존재자의 존재는 존재자로 존재하는 그런 존재(Sein, welches das Seiende ist)를 뜻한다고 말할 수 있다.[s] 여기에서 '존재하는(ist)'이라는 말은 타동의 의미, 즉 건너가는(übergehend)[t]이라는 의미를 갖는다. 존재는 여기에서 존재자에게로 건너가는 일종의 건너감(Übergang)의 방식에서 본원적으로-존재한다(wesen, 본재한다). 그러나 마치 존재자가 예전에는 [존재와는 무관하게] 존재 없이 존재하다가 이제 비로소 존재의 다가옴에 의해서 관계 맺어질 수 있다는 듯이 그렇게 존재가 자신의 장소를 떠나서 존재자에게로 건너가는 것은 아니다.[u] 존재는 있는 것das에게로 나아가며 있는 것das에게로 밝히면서 건너오고, 그것은das 그러한 [존

---

o (1) ⟨Sein⟩ (Sein *des* Seienden)
p (2) ⟨Sein⟩ (Sein des Seienden)
q (1) inwiefern? in einem Sichsagen lassen – ; kein Vorstellen und Begründen.
r (1) ⟨*entlassend*⟩
s (1) nicht im ontisch-ontolog(ischen) Sinne
   Sein als transcendens schlechthin!
   Dieser Hinweis möchte nur sagen:
   Sein – »ist« nichts Seiendes – (Sein »ist« in keiner Weise).
t (1) ⟨»*transitiv*«, *übergehend*⟩
   das Transitive: das Lassen, Freigeben.
u (1) Seiendes *sein*

재의) 건너옴(Überkommnis)ᵛ을 통하여 비로소 그 스스로 비은닉된 것(von sich her Unverborgenes)으로서 도래한다. 도래(Ankunft)⁶⁶는 곧 비은닉성 안에 스스로를 간직함(sich bergen in Unverborgenheit)이며, 따라서 이렇게 간직된 채로 존속해-있음(anwähren)이고, 결국 존재자로 존재함(Seiendes sein)을 뜻한다.ʷ⁶⁷

존재는 탈은폐하는 건너옴(die entbergende Überkommnis)으로서 스스로를 내보인다.ˣʸ 존재자로서의 존재자 자체는 비은폐성 속으로 [다가와 그 안에서] 스스로를 간직하는 도래(die in die Unverborgenheit sich bergende Ankunft)의 방식에서 나타난다.

탈은폐하는 건너옴이라는 의미에서의 존재와 스스로를 간직하는 도래라는 의미에서의 존재자 자체는 그렇게 구분된 것(die so Unterschiedenen)으로서 동일한 것으로부터 즉 사이-나눔(Unter-Schied)으로부터 본원적으로-존재하고 있다.ᶻ 이러한 사이-나눔은 | 건너옴과 도래가 그 안에서 서로에게 기대어 있는(zueinander gehalten), 다시 말해 서로가 서로를 나누면서도 서로가 서로를 지탱해ᵃ 주는 그런 식으로(auseinander-zueinander getragen) 머물러 있는 그런 장소로서의 저 사이(das Zwischen)를 비로소 수여하면서 열어 놓는다. 존재와 존재자의 차이는 건너옴과 도래의 사이-나눔으로서 이 양자의 탈은폐하며-간직하는 품어-줌(der entbergend-bergende Austrag)이다.ᵇ 이러한 품어-

[63]

---

v (1) ↕ ⟨was⟩ in solcher ⟨Überkommnis⟩
w (1) *Seiendes* sein
x (1) ⟨Sein zeigt sich als⟩
   als die Lichtnis | d. h. als lichtende Überkommnis.
y (1) Über-Kommen: es überkommt mich eine Freude. |Angst| .
   leicht – schwebend *lichtend* – freigeben
z (1) Hier der Rückfall⁶⁸
a (1) ⟨*getragen*⟩
b (1) ⟨Unter-Schied⟩ d. h. als das gelichtete Zwischen für ⟨Überkommnis und

줌 속에는 스스로를 감추면서도 완강히-닫아 두고 있는 것의 훤한-밝힘(Lichtung des sich verhüllend Verschließenden)이 편재하고[c] 있는데, 이러한 편재함(Walten)이 건너옴과 도래의 서로-나뉨(Auseinander)과 서로-향함(Zueinander)을 수여하는 것이다.[69]

우리가 차이로서[d]의 차이를 사유하려고 시도함으로써 우리는 차이를 사라지게 하는 것이 아니며,[e] 오히려 차이를 추적하는 가운데 그것의 본질 유래[f]를 향해 나아가게 된다. 이러한 본질 유래에로 다가가는 도상에서 우리는 건너옴과 도래의 품어-줌을 사유한다.[g] 이것이 〔우리가〕 뒤로 물러서는 가운데 좀 더 사태에 맞게 사유된 사유의 사태이며, 이것은 곧 존재가 차이로부터 사유되고 있다는 뜻이다.[h]

물론 여기에서는 하나의 중간 지적이 필요하다.[70] 그것은 우리의 사유의 사태에 관한 말하기에 관계하는 것인데, 언제나 새롭게[i] 우리의 주목을 요구하는 지적이다. '존재'에 관해서 말할 때, 우리는 이 낱말을 가장 광범위하고도 가장 무규정적인 일반성에서 사용한다. 그러나 우리가 단지 일반성[j]에 관해 언급할 경우에, 우리는 이미 존재를 부적

　　Ankunft: der *entbergend-bergende Austrag beider.*〉: + ?[71]
c 〔1〕 〈Im Austrag *waltet* Lichtung des sich verhüllend Verschließenden, welches Walten das Aus- und Zueinander von Überkommnis und Ankunft vergibt.〉
　　　　das Walten v〔on〕 Welt: E. d. G-V 〔Ereignis des Ge-Vierts〕
　　　　das Walten des Austrags: E 〔Ereignis〕 –
d 〔1〕 〈*als solche*〉 in der Vergessenheit des Austrags als Lichtung
e 〔1〕 〈*bringen wir sie nicht zum Verschwinden*〉[72] Preisgabe
f 〔1〕 〈sondern *folgen ihr*〉 – wohin? 〈in *ihre Wesensherkunft*〉 S. 43
g 〔1〕 〈*Unterwegs zu dieser* | denken wir den *Austrag von Überkommnis und Ankunft.*〉[73]
　　Ankunft: Angekommenheit.
　　Anwähren in die Angekommenheit.
h 〔1〕 〈»*Sein*« *gedacht aus der Differenz.*〉[74] | ?
i 〔1〕 〈*immer neu*〉 Rede vom »Sein«
j 〔1〕 〈*Allgemeinheit*〉[75]

[64] 절한 방식으로 사유하고 있었던 것이다. 이럴 경우에 우리는 그것(Es)이 ─ 즉 존재가 ─ 전혀 스스로를 주고(sich-geben) 있지 않는 그런 방식 속에서 존재를 표상하고 있는 것이다. 사유의 사태가 ─ 즉 존재가 ─ 스스로 관계 맺고 있는 그 방식이야말로 유일 | 무이한ᵏ 사태 관계(ein einziger Sachverhalt)로 〔언제나 우리에게〕 머무르고 있다. 우리에게 익숙한 사유 방식은 이러한 사태 관계를 우선은 항상 단지 불충분하게 명료화할 수 있을 뿐이다. 하나의 예를 들어 이런 것을 시도해 보기로 하자. 여기에서 미리 주의해야 할 점은, 존재자 속에서는 어디에서도 존재의 본질ˡ을 가리킬 만한 어떤 하나의 예(Beispiel)ᵐ도 주어져 있지 않다는 점이다. 그것은 아마도 존재의 본질이 놀이(Spiel) 자체이기ⁿ 때문일 것이다.⁷⁶

헤겔은 언젠가 한번은 일반자의 일반성을 특징짓고자 다음과 같은 경우°를 언급한 적이 있었다. 한 손님이 상점에서 과일을 사려고 한다. 그는 과일을 달라고 말한다. 상점 주인은 그에게 사과나 배를 건네기도 하고 복숭아, 체리, 혹은 포도를 건네기도 한다. 그러나 손님은 자기에게 제공된 모든 것을 거부한다. 그가 원하는 것은 오로지 과일일 뿐이다. 그런데 그에게 제공된 것들은 한결같이 언제나 과일임에도〔과일로 존재하고 있음(ist)에도〕불구하고 과일을 살 수 없다는 것은 분명하다.⁷⁷

'존재'를 각각의 존재자와 관계하는 일반자로서 표상한다는 것은 도저히 불가능한 일이다. 존재ᵖ는 그때그때마다 이러저러한 역운적인

---

k 〔1〕 ⟨ein | zigartiger⟩ die *Einzigkeit* des Seins!
l 〔1〕 ⟨*das Wesen*⟩ v〔erbal〕 〔?〕
m 〔1〕 ⟨*Bei*spiel⟩
n 〔2〕 ⟨weil das *Wesen* des Seins das *Spiel* selber ist⟩
o 〔1〕 Enzykl. 〔Enzyklopädie〕 § 13⁷⁸
p 〔1〕 ⟨Sein⟩ Anwesenlassen – als Anwesen – Lassen –
  Lassen: Schicken: Geben: Eignen –

각인을 통해서 퓌시스로서, 로고스로서, 헨으로서, 이데아로서, 에네르게이아로서, 실체성으로서, 객체성으로서, 주체성으로서,ᑫ 의지로서, 힘에의 의지로서, 또 의지에의 의지로서 주어지게 된다.ʳ 그러나 이러한 역운적인 것은 사과나 배 혹은 복숭아가 판매대 위에 나열되어 있듯이 그렇게 역사학적인 표상의 공간 위에 나열되어 있는 것이 아니다.

| 그러나 우리는, 헤겔이 사유한 변증법적 과정의 역사적 순서와 [65]
결과 속에서 나타나는 존재에 관해서 듣지 않았던가? 물론이다. 그러나 존재는 여기에서도, 오직 헤겔이 사유할 수 있도록 스스로를 훤히-밝혀 주었던ˢ 그 빛 가운데에서만 주어진다. 다시 말해 존재가 주어지는 방식은 그것이 스스로를 훤히-밝히는ᵗ 그런 방식으로부터 그때그때 규정된다. 그러나 이러한 방식은 역운적인 각인, 즉 그때그때 각인되는 에포케적인 각인이다. 이러한 각인이 우리에게 그 자체로서 본재하게 되는 때는 오직 우리가 이러한 각인에게 고유한 있어-옴(Gewesen)에로 그 각인을 해방시킬ᵘ 때뿐이다. 우리는 오직 홀연히 회념에 젖어드는 순간의 갑작스러움에 의해서만 역운적인 것의 가까움에 도달하게 된다.ᵛ 이러한 것은 존재와 존재자의 차이에 의해서 그때마다 각인된 그런 각인의 경험에 대해서도 타당한데, 이러한 각인에 상응하여 그때마다 존재자로서의 존재자에 관한 각 시대의 해석이 생겨난다.ʷ 앞

---

q 〔1〕⟨Subjektivität,⟩ abs(olute) Idee
r 〔1〕⟨*Es gibt*⟩⁷⁹ E (Ereignis) – als das Es – das »gibt« eignend
s 〔1〕⟨*gelichtet*⟩ Licht und Lichtung
t 〔1〕⟨*wie es sich lichtet*⟩ sich frei gibt
Ἀ-λήθεια
u 〔1〕⟨*freilassen*⟩
v 〔1〕〔2〕S. u. Z. (Sein und Zeit) S. 385⁸⁰
w 〔1〕⟨Dies gilt auch für die Erfahrung der *jeweiligen Prägung der Differenz von Sein* und Seiendem, der eine jeweilige Auslegung des Seienden als solchen entspricht.⟩ Met. (Metaphysik) (?)⁸¹

에서 한 말은 무엇보다도, 차이 그 자체의 망각으로부터 뒤로 물러서는 가운데, 이러한 차이 자체를 탈은폐하는 건너옴과 스스로를 간직하는 도래의 품어-줌으로서 사유하고자 하는 우리의 시도에 대해서도 타당하다.ˣ 좀 더 세심히 귀 기울여 보면, 우리가 품어-줌에 관해서 이렇게 말하는 가운데 탈은폐함과 간직함ʸ 그리고 건너감(초월)과 도래(현존)를 사유하고 있는 한,ᶻ 우리는 이미 있어-온 것(das Gewesene)을 낱말로 담아내고자 시도하고 있었던 셈이다.⁸² 게다가 존재와 존재자의 차이를 그것(차이)의 본질ᵃᵇ | 의 앞선-장소인 품어-줌 속으로 물러서며 해명하는 가운데, 어쩌면 존재의 역운을 그 시작에서부터 그것의 종말에 이르기까지 철저히 관통하고 있는 관통적인 어떤 것(etwas Durchgängliches)이 나타나고 있을지도 모른다. 그러나 이러한 관통성이 모든 경우에 타당한ᶜ 일반적인 것도 아니고 또 변증법적 의미에서 어떤 과정의 필연성을 확실하게 보장하는 그런 법칙도 아니라고 한다면, 이러한 관통성은 어떻게 사유되어야 하겠는가? 이 물음에 답하기는 실로 어렵다.

이제 우리의 목적을 성취하기 위해서 단적으로 중요한 것은, 차이를

---

x (1) ⟨Das Gesagte gilt vor allem auch fur unseren Versuch, im *Schritt zurück* aus der *Vergessenheit* der Differenz *als solcher* / an diese als den *Austrag* von entbergender Überkommnis und sich bergender Ankunft zu denken.⟩⁸³

y (2) ⟨Bergen⟩ (Ἀ-λήθεια)

z (1) Ἀ-λήθεια doch ist *Über-Kommnis* nicht die umgekehrt gerichtete »Transzendenz«
dafür kein metaphys(ischer) Titel
verfügbar weil schon aus (E (Ereignis)) gedacht

a (1) ⟨*Erörterung* der Differenz von Sein und Seiendem *in* den Austrag als den *Vorort* ihres Wesens⟩⁸⁴

b (2) ⟨*Erörterung* der Differenz von Sein und Seiendem in den *Austrag* als *den Vorort* ihres Wesens⟩

c (1) ⟨*gilt*⟩

품어-줌으로서 사유할 수 있는 그런 어떤 가능성을 향해 그 가능성 속으로 통찰ᵈ해 들어가는 일이다. 이러한 통찰을 통해서 우리는, 과연 어느 정도로 형이상학의 존재-신론적 구성틀이 본질적으로 품어-줌ᵉ에서부터 — 바로 이러한 품어-줌이 형이상학의 역사를 시작하게 했고 또 이러한 역사의 에포케들을 철저히 지배하고 있지만, 그러나 도처에서 품어-줌으로서(als)는 아직도 은닉되고 망각된ᶠ 채 여전히 그 스스로는⁸⁵ 자신을 내빼고 있는 그런 망각 속에 머무르고 있다ᵍ — 유래하고 있는지를 좀 더 명확히 파악할 수 있다.

우리는 이렇게 말해진 통찰에 좀 더 쉽게 도달하기 위하여 존재를, 그리고 이러한 존재에서 차이ʰ를, 그리고 이러한 차이에서 품어-줌ⁱ을 사색하고자 하는데, 이러한 사색은 〔그것을 통해서〕 존재가 로고스로서 — 즉 근거ʲ로서 — 스스로를 훤히-밝히게 되었던 그런 존재의 각인으로부터 이루어진다. 존재는 탈은폐하는 건너옴 속에서 도래하는 것ᵏ을 앞에 놓여 있게 하는 것으로서 스스로를 내보이고 있으며, 또 존재는 이쪽으로-이끌어-오는 다양한 방식 속에서 근거 지움으로서 스스로를 내보이고 있다.ˡᵐ 존재자로서의 존재자는 — 즉 비은폐성 속으로 〔다가

---

d 〔1〕 〈*Einblick*〉⁸⁶
e 〔1〕 〈*Austrag*〉⁸⁷
f 〔1〕 〈*so vergessen*〉
g 〔1〕 Svg (Seinsvergessenheit) 〔?〕
h 〔1〕 zunächst nur als Sein *nicht* Seiendes
i 〔1〕 〈*Austrag*〉 das Zusammengehören beider.⁸⁸
j 〔1〕 〈*der Grund*〉
  vgl. franzö s(isch): »fonds«: Grund; Länderei – Vermögen.
              fond:
  vgl. Desc. (Descartes) Discours. ed. Gilson⁸⁹ p. 15 Z(eile) 6
  bâtir *dans* un fonds – bâtir *sur* des fondements. p. 14 Z(eile) 3 f.
k 〔1〕 〈als das Vorliegenlassen des Ankommenden〉
  und umgekehrt: das Vorliegenlassen zeigt sich | von dem
  Seienden her gesehen – als Überkommnis über dieses –

동일성과 차이

[67] 와 그 안에) 스스로를 간직하는 도래는 ― | 근거 지워진 것으로서의 근거 지워진 것이며, 따라서 이것은 작용을 통하여 획득된 것[no]으로서 자기 나름의 방식으로 근거 지우면서, 다시 말해 작용하면서 [어떤 것을] 야기한다. 근거 짓는 것과 근거 지워진 것으로서의 근거 지워진 것 사이에 편재하는 품어-줌은 이 둘을 서로 나누어 놓을 뿐만 아니라 이 둘을 서로에게 향해 있도록 한다. 존재가 근거[p]로서 존재자를 근거 짓고 있을 뿐만 아니라 존재자는 또한 자기 나름의 방식으로 존재를 근거 지우면서 존재를 야기하는 그런 식으로, 서로 나누어진 것들은 품어-줌 속으로 휘말려 들어가[q] 있다. 존재자가 존재의 충만함으로 '존재하고' 있는 한에서만, 즉 가장 잘 존재하는 것(das Seiendste)으로서 존재하고 있는 한에서만, 이 존재자는 이러한 일을 할 수 있다.[90]

여기에서 우리의 숙고는 어떤 주목할 만한 맥락에 이르게 된다. 존재는 근거라는 의미에서의 로고스, 즉 앞에-놓여-있게-함(das-Vorliegenlassen)이라는 의미에서의 로고스로서 본재한다. 이와 동일한 로고스가 모아들임으로서의 통일자 즉 헨(Ἕν)이다. 그러나 이 헨(일자)은 이중적이다. 첫째는 어디에서나 으뜸가는 것 그러므로 가장 일반적인 것이라는 의미에서의 통일하는 일자이고, 둘째는 이와 동시에 최고의 존재자(제우스)라는 의미에서의 통일하는 일자이다.[r] 로고스는 근거 지으면서 모든 것을 일반적인 것 속으로 모아들이고, 또한 정초하면

---

l [1] das Bilden: pilon – her-vor-stoßen – holen
m [2] des ursprünglich gedachten Bildens
　　　Bilden – pilon – hervor stoßen.
n [1] ⟨und so als Erwirktes⟩ woher »Wirken«?
o [2] ⟨und so als Erwirktes⟩ woher »Wirken«?
p [2] ⟨Sein als⟩ der ⟨Grund⟩
q [1] ⟨verspannt⟩
r [1] [2] κοινότατον
　　　τιμιώτατον

서 모든 것을 유일자로부터 모아들인다.ˢ 이와 동일한 로고스는 그 이외에도ᵗᵘ 언어의 본질ᵛ이 각인되는 그런 본질 유래를 자기 안에 간직하고 있으며, 그리하여 말함의 방식을 보다 넓은 의미에서의 논리적인ʷ 말함의 방식으로 규정하고 있다는 사실을, 우리는 여기에서 단지 지나가는 말로 가볍게 지적해 두고자 한다.

존재가 존재자의 존재로서, 차이로서, | 품어-줌으로서 본재하는 [68] 한, 근거 지움과 정초함의 서로-나뉨과 서로-향함은 존속하면서, 이에 존재는 존재자를 근거 짓고 또 가장 잘 존재하는 것으로서의 존재자는 존재를 정초한다. 존재는 존재자에게 건너오고 존재자는 존재 가운데 도래한다. 건너옴과 도래는 서로 간에 서로 속에서(wechselweise ineinander) 반영되어 나타난다. 차이로부터〔차이에 입각하여〕 말하자면, 이것은 곧 품어-줌이 어떤 빙 돎(ein Kreisen) 즉 존재와 존재자의 서로-맴돎(das Umeinanderkreisen)이라는 사실을 의미한다.⁹¹ 근거 지음은 그 자체가 품어-줌의 훤함-밝힘 안에서 '존재하는 어떤 것(etwas, das ist)'으로서 나타나며, 그래서 이런 것은 그 자체가 존재자로서〔근거 지움에〕 상응하는 근거의 정초를 — 즉 존재하는 것으로서의 최고 원인에 의해 야기된 작용 연관의 정초를 — 필요로 한다.

형이상학의 역사에서 이러한 사태 관계를 지적했던 고전적 전거들 가운데 하나의 대목은 그 당시에는 거의 주목을 받지 못했던 라이프니츠의 한 텍스트에서 발견된다. 이 텍스트를 우리는 간단히 「형이상학의

---

s 〔1〕 〈Der Λόγος versammelt, *gründend*, alles in das Allgemeine und versammelt: *begründend* alles aus dem *Einzigen*.〉
t 〔1〕 〈überdies〉 besser: vor all dem
u 〔2〕 〈überdies〉 besser: vor all dem
v 〔1〕 〈*Sprachwesens*〉 Aussage – Satz.
       κεῖσθαι, θέσις⁹²
w 〔2〕 〈die *Weise des Sagens* als eines *logischen*〉

24 명제들」이라고 부른다.(Gerth. phil Ⅶ, 289ff.⁹³ ; 이에 관해서는 『근거율(*Der Satz vom Grund*)』(1957), 51쪽⁹⁴ 이하를 참조하라.)ˣ

형이상학은 로고스로서의 존재에 〔상응하여 이에〕 응답하고 있다(entsprechen). 따라서 형이상학은 그것의 주된 특성에 있어서 어디에서나 논(Logik)이다. 그러나 존재자의 존재를 사유하고 있는 이 '논'은 차이의 구별된 두 항으로부터 규정된 논 즉 존재-신-론이다.ʸ

형이상학이 존재자로서의 존재자를 전체에 있어서 사유하고 있는 한, 형이상학은 차이로서의(als)ᶻ 차이를 주목하지 못한 채 차이의 구 | 별된 두 항에 입각하여 존재자를 표상하고 있는 것이다.

[69]

구별된 두 항은 일반적인 것 가운데 존재하는 존재자의 존재(das Sein des Seienden im Allgemeinen)로서 그리고 최고의 것 가운데 존재하는 존재자의 존재(das Sein des Seienden im Höchsten)로서 스스로를 내보이고 있다.⁹⁵

존재는 근거로서 나타나기 때문에 존재자는 근거 지워진 것이지만, 최고의 존재자는 최초의 원인이라는 의미에서의 정초하는 자이다. 형이상학이 존재자로서의 존재자 모두에게 공통이 되는ᵃ 그런 근거에 입각하여 존재자를 사유하면, 그것은 존재-론으로서의 논(Logik)이다. 형이상학이 존재자로서의 존재자를 그 전체에 있어서 즉 모든 것을 정초하는 최고의 존재자에 입각하여 사유하면, 그것은 신-론으로서의 논이다.

형이상학의 사유는 아직도 그 자체로서 사유되지 않고 있는 그런 차이 속으로 들어가 〔이러한 차이와〕 여전히 관계 맺고 있기 때문에, 형이상학은 품어-줌의 통합하는 통일성으로부터 보았을 때 통일적으

---

x 〔1〕 vgl. jetzt Nietzsche Ⅱ.⁹⁶ S. 〔?〕
y 〔1〕 nicht Logik als Besinnung
auf den λόγος als Sagen – Sprache –
z 〔2〕 ⟨*als*⟩ k〔ursiv〕
a 〔2〕 ⟨*gemeinsamen*⟩⁹⁷

로 존재론(Ontologie)인 동시에[b] 신학(Theologie)이다.[98]

형이상학의 존재-신론적 구성틀은 존재를 근거로서 그리고·존재자를 근거 지워진-채-정초하는 것으로서 서로를 나누어 놓으면서도 서로에게 향하게 하는 그런 차이의 편재함[c]에서 유래하고 있는데, 이러한 편재를 끝까지 견디어 내어(aushalten) 완수하는(vollbringen) 것이 바로 품어-줌이다.[d] [99]

앞에서 말해진 내용은 존재와 존재자, | 근거와 근거 지워진 것 등 [70] 형이상학을 주도하는 이러한 낱말들에 의해서는 더 이상 충분히 말해질 수 없는 그런[e] 영역으로 우리의 사유를 지시하고 있다. 왜냐하면 이러한 낱말들이 지칭하는 그것은 — 다시 말해 그러한 낱말들이 주도하는 사유 방식에 의해서 표상되는 그것은 — 차이에서 유래하고 있는 구별된 두 항이기 때문이다. 이러한 차이의 유래는 형이상학의 시야 영역 속에서는 더 이상 사유될 수 없다.[f][100]

형이상학의 존재-신론적 구성틀에 관한 통찰로 말미암아 어떻게[g] 하여 신이 철학 속으로 들어와 문제로 등장하게 되는가?라는 물음에 대하여 형이상학의 본질로부터 그 대답을 제시할 수 있는 하나의 가능한 길이 열리게 된다.[101]

---

b (2) ⟨einheitlich zumal⟩
c (1) ⟨Walten der Differenz⟩
d (1) Aus-trag: Vorschein (verbergender) des E. (Ereignisses)
e (1) ⟨den⟩
f (1) Nicht mehr: fragen nach ihrer Herkunft – dies auf dem Holzweg; sondern:
   fahrenlassen die Diff(erenz) und Transz(endenz)[102]
   sich einlassen auf die »Identität« v(on) S. (Sein)
   und Sd. (Seiendem) d. h. aber: Identität verwinden in das
   E. (Ereignis) als Befugnis des Ge-Vierts
                    das Ding –
g (1) ⟨Wie⟩ »Wie?« d. h.
      1. auf welche Weise?
      2. in welcher Gestalt?

신이 철학 속으로 들어와 문제로 등장하게 되는 것은, 우리가 우선 존재와 존재자와의 차이의 본질의 앞선-장소ʰ로서 사유하였던 품어-줌에 의해서이다. 차이는 형이상학의 본질을 구성함에 있어서 기본적인 밑그림을 이룬다. 품어-줌은 존재를 내어-주면서도 그것을 이쪽으로-이끌어-오는(her-vor-bringen) 근거로서 수여하기도 한다. 이때 〔이렇게 수여된〕 근거는 자기 자신에 의해서 정초된 것〔존재자〕으로부터 그것〔정초되는 존재자〕에게 합당한 정초를 — 다시 말해 가장 근원적인 원인에 의해서 인과적인 관계를 정초할 것을 — 필요로 한다. 이 가장 근원적인 원인이 자기 원인(causa sui)이 되는 그런 원인(Ursache)ⁱ이다. 이것이 철학에서 문제시되는 신에 대한 합당한 명칭이다. 이러한 신에게 인간은 기도할 수도 없고 제물을 바칠 수도 없다. 자기 원인 앞에서 인간은 경외하는 마음으로 무릎을 꿇을 수도 없고, 또 이러한 신 앞에서 그는 음악을 연주하거나 춤을 출 수도 없다.

[71] | 그러므로 철학의 신, 다시 말해 자기 원인으로서의 신을 포기해야 하는ʲᵏ 신-없는(gott-los, 신을-떠난) 사유가 어쩌면 신적인 신(der göttliche Gott)에게 더 가까이 있을지도 모른다. 이것은 여기에서 단지 다음을 의미할 뿐이다. 신-없는 사유가 존재-신론을 승인하려고 애쓰는 것보다는, 〔차라리〕 신-없는 사유가 신적인 신에게는 한결 더 자유로울ˡ 것이다.

이러한 지적을 통해서 — 형이상학으로부터 형이상학의 본질ᵐ에로

---

h 〔2〕 ⟨zunächst als den *Vorort*⟩
i 〔1〕 ⟨Ursache⟩
j 〔1〕 in dem Schritt zurück
   aus der Metaphysik in ihr Wesen | ← unzureichend!
k 〔2〕 im Schritt zurück aus der Metaphysik in ihr Wesen –¹⁰³
l 〔1〕 ⟨*freier*⟩ d. h. weiter und breiter〔?〕¹⁰⁴
m 〔1〕 ⟨*Wesen*⟩   statt »Wesen« (v〔erbal〕)
                  währen (gewährend)

물러서면서, 즉 차이 그 자체의 망각ⁿ으로부터 품어-줌의 스스로 내빼는 은닉°의 역운ᵖ에로 물러서는 — 이러한 뒤로-물러섬ᑫ을 수행하는 어떤 사유가 걸어가는 도상에 있는 그 길ʳ 위에 희미한 빛이 드리워졌을지도 모른다.¹⁰⁵

본래적인(즉 생기에서 필요시되는)ˢ 길에로 나아가면서 길을 닦아 가는 사유의 이러한 걸음걸이가 언제 어디에서 어떻게 펼쳐질 것이며 또 도대체 펼쳐질 수 있기는 한 것인지, 〔실은〕 아무도 알 수 없다. 형이상학의 지배가 오히려 굳어질 수도 있는데, 즉¹⁰⁶ 전혀 예측할 수 없을 만큼 신속히 돌진하며 발전에 발전을 거듭해 나가는 현대 기술의 〔다양한〕 형태ᵗ 속에서이다. 뒤로-물러섬의 도상에서 〔결과적으로〕 나타나는 모든 것들이, 존속하는 형이상학에 의해서 표상하는 사유의 결과로서 저 나름의 방식으로 단지 이용되고 가공될ᵘ 수도 있다.ᵛ

그렇게 된다면 뒤로-물러섬 자체가 수행되지 않은 채로 남아 있게ʷ

       sage: Eignen
       | *Eignis* | die etwas zu ihm selber bringt (kommen läßt), so daß es *als* es selbst erscheinen kann.
       Eignung (trans(itiv))
       als *Er-eignen*.

n (1) ⟨*Vergessenheit*⟩
o (1) ⟨der *sich entziehenden Verbergung des Austrags*⟩
p (1) ⟨*Geschick*⟩ Ge-Schick als *eine* Jähe des E. (Ereignisses)
q (1) ⟨*Schritt zurück*⟩
r (1) ⟨*Weg*⟩? → Aufenthalt
s (1) ⟨(*im Ereignis gebrauchten*)⟩
t (1) ⟨*Gestalt*⟩ d. h. hier Wesen; d. h. im *Ge-Stell*
u (2) ⟨verarbeitet⟩ und dadurch auf die verfänglichste Weise mißachtet und preisgegeben
v (1) ⟨Es könnte *auch* sein, daß *alles*, was sich auf dem Weg des Schrittes zurück ergibt, *von der fortbestehenden Metaphysik auf ihre Weise als Ergebnis* eines vorstellenden Denkens nur *genützt* und *verarbeitet* wird.⟩¹⁰⁷
w (1) ⟨*So* bliebe der Schritt zurück selbst *un*vollzogen⟩

될 것이고, 또 뒤로-물러섬이 개시하면서 가리키는 그 길은 아무도 지나다니지 않는 그런 길로 버려지게 될 것이다.[108]

[72] | 이러한 사념들이 쉽게 밀어닥친다. 그러나 그런 것들은 뒤로-물러섬이 뚫고 지나가야만 하는 어떤 다른 어려움에 비하면 전혀 중요한 게 아니다.[x]

어려운 점은 언어[y]에 있다. 우리의 서양 언어들은 각기 상이한 방식의 형이상학적 사유의 언어들[z]이다. 서양 언어들의 본질이 그 자체 단지 형이상학적일 뿐이어서 궁극적으로는 존재-신론에 의해서 새겨진 것인지, 혹은 이 언어들이 말함의 다른 가능성들을 — 다시 말해서 말하면서도 말하지 않는 다른 가능성들을[109] — 허락하고 있는지에 관해서는 열어 놓아야만 한다.[a] 사유하는 말함이 겪어야 할 그 어려움은 세미나의 과정 속에서도 충분하리만큼 우리에게 자주 드러나곤 했다. 우리의 언어 속에서는 어디에서나 말해지고 있으면서도 또 [존재가] 고유하게 나타나지 않는 곳에서도 존재에 관해서[b] 말하고 있는 '이다(ist)'라는 이 사소한 낱말은 — 파르메니데스의 에스틴 가르 에이나이 (ἔστιν γὰρ εἶναι, 그것은 곧 존재이다.)라는 명제에서부터 헤겔의 사변적인 명제에서 말해지는 '이다'에 이르기까지 그리고 니체가 힘에의 의지를 정립하는 가운데 '이다'를 해소할 때까지 — 존재의 모든 역운을[c] 내포하고 있다.

언어에서[d] 비롯하는 이런 어려움을 조망해 봄으로써, 우리는 이제

---

x [1] ⟨ganz anderen Schwierigkeit, durch die der Schritt zurück hindurch muß⟩.[110]
y [1] [2] ⟨Sprache⟩
z [1] ⟨Sprachen des metaphysischen Denkens⟩
a [1] vgl. Unterwegs zur Sprache – S. 267 f.[111]
b [2] ⟨(vom)⟩
c [1] ⟨Nietzsche⟩ und bis in die Formalisierung der Sprache im logisch(en) Positivismus ⟨ – das ganze Geschick des Seins⟩
d [2] ⟨aus der Sprache⟩

〔여기에서〕 시도된 사유의 언어를 서둘러 전문 용어로 개조하여 당장 다음 날 아침부터 품어-줌에 관해서 이야기하려는 〔섣부른〕 태도를 삼가야 할 것이며, 그 대신에 〔지금까지〕 말해진 것을 철저히 │ 사유해 보려는 모든 노력을 기울여야 할 것이다. 왜냐하면 그것은 세미나에서 말해졌던 것이기 때문이다. 세미나란, 이 낱말이 암시하고 있듯이, 어떤 씨앗을 — 즉 언젠가는 자기 나름의 방식대로 피어나 열매를 맺게 될지도 모를 그런 숙고의 씨알을 — 여기저기에 흩뿌리는[e] 장소이자 기회인 것이다.

[73]

---

e 〔1〕 Holzw. 〔*Holzwege*〕, 194[112]

안내[1]

[75] 사물을 사유하려는 시도에 관해서는 『강연과 논문들(*Vorträge und Aufsätze*)』(풀링엔, 귄터 네스케, 1954), 163~181쪽을 참조하라. 「사물(*Das Ding*)」이라는 강연은 1949년 12월 브레멘에서 「존재하는 것에의 통찰(*Einblick in das, was ist*)」이라는 강연 시리즈의 일환으로, 그리고 1950년 봄 뷜러회에서 처음 발표되었다.[a]

파르메니데스의 명제(Satz des Parmenides) 해석에 관해서는 같은 책, 231~256쪽을 참조하라.

현대 기술(moderne Technik)과 근대 과학(neuzeitliche Wissenschaft)의 본질에 관해서는 같은 책 13~70쪽을 참조하라.

존재(Sein)의 본질을 근거(Grund)로 규정하는 데 관해서는 같은 책 207~229쪽과 『근거로부터의 명제(*Der Satz vom Grund*)』(풀링엔, 네스케, 1957)를 참조하라.

[76] |차이(Differenz)에 대한 논의는 『사유란 무엇인가?(*Was heißt Denken?*)』(튀빙겐, 니마이어, 1954)와 『존재의 물음에 대하여(*Zur Seinsfrage*)』(프랑크푸

---

a 『강연과 논문들(*Vorträge und Aufsätze*)』, 284쪽 참조.

르트 암마인, 클로스터만, 1956)를 참조하라.

헤겔 형이상학 해석에 관해서는 『숲길(*Holzwege*)』(프랑크푸르트 암 마인, 클로스터만, 1950), 105~192쪽을 참조하라.[b]

오직 이 글과 여기에 인용된 저작들을 되돌아 사유해 봄 속에서야 비로소 『휴머니즘에 관한 서간(*Brief über den Humanismus*)』(1947), 어디에서나 암시적으로만 말하고 있는 그 글이, 사유의 과제(Sache des Denkens)에 대한 대면(Auseinandersetzung)을 일으킬 수 있는 하나의 계기가 된다.

---

b 현재는 『헤겔과 그리스인들(*Hegel und die Griechen*)』 수록. 가다머 헌정 논문집 (Gadamer-Festschrift) 참조.

하이데거의 부록

편집자 주: 하이데거는 자신의 자필본(Handexemplar) 제1권의 책날개에「부록(Anhang)」이라는 제목 아래 메모들을 남겼으며, 그것이 여기에 수록되어 있다. 하이데거가 사용한 약어들은 모두 풀어 써서 〔대괄호〕 안에 제시했다. 그의 참조 기호는 여기에서 각주의 형태로 제시된다.

부록

「머리말」(9쪽 이하)에서 동일성(Identität), 즉 생기(Ereignis)와 사물(Ding) ― 즉 사면(Geviert) ― 의 연관성

구분하지 말 것(nicht absetzen) | 뛰어넘지 말 것(nicht springen) 33쪽 아래 참조!

오히려 다음과 같이: 망각하는 표상(vergessendes Vorstellen)에서 Ent-sagen으로, | ent-wachen으로 내맡겨져 있음(Übereignung)의 암시에 따를 것.

↓ ?

필요하는 자?(brauchenden?) 이중성(zwiefältig) 어떤 것을 필요로 함(bedürfen | et〔was〕)〔?〕[1]

『동일성과 차이』 안에서: "도약(Sprung)"ᵃ과 "벗어남(Absprung)"²
속에 아직 형이상학에 매인 불충분성(24, 28, 33, 34, 45쪽)

건너뛸 것(überspringen).

"돌아감(Einkehr)"은 Entwachen, 즉 숲 터(Lichtung) 속으로의 깨어남 — 이는 어떤 도약도 요구하지 않는다.³

Ent-wachen,⁴ 표상(Vorstellen)과 계산(Rechnen)으로부터 사양(Ent-sagen)으로의 깨어남 — 그것이 사태(Ereignis)의 네 겹(Vierfalt)을 말한다.ᵇ

존재와 인간⁵의 서로 고유하게 됨(Eignung)의 암시에 따를 것

그러나 네-겹(Ge-Viert) 속에서.

---

a "도약(Sprung)"은 사양(Ent-sagen)과 양립 불가능 — ("명제(Satz)" 참조).
b 계산과 근거 짓기의 시작 형식: "무엇인가를 무엇으로서(etwas *als* etwas)".

하이데거의 노트

편집자 주: 하이데거의 자필 소장본 1권에는 『동일성과 차이』에 관련된 주제별로 묶인 부속 문서들과 개별 메모지들이 첨부되어 있었다. 이들은 원래의 도해적 배열을 고려하여 이곳에 수록된다. 대괄호(〔 〕) 안의 주석 및 보충 설명은 편집자들에 의해 추가된 것이다.

「머리말」

argumentieren

(argumentieren
anzeigen –
nachweisen
überzeugen
ἐλέγχω –)

(vgl. Vortrag 1964)

(ἐναργές)   Gad. [Gadamer] Seminar[1]

arguo =   *leuchten lassen, aufhellen.*

(entbergen)

Meillet.
Dict. étym. 3
1951, p. 81 f.[2]   (also das Argumentieren noch
innerhalb des ἀληθεύειν)

argutus – klar

argumentum

Cic. Top. 8   ar[gumentum] esse … rationem, quae
rei dubiae faciat
fidem[3]

Glauben – Zustimmung, Vertrauen
verschaffen einer zweifelhaften Sache

「동일률」

Bündel 1

[Umschlag]

*Das »eigentlich« Un-zureichende
 des Vortrages*: »Der Satz der Identität«

  Die Be-wegung
des Satzes als Aussage der Identität
 zum Er-eignen des
|Ent-wachens.

─────── ───────────────────────

schon der Hinblick auf »*Identität*«
bringt alles ins notwendig *Schiefe.*|

[Blatt 1]

Grund und Ereignis

Im Ab-Grund – wo kein Gründen mehr
 und doch nicht nichts

  das *Ereignen*
Er-eignen und Ge-Viert
Er-eignen und der »Austrag« der Gegenden
 ↓
 Erbringen

Grund-Sätze
Setzungen d[es] Grundes
 |
Positionen
Sein d[es] Grundes

Grund – als »tragend« – *unterliegend* – worauf etwas
 »steht«
 das Stehen auf .. Sub|-stanz
 das Stehen – gegen –

 durch ein *Stellen*

Stehen – als Getragen | Stehen auf
Stehen als Gestellt | *vor*-gestellt
 und zw[ar]
nie zu »An-wesen«

[Blatt 2]

Vgl. die kritischen Bemerkungen zu »Der Satz der Identität.«

Satz und Sprung – hier ungemäß.

nicht springen – sondern Erwachen in das E. [Ereignis] –

Daher statt »Grundsätze d[es] Denkens«
  Prinzipien d[es] Denkens

Prinzip: ἀρχή – Anfang und An-fang.

Den ganzen Text entsprechend um-arbeiten.

∗

Der An-Fang des Denkens. Das Geheiß –

[Blatt 3]

Die Anlage
des Vortrags
von *Satz* als Aussage
zum
Satz als Sprung⁴
ungemäß

[Blatt 4]

Identität aus dem Ereignis
vgl. Der Satz d[er] I[dentität] S. 31⁵

Identität: 1.) bekannt durch den »Satz der Identität«
»Logik«
2.): Fichte – Schelling – Hegel – | – Onto-log[ie] –
O[nto] – | – Theo[logie]
|*Woher* hier bestimmt? Sein als Ἕν!
Ich als Identität von S[ubjekt] und O[bjekt]
das Absolute | und das absol[ute] Wissen.
3.) τὸ γὰρ αὐτό – Parm[enides]
Zu-sammen-gehören – und ἕν | Ein-*heit*

3a.) das verwandelte αὐτό καθ'αὐτό
| ταὐτό | τόπος
τὸ αὐτό

4. E. [Ereignis] selbst – die *Topo* | *logie* in ihrer Sage

[Blatt 5]

|*Fichte*|

Das Entgegensetzen: des Nicht-Ich
(ist) Urhandlung, nicht aus dem Setzen abzuleiten.
(vielmehr das Setzen aus dem Entgegensetzen isoliert?)

Das Entgegenstehenlassen gewährt erst Gegenständlichkeit und damit Möglichkeit der Affektion.
»Affektion« »in Wahrheit« bereits eine Tätigkeit des Ich
Gegenstände sind Produktion des Ich.
Wo der Halt dieses Wissens aus Sichwissen?
        3. Buch v[on] *Die Bestimmung des Menschen*[6]
»Der Grundcharakter des Wissens: *aufleuchtende Evidenz*
           zu sein« |
                 »Licht«
    W. Schulz 21.[7]
    Einleitung zur Briefveröffentlichung
    Fichte – Schelling

»absolutes Wissen« ist nicht »das Absolute«
(dieses ist nur es selbst)
zwischen beiden ein dialekt[isches] Verhältnis.

[Blatt 6]

Weder *Sprung*[×] noch *Einkehr*　　S. 24
　　»Satz«　　　　/　　　↓
weil schon von E [Ereignis] in E. [Ereignis] »eingelassen«
　　　　　　　　　　　　　　　　/ aber wie?

Einheimisch werden in der
　　/ schon (bewohnten) Heimat
　　　　　　↓
　　　　noch nicht eigens bewohnt
　　　　sondern?

　　　　× vgl. Text S. *24*, 28[8]

[Blatt 7]

τὸ γὰρ αὐτό …
　　erste Kunde des *Seinsgeschickes*
　　»Sein« an das »Denken« *geschickt*

──────

insgleichen die »Differenz«
　　　　　/　auch seinsgeschichtlich
und darum Preisgabe
keine Herkunft zu erdenken

[Blatt 8]

»Identität« als E. [Ereignis]
kein »Satz« –
        aber »Sage«?

    | Sage und Satz |

keine Einkehr

aber *Entwachen*.
(Erheiterung)
Lichtung.

[Blatt 9]

Die »Identität«

als E. [Ereignis]

duldet keinen Satz als das
ihr gemäße Sagen –
welches Sagen selbst zu ihr (zum E [Ereignis])
gehört.

Bündel 2

[Umschlag]

Zum Vortrag (1957)

Der Satz der *Identität*

[Blatt 1]

Zu »*Der Satz* der *Identität*«

1. Die Rede von der »*Konstellation* von Sein und Mensch« unzureichend, wenn Sein und M[ensch] je für sich genommen und dann (man weiß nicht in welchem Bereich) zusammengestellt werden.
| besser: »das Zusammen*gehören*«

2. Der *Versuch, das Ge-Stell erfahren zu lassen S. 27 ff.*[9] unterscheidet nicht zwischen dem gewohnten Vorstellen und dem ent-sagenden Hören – deutlich genug.

zu unmittelbar und zu vor greifend –

siehe S. 70 Fußnote.[10]

Die Metaphysik ist erst überwunden – d. h. ganz ihr selber überlassen, so daß sie im Denken nicht mehr mitsprechen kann, wenn »Transzendenz und Differenz« verwunden sind (Vorläufiges I 35[11]) – und damit jeder mögliche Ansatz für Onto-Theo-Logik.

[Blatt 2]

Zum ⌐Identitätsvortrag⌐

Auch dieser noch nicht frei aus dem E. [Ereignis] gesagt, obzwar das zu Sagende und die Weise des Erfahrens erkannt sind.
vgl. S. 24. 25. 30[12]

[Blatt 3]

⌐*Identitätsvortrag.*⌐ (vgl. Vortragsreihe
         S[ommer] S[emester] 1957
         Grundsätze d[es] Denkens.)
         Siehe *Abschrift*[13]

Identität: Zusammen gehören
      ↓ Zusammen gehören von Sein und
                    Mensch[en]wesen
      ↓ dies als Ge-Stell
      ↓ darin – im versammelnden Stellen – das Eignen
          als sich entziehend
      ↓ Vorschein für die ereignende Enteignis
      ↓ E. [Ereignis] und Eigentum. (das un-endl[iche]
                    V[er]-H[ältnis])

Eignen und Reichen: der Brauch
Eignen und Fügung der Fuge; die Be-Fugnis
Sprache – als Sage des Eigentums.

[Blatt 4]

Zu Id[entitäts-]Vortrag
   siehe Anhang z[um] Text[14]

Wie alle öffentlichen Darstellungen nimmt auch er die Rücksicht auf das geläufige metaphysische Vorstellen.
Das versuchte Denken bleibt im *Übergang* von der Metaphysik her in das Entsagen bestimmt.
So kommt es nicht zur Wagnis aus der Jähe – d. h. zum Erwachen aus der Vergessenheit als dem Entwachen in das E. [Ereignis] des Ge-V[ierts].
Indes schließt Jähe die Rücksicht in die Überlieferung nicht aus – aber die Beziehung zu dieser bleibt ab-gründig.
Im Id[entitäts-]Vortrag zeigt sich das Denken im *Übergang* schon durch das Thema (Ansatz beim »Satz d[er] Id[entität]« und demzufolge in der Rede von
»Einkehr« (*aus* der Met[aphysik]) in das E. [Ereignis].
Absprung *von* der Met[aphysik] in den Ab-Grund (Schwingen des E. [Ereignisses])

[Blatt 5]

Zu Ident[itäts-]Vortrag

Wenngleich noch im Übergang denkend, ist die leitende Einsicht: – Identität nicht im Charakter des Seins, sondern: Wesen v[on] Sein im Geschick der Id[entität]
qua Ereignis – keine bloße Umkehr der Art:
Identität nicht eine Bestimmung des Seins
sondern[15]
Sein eine Bestimmtheit der Identität
Es gibt hier keinen Anhalt für Umkehrungen, die das Beständige des Umgekehrten voraussetzen –
während gerade alles sich wandelt.

[Blatt 6]
Der Satz der Identität[16]

Die *Verlegenheit* – im »Schritt zurück« – zweideutig und mißverständlich zu sprechen.

Das »Zu-einander-gehören von Mensch und Sein«
schief gesagt: 1. Sein nicht gegen über
  sondern *E.* [*Ereignis*], das als
  Brauch[?][17] den Menschen
  als den   Wohnenden in
  die Be-Fugnis verwendet
  2. Nicht nur der M[ensch] als Gebrauchter
  er-eignet – sondern er
  als ins Ge-Viert gehörend
↳ Dies die eigentliche Verborgenheit
  des metaphys[ischen] Denkens. Demgemäß *auch*
  der *Ansatz* von »*Denken und Sein*«
sogar: Sein und Zeit? Oder doch anders! mit
Z[eit] – der fragende Vorblick in d[as] E [Ereignis].

[Blatt 7]

Zu »Der Satz der Identität«

Durch und durch aus *übergehendem* Schritt zurück und
daher zweideutig und *eigentlich miß*deutig gesagt –
S. 24! Kein »Satz« im Sinne des
Sichabsetzens, – des Absprunges
eher noch – wenn schon »Satz« – »Setzen«
aus E. [Ereignis] in diesem –
Dies *übereignende* Versetzen in das Entwachen.
noch mehr: das vereignende Ent-setzen,
aus der Vergessenheit
heraus-legen, in die Be-Fugnis.[18]

[Blatt 8]

[Anm. d. Hrsg.: Beilageblatt in Maschinenschrift.]

Identität / Vortrag

Vgl. Text S. 29[19]

daß es das bloße Walten des Ge-Stells in eine anfänglichere
        aus dem Ereignis her bestimmte
        Verwindung bringt. So öffnet sich
        die Möglichkeit einer Verwindung
        aus dem Ereignis, die niemals vom
        Menschen selbst her gemacht werden
        kann, aber eine Zurücknahme ist
der technischen Welt aus ihrer Herrschaft zur Dienstschaft
innerhalb des Bereiches, durch den der Mensch eigentlicher
in das Er-eignis reicht.

「형이상학의 존재-신-론적 구성틀」

Bündel 3

[Umschlag]

Hgl. [Hegel] | *Hdgg. [Heidegger]*

vgl. *Beginn* und *Anfang*

Sich sagen lassen.

[Blatt 1]

| *Hgl [Hegel]* | – | *Hdg [Heidegger]* |

die Sache — der Gedanke / der Austrag

die Maßgabe d[es] Gesprächs. — Einbezug / Freilassen

der Charakter d[es] G[esprächs] — Aufhebung / Schritt zurück

die Sachheit der Sache | Strittige — Bedrängnis — das Einfache der Vermittlung (Gedachtheit) / das *Ratsal* d[er] Fuge d[es] V-H. [Ver-Hältnisses]

[Blatt 2]

    Hgl [Hegel] | *Hdg [Heidegger]*

    1. *Die Vollendung* d[er] Philosophie

    2. *Die Geschichte*

zu 1) a) *Wie vollendet* sich die Philos[ophie] in Hegels
        System? nicht anders als im Sinne
        Hegels – ⌊*spekulativ.*⌋
            als der ⌊*Gedanke*⌋ – des Denkens –
       Sache d[er] Philos[ophie]   Sein als *Denken*.
       Vollendung in d[as] Ende.

    b) Vollendung i[m] S[inne] der *Seinsvergessenheit*
       Nietzsche – Zeitalter d[er] Technik.
       (das Ge-stell) dessen Doppelgesicht.
       Vollendung in d[en] An-fang.⌋
       An-fang des Denkens als Ent-sagen!

Der verschiedene Sinn von ⌊»*Vollenden*«⌋
    1. Aus-schließen
    2. An-fangen

zu 2) a. Geschichte – als Geschehen i[m] S[inne]
        d[es] *Pro-zesses*
        Fortschreiten des
        dialekt[ischen] Denkens

    b. Geschick – als Ereignis – Anfang.

[Blatt 3]

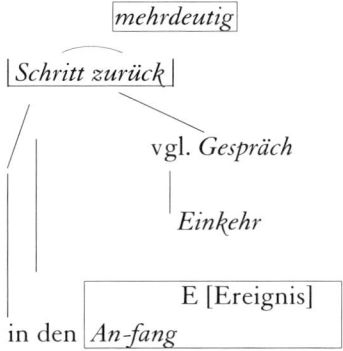

[Blatt 4]

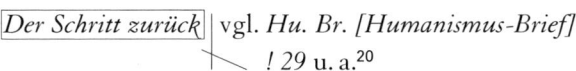

vgl. *Hu. Br. [Humanismus-Brief]*
! 29 u. a.[20]

von woher   zurück

wohin   zurück

| der *Schritt* – des Denkens
| durch den es sich selber
| wandelt.

[Blatt 5]

    Aus dem Kreis *heraus* | *Schritt zurück*
          ↓
d. h. *aus* der | Subjektität |

| S.[ubjekt] – O.[bjekt] | – inwiefern diese in d[er] Vergess[enheit] d[es] U[nterschiedes] gehört – aus ihr herkommt.

d. h. aus d[er] Verg[essenheit] d[es] U[nterschiedes]

S.[ubjekt] – O.[bjekt] – »*Gewißheit*« – »*Wahrheit*«
                                    d[es] Seienden!

»Sein als *Grund*« – »Träger«

    Begründen –
    Begreifen –

Denken und Sein | τὸ γὰρ αὐτό

하이데거의 색인(소장본 1)

편집자 주: 이 색인은 책 맨 뒤의 속지(후면 면지)에 적혀 있으며, 쪽수는 하이데거 소장 초판의 페이지 매김을 따른 것이다(본 판본에서는 본문 여백의 대괄호 안에 병기되어 있음).

»Allheit« 55

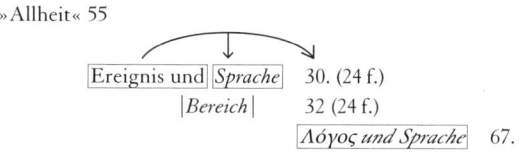

| Ereignis und | Sprache | 30. (24 f.)
| | Bereich | 32 (24 f.)
| | | Λόγος und Sprache   67.

Eignen, E. [Ereignis] 28. 32.   Sprache und Metaphys[ik] 72.
Enteignis 33

Vergessenheit – ‖ Svg. [Seinsvergessenheit] | 66 (33)
　　　　　45/46　　↙
　　»Schritt zurück« 46 f. 65 48. (nicht histor[isch])
　　　　　　　　　53. 61. 71. 72

(vgl. Hu.br. [Humanismusbrief] 29. 37. 47.)

»Technik« 26 f.
　↓
Ge-Stell – 28 f. 32 ff.
»das Transzendentale« 38

하이데거의 색인(소장본 2)

편집자 주: 이 색인은 책 맨 뒤의 두 장의 속지(후면 면지)에 적혀 있으며, 쪽수는 하이데거 소장 초판의 페이지 매김을 따른 것이다.(본 판본에서는 본문 여백의 대괄호 안에 병기되어 있음)

Einfahrt 24 f. ?
Enteignen 33
Einkehr – 24.　　34. vgl. Sprung.

Sprache S. 30. 32.
Vergessenheit *47*. 65
und Diff[erenz]

Sprung? 24. 28. 32. 33. 34

Schwingen
　　　　30. 32.
Schweben

Unter-Schied 62

편집자 주

여기에 수록된 『동일성과 차이』의 본문은 하이데거가 자필로 확장한 초판의 텍스트와 동일하다. Martin Heidegger, *Identität und Differenz*(Pfullingen, Verlag Günther Neske, 1957).

하이데거는 1957년 9월 9일 자 「머리말」(초판 9~10쪽, 본 판본 9~10쪽)에서, 『동일성과 차이』라는 제목 아래 그가 통합한 두 개의 텍스트가 탄생하게 된 배경과 철학적 의의를 기술하고 있다. 이후 하이데거는 동일한 제목을 그의 『전집(*Gesamtausgabe*)』 제11권의 제목으로 채택했으며, 이 전집에는 원래의 본문인 「동일률(*Der Satz der Identität*)」과 「형이상학의 존재-신-론적 구성틀(*Die onto-theo-logische Verfassung der Metaphysik*)」 외에도 다른 여러 글이 함께 실려 있다. Martin Heidegger, *Identität und Differenz*, Friedrich-Wilhelm von Herrmann 편(Frankfurt a. M., Vittorio Klostermann(GA 11), 2006) 참조.

「동일률」은 1957년 6월 27일, 프라이부르크 시청에서 프라이부르크 대학교 창립 500주년을 기념하는 행사에서 하이데거가 행한 강연이다. 최초로 다음 출판물에 게재되었다. Gerd Tellenbach und Hans Detlef Rösiger 편, *Die Albert-Ludwigs-Universität 1457~1957: Die Festvorträge bei der Jubiläumsfeier*, Band 1(Freiburg i. Br., Schulz, 1957), 69~79쪽.

「형이상학의 존재-신-론적 구성틀」은 1956~1957년 겨울 학기 하이데거의 헤겔 세미나의 종결부에서 이루어진 심화 논의이다. Martin Heidegger, *Seminare Hegel-Schelling*, Peter Trawny 편(Frankfurt a.M., Vittorio Klostermann(GA 86), 1994), 475~485, 498~512, 827~886쪽 참조. 이 강연은 1957년 2월 24일 토트나우베르크에서 하이데거가 자신의 학생들 앞에서 진행했다.

『동일성과 차이』는 하이데거가 직접 주석을 달아 소장한 두 권의 자필본이 존재한다. 두 자필본 모두 끝에 쪽수 참조가 포함된 주제어 색인을 포함하고 있다. 자필본 1에는 그 밖에도 「부록(*Anhang*)」이라는 제목 아래 쪽수 참조가 기재된 노트들이 있으며, 세 묶음으로 구성된 제목이 달린 부속 문서들과 정리되지 않은 개별 메모지들, 그리고 하이데거의 번역자 앙드레 프레오(André Préau)가 1967년 3월 28일에 보낸 서신, 번역자 조앤 스탬보(Joan Stambaugh)가 1968년 3월 27일에 보낸 서신도 포함되어 있다. 또한 리하르트 비서(Richard Wisser)의 「철학적 인간학, 특히 문화인류학의 문제들(*Probleme der philosophischen Anthropologie, insbesondere der Kulturanthropologie*)」이라는 서평 일부가 《책의 세계(*Die Welt der Bücher*)》 1961년 제6호, 287~288쪽에 실린 인쇄물이 함께 끼워져 있다.

본 판본의 페이지 여백에 대괄호로 표시된 숫자는 모두 초판(하이데거, *Identität und Differenz*, Verlag Günther Neske, 1957)의 페이지 숫자를 가리킨다. 줄표(|)는 원래의 페이지 구분을 나타낸다. 이후 판본에서는 페이지 수가 2~6쪽까지 줄어들었다.

본문에 나오는 위첨자 소문자와 이에 대응하는 주석은 하이데거가 초판 자필본 두 권에 적어 둔 주석, 보완 사항, 수정 및 쪽수 참조를 지시한다. 표기 〔1〕은 자필본 1, 〔2〕는 자필본 2를 의미한다. 각 페이지 하단에는 해당하는 텍스트의 변이들이 함께 실려 있으며, 특수한 강조 표시나 교차 참조 기호 등 일부 예외적 기호는 주석에서 별도로 설명되며 별표(*)로 표시된다.(한국어 판에서는 숫자 미

주로 표시했다. ─ 감수자 주)

하이데거가 자필본 두 권에서 행한 모든 명확한 수정은 반영되었고 부록에서 주석이 덧붙었다. 자필본에서 하이데거가 밑줄을 그은 부분은 이탤릭체로 표기되었으며, 두 줄 밑줄은 이탤릭체와 단일 밑줄로 함께 표기되었다.(한국어 판에서는 고딕으로 표시했다. ─ 감수자 주)

하이데거의 주석이 지닌 복잡성을 보여 주기 위해 『동일성과 차이』 자필본 1(HE〔1〕, 24~25쪽)의 파일을 다운로드용으로 제공한다. https://www.klett-cotta.de/produkt/martin-heidegger-kleine-schriften-9783608947571-t-4177#

자필본 1의 판권면(8쪽)에서 하이데거는 출판 연도 "1957"에 밑줄 친 후, 자필로 다음과 같이 기입했다. "1927 S. u. Z."〔1927 Sein und Zeit〕

양 자필본에 수록된 하이데거의 주제어 색인은 이번 판에서 처음 수록되었으며, 자필본 1에 자필로 기입된 「부록」과 여러 부속 메모지들도 함께 포함되었다. 하이데거가 끼워 둔 위의 두 통의 서신은, 본문의 관련 위치에 따라 주석 부분(한국어 판 133~134쪽 「형이상학의 존재-신-론적 구성틀」 편집자 주 91)에서 인용된다.

대괄호로 표시된 본문 보충은 모두 편집자에 의한 것이며, 별표(*)는 편집자의 주석과 보완 사항을 가리킨다.(한국어 판에서는 숫자 미주)

하이데거의 고유한 어절 구분법(예: an-wesen, Unter-Schied, Er-eignis, Ge-Stell)은 줄바꿈 시에도 유지되었으며, 줄 끝과 시작 양쪽에 각각의 분철 표시가 삽입되었다.

추가 설명은 「편집자 후기」 참조.

「머리말」

1. (한국어 판) 82쪽을 참조.

2. HE〔1〕: 페이지 참조가 포함된 여백 주석은 자필본 1의 9쪽, 본문 시작 위쪽의 상단 여백에 위치함.

3. HE〔1〕: 여백 표시 — 단락 전체에 해당하는 세로줄; 다음 단락으로 이어지는 연결 화살표(↰) 존재.

4. HE〔1〕: ⟨Einklang⟩ 아래에 느낌표가 있으며, 이는 전체 단락에 해당될 가능성이 있음. 여백 표시는 두 개의 세로줄에 십자가 표시가 결합된 형태로, 단락 전체에 적용됨. 마지막 행 높이에 '⟩' 형태의 닫는 꺾쇠 괄호가 결합된 세로줄이 있음.

5. HE〔1〕: 하나의 부속 메모지가 이 지점과 관련됨. 이에 대해서는 (한국어 판) 87쪽 참조.

「동일률」

1. 하이데거는 자신의 첫 번째 자필본 1의 내지 끝에 수기로 작성된「부록(Anhang)」을 참조하고 있음. 이에 대해서는 (한국어 판) 84쪽 참조.

2. 마르틴 하이데거,「사유의 원리들(Grundsätze des Denkens)」, 수록. 하이데거,『브레멘과 프라이부르크 강연들(Bremer und Freiburger Vorträge)』, Petra Jaeger 편 (프랑크푸르트 암 마인, 비토리오 클라스터만, 2005) (HGA 79), 79~176쪽.

3. HE〔1〕: 여백 표시로 십자가(✝)가 있음. 이는 초판 31쪽 하단 단락의 시작 부분에서 재등장함.

4. HE〔1〕: 쪽수 표시 "32" 뒤에 십자가(✝) 표시가 있음. 이는 32쪽에서 "위쪽 13(=ob〔en〕13)"에 대한 역참조와 함께 재등장하며, 해당 참조는 "Unterwegs vom Satz als einer Aussage über die Identität"이라는 문구 높이에 위치함.

5. 플라톤,『소피스트』189e. 하이데거는 다음 판본에 따른 플라톤을 인용함.『플라톤 전집(Platonis Opera)』, Vol. 2, recognovit brevique adnotatione

critica instruxit Ioannes Burnet(Oxonii, e typographeo Clarendoniano, 1901).

6. HE〔1〕: 하이데거의 교정 지시 — 초판과 동일.
7. HE〔2〕: 하이데거의 교정 지시 — 초판과 동일.
8. HE〔1〕, HE〔2〕: 하이데거의 교정 지시 — 단락 없음.
9. HE〔1〕: 원문에서는 열리는 대괄호 "〔"로 표기됨.
10. HE〔1〕: 원문에서는 열리는 대괄호와 닫는 대괄호 "〔 〕"가 모두 사용됨.
11. HE〔1〕: 원문에서 열리고 닫히는 꺾쇠 괄호 "〈 〉" 사용.
12. HE〔1〕: 여백 표시 — 화살표(⇒), 〈Identität〉(동일성) 방향을 가리킴.
13. HE〔1〕: 하이데거의 교정 지시 — 생각줄(Gedankenstriche) 없이.
14. 하이데거는 파르메니데스를 자신의 도서관에 있는 자필 교정본에 따라 번역함. Hermann Diels, *Die Fragmente der Vorsokratiker*, Bd. I‐III, Walther Kranz 편, Bd. I(Berlin, Weidmannsche Buchhandlung, 5판, 1934), 152쪽 (단편 III). Diels·Kranz의 번역: "Denn dasselbe ist Denken und Sein."
15. HE〔1〕: 여백 표시 — 곡선형 참조 기호 "∼", "Das Sein gehört in eine Identität." 문구 높이에 위치하며, 이는 자필 수정본 제1본 20쪽에서 "Indes läßt sich das Zusammengehören auch als Zusammen*gehören* denken." 문구에서 다시 언급됨.
16. HE〔1〕, HE〔2〕: 하이데거의 교정 지시 — 〈einer〉로.
17. HE〔1〕: 여백 표시 — 곡선형 참조 기호 "∼", "Indes läßt sich das Zusammen*gehören* auch als Zusammengehören denken." 문구 높이에 위치함. →「동일률」편집자 주 15 참조.
18. 마르틴 하이데거, 『근거의 본질에 관하여(*Vom Wesen des Grundes*)』(프랑크푸르트 암 마인., 비토리오 클로스터만, 4판, 1955), 10쪽 이하. 최초 발표는 「근거의 본질에 관하여(Vom Wesen des Grundes」), 《철학 및 현상학 연구 연보(*Jahrbuch für Philosophie und phänomenologische Forschung*)》, 보충특별호: 『에드문트 부설의 70세 생일 기념 논문집(*Festschrift für Edmund Husserl zum 70. Geburtstag*)』, 할레, 막스 니마이어, 1929), 71~110쪽. 1949년 프랑크푸르트 암마인, 클로스터만 출판사에서 제3판(변경 없음, 서문 추가) 출간. 7판은 1983년, 8판은 1995년. 후에 『이정표(*Wegmarken*)』에 수록됨.(1967, 2판 1978, 5판

2013, 21~72쪽) 전집 수록본: 『이정표』, Friedrich-Wilhelm von Herrmann 편, HGA Bd. 9, 1976, 3판(2004), 123~175쪽.

19. HE〔1〕: 여백 표시 — 원형 안의 세로줄 기호, "Einheit des Zusammen vorzustellen, sondern dieses Zusammen aus dem *Gehören* her zu erfahren" 높이에 위치함.

20. HE〔1〕: 하이데거의 교정 지시 — 단락 없음.

21. HE〔1〕: 여백 표시 — 쪽수 "25" 위에 십자가(✝) 표시 있음, "Was heißt Sein? Wer oder was ist der Mensch?" 문구 높이에 있으며, 이는 "*Sein und Mensch*(존재와 인간)" 문구에서 다시 등장함.

22. 마르틴 하이데거, 『존재와 시간(*Sein und Zeit*)』(튀빙겐, 막스 니마이어, 7판, 1954), 25쪽 이하. "Seiendes ist in seinem Sein als Anwesenheit gefaßt, d. h. es ist mit Rücksicht auf einen bestimmten Zeitmodus, die Gegenwart, verstanden." 초판은 『존재와 시간 — 제1부』, 《철학 및 현상학 연구 연보》 8권, 에드문트 후설 편(할레, 막스 니마이어, 1927). 7판(1953년)부터 "제1부" 표기가 제거되고 "제7판을 위한 서문"이 추가됨. 14판(1977년)은 저자의 오두막 교정본(Hüttenexemplar)의 여백 주석이 부록에 포함됨. 15판(1979년)은 정정판. 최신 19판은 2006년에 출간됨. 전집 수록본은 『존재와 시간』, Friedrich-Wilhelm von Herrmann 편, HGA Bd. 2, 1977, 2판 2018.

23. HE〔1〕: 여백 표시 — 전체 문장을 대상으로 한 세로줄.

24. HE〔1〕: 참조 기호 "×－×"가 있으나 명확한 참조 대상 없음.

25. HE〔1〕: 괄호 표시로 강조. "(hier ganz anders zu denken Be-Zug und *Ver-Hältnis*)"

26. HE〔2〕: 여백 표시 — 참조 기호 ×－×. 이 참조 기호 ×－×는 HE〔2〕 27쪽에서 "*wechselweise stellen*" 문구 높이에서 다시 언급되며, "23쪽 참조"라는 추가 설명과 함께 나타남.

27. HE〔1〕: 이 쪽과 이후 몇 쪽에 걸쳐, 하이데거는 총 11가지 종류의 잉크, 연필, 색연필을 사용해 주석, 밑줄, 기타 강조 표시를 남겼음. 이는 일반적으로 여백 주석과 본문의 대응 관계를 명확히 하기 위함이며, 노란색 표시만은 예외적으로 전체 텍스트 내 주제적 연관성을 부각시키기 위해 사용됨.

세부 표기(EA = Erstausgabe, 초판)

EA 24쪽:

2∼5행: 여백에 노란 세로줄 표시. "*Dadurch*, daß wir uns von der Haltung des vorstellenden Denkens *absetzen*. Dieses *Sichabsetzen* ist ein *Satz* im Sinne eines *Sprunges*. Er Springt ab. (우리가 표상적 사유 태도로부터 이탈할 때. 이 이탈은 '도약'의 의미에서의 한 문장이다. 그것은 뛰어오른다.)"

이 텍스트에서 이탤릭체로 표시된 부분은 수고본에서 노란색 밑줄이 그어져 있음. 추가 노란 밑줄:

7, 11행: ⟨Absprung⟩

12행: ⟨Springt⟩

14행: ⟨springen⟩

19행: ⟨Sprung⟩

여백 주석(노란 밑줄 옆에 위치): "32!", "Schlaf", "Sprunges"

EA 25쪽:

8행: 노란 테두리 강조: ⟨Konstellation⟩

마지막 행: 동일어 밑줄

EA 26쪽:

1행: 노란 밑줄: ⟨Analyse der Situation⟩

EA 27쪽:

6행: 노란 테두리: ⟨unter⟩

아래에서 두 번째 행: 밑줄: ⟨spricht an⟩

여백 표시: 노란 화살표 ↓ 옆의 손글씨 주석: "und spricht *als* dieser gerade *nicht* an"

EA 28쪽, 12행 그리고 29쪽, 10행:

⟨Konstellation⟩에 노란색 밑줄

EA 30쪽:

8행: ⟨schwingende⟩

아래에서 10번째 행: ⟨schwingenden⟩

아래에서 9번째 행: ⟨schwebenden⟩

아래에서 7번째 행: ⟨Schwingung⟩, ⟨schwebenden⟩

여백 주석도 노란 밑줄 포함: "schwingen", "schweben"

EA 32쪽:

7행: ⟨Sprunges⟩

10행: 테두리: ⟨schwingt⟩

12행 및 아래에서 6번째 행: ⟨Sprung⟩

아래에서 3번째 행: ⟨Konstellation⟩

EA 33쪽:

2, 3행: ⟨Sein⟩(존재)

아래에서 8번째 행: ⟨modernen⟩

아래에서 7번째 행: ⟨der Historie⟩

아래에서 2번째 행: ⟨Absprung⟩

EA 34쪽:

4행: 테두리: ⟨Mensch und Sein⟩

10행: 밑줄: ⟨Sprung⟩

EA 45쪽:

아래에서 8번째 행: 밑줄: ⟨Wahrheit⟩

EA 46쪽:

아래에서 6번째 행: 테두리: ⟨Sprache der Überlieferung⟩

EA 62쪽:

여백 표시: 노란 세로줄: 마지막 두 줄을 지시

EA 63쪽:

9행: 테두리: "bringen wir sie nicht zum Verschwinden."

아래에서 10번째 행: 여백 세로줄 및 밑줄: "'Sein' gedacht aus der Differenz"

아래에서 4번째 행: 밑줄: ⟨Allgemeinheit⟩

좌측 추가 메모지: 노란 반테두리: "Sprung", 밑줄: "Absprung"

부속 문서 〔3〕 (1번 묶음):

노란 세로줄 → "des Vortrags / vom *Satz* als Aussage / *zum* / *Satz* als Sprung"

(한국어 판)에서는 91쪽에 해당함.

참조: 부속 문서 〔6〕, (한국어 판) 93쪽.

하이데거의 색상 사용에 관한 참고 문헌은 다음과 같다.

프리드리히빌헬름 폰 헤르만, 「하이데거 전집 최종판 강의록의 편집에 대하여」, 《프라이부르크 학보(*Freiburger Universitätsblätter*)》 21(1982), 78호, 85~102쪽. 울리히 폰 뷜러, 「사유의 수공예 — 마르틴 하이데거의 유고에 대하여」, 『해석들 — 파르메니데스부터 검은 노트들까지(*Auslegungen — Von Parmenides zu den Schwarzen Heften*)』(마르틴 하이데거 저술 시리즈 11권)(프라이부르크/뮌헨, 카를 알버, 2017), 304~331쪽, 특히 315쪽 이하.

28. 논문 『존재 물음에 대하여(*Zur Seinsfrage*)』는 처음에 『선(線)에 대하여(*Über 'die Linie'*)』라는 제목으로 발표되었다. 발표처는 아르민 몰러(Armin Mohler) 편, 『우정 어린 만남들 — 에른스트 윙거 60회 생일 헌정집』(프랑크푸르트 암 마인, 비토리오 클로스터만, 1955), 9~45쪽. 이 논문은 이후 서문이 덧붙여진 단행본으로 간행되었다. 마르틴 하이데거, 『존재 물음에 대하여』(프랑크푸르트 암 마인, 비토리오 클로스터만, 1956). 4판(개정판)은 1977년에 출간되었다.

이 글은 이어서 『이정표(*Wegmarken*)』에 『존재 물음에 대하여』라는 제목으로 수록되었다. 마르틴 하이데거, 『이정표』(프랑크푸르트 암 마인, 비토리오 클로스터만, 1967), 213~254쪽. 2판(개정판 및 두 편의 텍스트 추가 수록)은 1978년(제5쇄는 2013년).

하이데거 전집(HGA) 판에서는 다음과 같이 수록되었다.

마르틴 하이데거, 『존재 물음에 대하여』, 『이정표』 수록, 프리드리히빌헬름 폰 헤르만 편(프랑크푸르트 암 마인, 비토리오 클로스터)(HGA 9), 초판 1976, 제2판은 2004), 385~426쪽.

하이데거의 이 논문은 에른스트 윙거의 『선에 대하여』에 대한 응답이다. 윙거의 글은 다음 논문집에 수록됨.

『기여들(*Anteile*): 마르틴 하이데거 60회 생일 헌정집』, 한스게오르크 가다머 편(프랑크푸르트 암 마인, 비토리오 클로스터만, 1950), 245~284쪽.

하이데거와 에른스트 윙거의 관계에 대해서는 다음 서간집 참조.

에른스트 윙거·마르틴 하이데거, 『서간 1949~1975』, 시모네 마이어(Simone Maier) 협력, 귄터 피갈(Günter Figal) 편집 및 해설 수록(슈투트가르트, 클레트코타/프랑크푸르트 암 마인, 비토리오 클로스터만, 2008).

29. HE〔1〕: 연결 화살표(ㄴ)가 이 여백 주석에서 아래쪽으로 이어지며, 아래 본문의 세로줄로 표시된 구절과 연결되어 있다.
⟨Wohin? Dahin, *wohin wir schon eingelassen sind*: in das Gehören zum Sein⟩.

30. HE〔1〕: 하이데거는 여기에서 그의 『동일성과 차이』 자필본 1 후반부(355쪽 이하)에 「부록(*Anhang*)」이라는 제목으로 적어 둔 메모들을 참조하고 있다. → 관련 내용은 (한국어 판) 84쪽 이하 참조.

31. 마르틴 하이데거,「헤겔의 경험 개념(*Hegels Begriff der Erfahrung*)」,『숲길(*Holzwege*)』(프랑크푸르트 암 마인, 비토리오 클로스터만, 1950), 105~192쪽; → 제9판 2015년.
하이데거 전집에서는 "Hegels Begriff der Erfahrung", in *Holzwege*, 편자 Friedrich-Wilhelm von Herrmann, Frankfurt a. M., Vittorio Klostermann (HGA 5), 1977, 2판 2003, 115~208쪽.

32. HE〔1〕: 여백 주석: 물음표가 달린 세로줄이 다음 구절 옆에 그어져 있다. ⟨Dieses *Sichabsetzen* ist ein *Satz* im Sinne eines *Sprunges*⟩.

33. HE〔1〕: 『동일성과 차이』 초판 25쪽의 ⟨uns loslassen⟩와 ⟨nicht genügend dort⟩ 사이에 양방향 화살표가 그려져 있음.

34. HE〔1〕: 해독이 불명확함.

35. HE〔1〕: 여백 표시: 십자가 ⟨Erfahrung des Denkens.⟩라는 항목과 같은 높이에 위치.

36. HE〔1〕: 다른 해석: "das Sein west nicht an — sondern *ist*? An-wesen"

37. HE〔1〕: 쪽수 30 옆에 ○_○ 표시. 이는 30쪽의 다음 구절과 연결됨. ⟨nur das *Nächste* jenes *Nahen* unmittelbar zuspricht, darin wir uns schon aufhalten⟩.

38. HE〔2〕: EA(초판) 24쪽으로 연결되는 화살표: ⟨wohin wir schon eingelassen sind⟩.

39. HE〔1〕: "Konstellation"이라는 단어에 노란색 테두리 표시.

40. HE〔1〕: 여백 표시: 십자가 ⟨keineswegs schon die *Konstellation* von Sein⟩이라는 구절과 같은 높이에 위치.

41. HE〔1〕: 하이데거의 초판 교정 지시: »nur« 생략.

42. HE〔1〕: 쪽수 "21" 옆에 십자가 표시. 이는 21쪽의 다음 구절과 연결된다. ⟨Was heißt *Sein*? Wer oder was ist der Mensch?⟩.「동일률」편집자 주 21 참조.

43. Martin Heideggar, *Einblick in das was ist: Das Ding. Das Ge-Stell. Die Gefahr. Die Kehre*, 1949년 12월 1일 브레멘 강연, in *Bremer und Freiburger Vorträge*, 편자 Petra Jaeger, Frankfurt a. M., Vittorio Klostermann(HGA 79), 1994, 2., 교정판 2005, 5~77쪽.

44. 마르틴 하이데거,「기술에 대한 물음(*Die Frage nach der Technik*)」,『형태와 사유(*Gestalt und Gedanke*)』제3권『기술 시대의 예술들』, 바이에른 예술원(Bayerische Akademie der Schönen Künste) 편(뮌헨, 올덴부르크, 1954), 70~108쪽. 또한『강연과 논문(*Vorträge und Aufsätze*)』(풀링겐, 귄터 네스케, 1954), 13~44쪽. 제9판은 2000년 슈투트가르트의 클레트코타 출판사에서 간행됨. 같은 책, 9~40쪽. 하이데거 전집에서는 다음에 수록됨. 마르틴 하이데거,「기술에 대한 물음」,『강연과 논문』, 프리드리히빌헬름 폰 헤르만 편(프랑크푸르트 암 마인, 비토리오 클로스터만(HGA 7), 2000), 5~36쪽. 또한 하이데거 전집 80.2권에서는 1953년 11월 18일 강연에 앞서 작성된 미발표 초안이 수록됨: 마르틴 하이데거,「기술에 대한 물음. 초안 (1953년 11월 18일 이전)」,『강연. 제2부: 1935~1967』, 귄터 노이만 편(프랑크푸르트 암 마인, 비토리오 클로스터만(HGA 80.2), 2020), 1091~1111쪽.

45. HE〔1〕: 여백 표시: 세로줄. 여백 메모 "*Kybernetik*!" 왼쪽, ⟨Welt als das Ganze vorstellen, worin Atomenergie, rechnende⟩이라는 구절과 같은 높이에 위치.

46. HE〔1〕: 여백 표시: 세로줄, ⟨wenn es hoch kommt, zur Forderung einer Ethik der technischen Welt⟩에 위치.

47. HE〔1〕: 여백 표시: 이중 세로줄과 원, 해당 문장은 ⟨Man uberhort den Anspruch des Seins, der im *Wesen* der Technik spricht⟩.

48. HE〔1〕: 하이데거의 초판 교정 지시: ", auf die Steuerung" 생략.

49. HE〔2〕: 하이데거의 초판 교정 지시: 쉼표 추가.

50. HE〔1〕: 여백 표시: 수직의 물결선, 해당 구절은 ⟨Dann stünde

gadas Sein unter der Herausforderung, das Seiende im Gesichtskreis der Berechenbarkeit erscheinen zu lassen? In der Tat. Und nicht nur dies〉.

51. HE〔1〕: "'Sein'"와 "ereignet" 사이 연결선, 화살표는 "ereignet"로 향함.

52. HE〔2〕: " Ge-stell" 뒤에 플러스 기호.

53. 관련 내용은 (한국어 판) 96쪽, 제2묶음 'Der Satz der Identität'의 부속 자료〔1〕참조.

54. HE〔2〕: 표기 기호 × - ×, 초판 23쪽으로의 되돌아보기. 「동일률」 편집자 주 26 참조.

55. 베티나 폰 아르님(Bettina von Arnim), *Goethe's Briefwechsel mit einem Kinde*, in: Dies., *Werke und Briefe* in vier Bänden, 편자 Walter Schmitz und Sibylle von Steinsdorff, Frankfurt a.M., Deutscher Klassiker Verlag, 1992, 2권 544쪽.

56. HE〔1〕: 다른 판독은 "물론 누구에게도 허락된 것은 아니다." 또는 " 물론 어떤 물음도 허락된 것은 아니다."

57. HE〔2〕: 여백 표시: →, 위치: 〈»seiender«〉라는 단어.

58. HE〔1〕: 테두리 표시: 〈*einzukehren in das*〉.

59. HE〔1〕: 여백 표시: 엑스 표시 된 원, 문장 전체에 해당.

60. HE〔1〕: 여백 표시: 세로줄, 범위: "사건(Ereignis)이라는 말"에서 "단수형만으로 사용된다(Singulare tantum)"까지.

61. HE〔1〕: 다른 판독: " Es(그것)에의 귀환으로서의 전환(Kehre)."

62. 하이데거의 메모 참조, (한국어 판) 101쪽.(제3묶음, 부속 자료 1 하단)

63. HE〔1〕: 하이데거의 초판 교정 지시: 〈전주곡(Vorspiel)〉은 이탤릭체로. 다른 해석: 〈*Vorspiel*〉에 대한 이중 강조. 조안 스탬보(Joan Stambaugh)의 편지가 이 구절을 언급함. (한국어 판) 135쪽 「형이상학의 존재-신-론적 구성틀」 편집자 주 91 참조.

64. HE〔1〕: 여백 표시: 세로 이중줄과 ○_○ 표시. 해당 문장 전체에 대해. 관련 부속 자료는 (한국어 판) 99쪽 '*Identitat / Vortrag*' 참조.〔부속 자료 8〕

65. HE〔1〕: 여백 표시: 세로줄 + 원, 위치: 〈Zurücknahme der technischen Welt aus ihrer Herrschaft zur Dienstschaft innerhalb des Bereiches〉라는 문장. HE〔2〕: 여백 표시: 세로줄과 불분명한 메모: "Vo〔?〕

trg"(Vortrag?) 또는 "Vhg"(Verhängnis?)

66. HE 〔1〕: 불분명한 교정 지시. 수정 의도된 문장은 아마 〈auf ein abgelegen Allgemeines zu richten〉인 듯하다.

67. HE 〔1〕: 여백 표시: 닫는 부등호 두 개(〉〉), 〈Mensch und Sein einan-der in ihrem Wesen erreichen〉 및 〈Mensch und Sein einan-der in ihrem Wesen erreichen〉이라는 구절에 위치.

68. HE 〔1〕: 화살표 ╲, 〈*schwebenden*〉에서 〈*schwingenden*〉으로 향함.

69. HE 〔1〕: 여백 표시: ○_○, 해당 문장 부분에 대한 것.

70. HE 〔1〕: 여백 표시: 이중 세로줄과 테두리 십자가, 해당 문장 전체.

71. HE 〔1〕: 테두리 표시: 〈*Sprache*〉.

72. 마르틴 하이데거, 『말로 가는 길(*Unterwegs zur Sprache*)』(풀링겐, 귄터 네스케 출판사, 1959), 13판 2003. 하이데거 전집에서는 제12권(HGA 12), 프랑크푸르트 암 마인, 비토리오 클로스터만, 프리드리히빌헬름 폰 헤르만 편, 1985, 제2판 2018. HE 〔1〕: 여백 메모에서 양쪽 화살표는 사선 방향으로 초판 31쪽을 가리킴. 아마 다음 구절과 관련된 듯하다. 〈Das (Wesen) Eigentümliche der Identität ist ein Eigentum des Ereignisses〉.

73. HE 〔1〕: 「동일률」 편집자 주 43 참조.

74. 마르틴 하이데거, 「헤겔과 그리스인들(*Hegel und die Griechen*)」: 1958년 3월 20일 엑상프로방스 강연 초연. 장 보프레(Jean Beaufret) 및 피에르폴 사가브(Pierre-Paul Sagave)의 프랑스어 번역으로 『카이에 뒤 쉬드(*Cahiers du Sud*)』 제45권, 제349호(마르세유, 1959), 355~368쪽에 실림. 1958년 7월 26일 하이델베르크 학술원에서 두 번째 강연본 발표. 디터 헨리히 외 편, 『근대 사유 속 그리스인의 현재성』 한스게오르크 가다머 60세 기념집(튀빙겐, J. C. B. 모어, 1960), 43~57쪽. 이후 『이정표(*Wegmarken*)』에 수록(1967), 255~272쪽. 전집에서는 같은 책(HGA 9), 427~444쪽.

75. 「동일률」 편집자 주 14 참조.

76. HE 〔1〕: 〈*stellt*〉와 〈*vor*〉 사이 연결선.

77. HE 〔1〕: 여백 표시: 십자가 ─ 〈*Ort*〉와 같은 높이.

원 ─ 〈Wesensherkunft der *Identität*을 가리킨다〉이라는 구절과 같은 높이. ○_○ 표시: 「동일률」 관련 제1묶음의 부속 자료 〔4〕와 연결됨. (한국어 판) 91쪽 참조.

78. HE 〔1〕: 여백 표시: 세로줄과 여백 메모 "Met〔aphysik〕!" 및 →, 위치: ⟨von der Art eines *Sprunges*, der sich vom Sein als dem Grund des Seienden absetzt und so in den Abgrund springt⟩.

79. 마르틴 하이데거, 「'휴머니즘'에 대하여(*Über den ›Humanismus‹*)」, 『진리에 대한 플라톤의 가르침(*Platons Lehre von der Wahrheit*). 휴머니즘에 대한 편지와 함께』(베른, A. Francke AG, 1947), 145쪽: "언어는 아직도 그 본질을 우리에게 거부한다. 그것은 존재 진리의 집이다. 〔……〕 언어는 존재의 집이다. 인간은 그 집에서 거주한다." 또한 마르틴 하이데거, 『'휴머니즘'에 대하여』(프랑크푸르트 암 마인, 비토리오 클로스터만, 1949), 5쪽 및 9쪽 참조. 언어를 "존재의 집"이라 한 표현과 관련해서는 마르틴 하이데거, 『말로 가는 길(*Unterwegs zur Sprache*)』(풀링겐, 귄터 네스케, 1959), 특히 90, 111~119쪽, 166쪽 이하, 267쪽 참조. HE 〔1〕: 여백 표시: 세로줄, 해당 문장 전체에 적용.

80. HE 〔2〕: 여백 표시: 플러스 기호.

81. HE 〔1〕: 테두리 표시: ⟨*das Er-eignis*⟩.

82. HE 〔1〕: 노란 테두리 표시: ⟨*schwingt*⟩.

83. HE 〔1〕: 테두리 표시: ⟨*Er-eignis*⟩.

84. HE 〔1〕: 여백 표시: 이중 세로줄.

85. HE 〔1〕: 여백 표시: 이중 세로줄, 해당 문장 전체에 적용.

86. HE 〔1〕: 여백 표시: 아래로 향하는 화살표, 대상: "게-슈텔(Ge-stell)".

87. HE 〔1〕: 노란 테두리 표시: ⟨*Mensch und Sein*⟩.

88. HE 〔1〕: 여백 표시: 이중 세로줄, 해당 문장 전체에 적용.

89. HE 〔1〕: 여백 표시: 세로줄, 위치: ⟨*Sprung*⟩. 노란 밑줄 표시도 동일한 단어에 적용됨.

「형이상학의 존재-신-론적 구성틀」

1. 하이데거는 자신이 "검손한 태도(Attitüde der Bescheidenheit)"를 취한다는 비판을 의식하며 이에 응답한다. 비교: 브루노 리브룩스(Bruno Liebrucks), 「관념과 존재론적 차이(*Idee und ontologische Differenz*)」, 『칸트 연구(*Kant-Studien*)』, 제48권(1957), 269~301쪽, 특히 269쪽. 또한 동일한 글이 다음에도 실렸다. 『인식과 변증법: 언어로부터 출발하는 철학 입문을 위하여. 1949년부터 1971년까지의 논문들(*Erkenntnis und Dialektik. Zur Einführung in eine Philosophie von der Sprache her. Aufsätze aus den Jahren 1949 bis 1971*)』(헤이그, 1972), 68~109쪽. 여기에서도 70쪽 참조. 해당 문장은 "여기에서조차 하이데거는 단지 하나의 질문을 제기했을 뿐이라는 —『존재와 시간』 출간 30년 후 — 겸손의 태도가 철학적 사유를 진전시키지 못한다는 말이다." 리브룩스의 글은 『존재의 동일성과 차이』와 동일 연도에 발표되었으며, 하이데거는 이 비판에 대해 해당 책의 필사본(HE [1]) 여백에 직접 다음과 같이 논평한다. "이러한 규정들은 결코 개인적인 겸손의 표명이 아니다 — 그것들은 사유가 사태 자체에 의해 강제되는 곤궁함에 속한다!"

2. 게오르크 빌헬름 프리드리히 헤겔, 『철학적 학문들의 개요(*Enzyklopädie der philosophischen Wissenschaften im Grundrisse*)』, 게오르크 라손 편(라이프치히, 펠릭스 마이너, 2판 1911), §14.

헤겔의 원문에서 이 인용은 다음과 같은 맥락으로 나타난다.

"철학사 속에 전개된 사유의 동일한 전개가 철학 그 자체 안에서도 전개된다. 그러나 그것은 그 역사적 외적 모습들로부터 벗어나, 사유의 요소 속에서 순수하게 전개되는 것이다.

자유롭고 참된 사유는 그 자체로서 **구체적**(konkret)이며, 따라서 이념(Idee)이고, 그 전면적인 일반성 속에서는 이념 곧 절대자(das Absolute)이다.

그 이념에 대한 학문은 본질적으로 체계(System)이다. 왜냐하면 참된 것은 구체적(konkret)인 것으로서 오직 자기 자신 안에서 스스로를 전개하고, 다시 하나로 통합하고 유지하는 것으로서, 즉 전체성(Totalität)으로서 존재하며, 단지 그것의 구별들과 규정을 통해서만 그것들의 필연성과 전체의 자유를 이룰 수 있기 때문이다."

3. HE〔1〕: 테두리 강조 표시: 〈»der Gedanke«〉.

4. HE〔1〕: 여백 표시: 두 줄의 세로선. 인용구 〈unvergängliches *Leben, sich wissende Wahrheit*, und ist *alle Wahrheit*«.〉 부분의 높이에 위치함.

5. 헤겔, 『논리학(*Wissenschaft der Logik*)』, 제2권, 게오르크 라손 편(라이프치히, 펠릭스 마이너, 1923), 484쪽. 헤겔의 원문에서 이 인용은 다음과 같은 맥락으로 나타난다. "지금까지 도출된 바에 따르면, 절대 이념(absolute Idee)은 이론적 이념과 실천적 이념의 동일성이다. 이 두 이념은 각각으로는 아직 일면적이며, 그 각각 안에는 이념 자체가 여전히 추구되는 저편에 있는 것으로서, 도달할 수 없는 목표로만 존재한다. 따라서 각각은 분투의 통일(Synthese des Streben)이며, 이념을 동시에 가지고 있고 가지고 있지 않다. 하나에서 다른 하나로 넘어가지만, 그 두 사유를 함께 포착하지는 못하고, 오히려 그 모순 속에 머문다. 절대 이념은 이성적 개념(vernünftiger Begriff)으로서, 그 현실성 안에서 오직 자기 자신과 일치한다. 이 객관적 동일성의 즉자성(Unmittelbarkeit)으로 말미암아, 절대 이념은 한편으로는 삶으로의 귀환이다. 그러나 동시에 이 즉자성의 형식은 폐기되었으며, 절대 이념은 최고의 대립을 자신 안에 지니고 있다. 개념은 단지 혼(Seele)이 아니라, 스스로 존재하는 자유로운 주관적 개념(freier subjektiver Begriff)이다. 그는 자기 자신을 위하여 존재하며, 따라서 인격성(Persönlichkeit)을 가진다 ― 즉, 그 자체로 규정된, 실천적인, 객관적인 개념이며, 인격(Person)으로서 불투명하고 원자적인 주관성(undurchdringliche, atome Subjektivität)이다. 그러나 이 개념은 동시에 폐쇄적인 개별성이 아니라, 스스로 일반성이며 인식이기도 하다. 그리고 그것의 타자 속에서 자기 자신의 객관성을 대상으로 삼는다.

이외의 모든 것은 오류, 혼탁, 의견, 분투, 자의성, 유한성이다. 오직 절대 이념만이 존재이며, 불멸의 삶, 자기 자신을 아는 진리, 모든 진리이다.

그녀는 철학의 유일한 대상이자 내용이다. 절대 이념은 모든 규정을 자기 안에 포함하고 있으며, 자기의 본질은 바로 자기 규정 또는 특수화를 통해 자기 자신에게로 되돌아오는 것이다.

그리하여 절대 이념은 다양한 형상들을 지니며, 철학의 과업은 그것을 이 형상들 안에서 인식하는 것이다. 자연과 정신은 절대 이념의 존재 방식을 보여 주는 구별된 방식들이고, 예술과 종교는 그것을 인식하고 자기에게 상응하는 존재 양식을 부여하는 다양한 방식들이다. 철학은 예술과 종교와 동일한 내용을 가지고 동일한 목적을 지니지만, 개념을 통해 절대 이념을 포착함으로써 그것들을 능가하는 최고의 방식이다.

그러므로 철학은 현실적 유한성과 관념적 무한성 및 신성의 형상들을 자기 안에 포괄하며, 그것들과 자기 자신을 파악한다. 이러한 개별적 방식들의 도출과 인식이 바로 개별 철학 학문들(besondere philosophische Wissenschaften)의 다음 과제이다."

6. HE〔1〕: 수정 지시일 가능성 있음 — 타인의 필체로: »Alls des«.

7. Georg Friedrich Wilhelm Hegel, *Differenz des Fichteschen und Schellingschen Systems der Philosophie*, Hamburg, Felix Meiner Verlag, 1962.

8. 「형이상학의 존재-신-론적 구성틀」편집자 주 2 참조.

9. 헤겔, 『논리학』, 위와 같음(a. a. O.), 227쪽. 해당 인용의 맥락은 다음과 같다. "이 선험적 종합(ursprüngliche Synthesis) — 통각(Apperzeption)의 종합 — 은 사변적 전개를 위한 가장 심오한 원리들 중 하나이다. 그것은 개념의 본성에 대한 견고한 이해의 출발점을 포함하고 있으며, 어떠한 종합도 내포하지 않는 공허한 동일성 또는 추상적 보편성과는 완전히 반대된다."

10. HE〔1〕: 테두리 강조 표시: 〈 »und‹ a〔ls〕 s〔solches〕‹«; »und«; »Seiendes a〔ls〕 s〔olches〕« 〉

11. HE〔1〕: 여백 표시: 왼쪽을 향한 화살표 ←. 이 지점과 관련됨.

12. HE〔1〕: 오른쪽으로 비스듬히 향하는 화살표 ↗ "möchte"에서 시작되어 "Stufung verlangt"를 향함.

13. HE〔1〕: 테두리 강조 표시: 〈bereitet〉.

14. HE〔1〕: 원본에서 대괄호로 처리됨.

15. HE〔1〕: 원본에 따르면: "*An-Fang*: E." 앞에 여는 대괄호 있음.

16. 「동일률」편집자 주 79 참조. HE〔1〕: 이중 세로선 — 〈*sondern der Schritt zurück*〉 문장 높이에 위치.

17. HE〔1〕: 테두리 강조 표시: "Hegel und die Griechen" 및 "1958".

18. 「동일률」편집자 주 74 참조.

19. 마르틴 하이데거, 「철학의 종말과 사유의 과제(*Das Ende der Philosophie und die Aufgabe des Denkens*)」, 수록: *Zur Sache des Denkens*(튀빙겐, 막스 니마이

어, 1969, 2판 1976, 4판 2000), 61~80쪽, 여기에서는 77쪽 주석. 해당 주석은 다음과 같다. "사유의 시도가, 이미 결정적 통찰에 의해 보여졌던 것으로부터 때때로 벗어날 수 있다는 점은 『존재와 시간』(1927) 219쪽의 한 구절로 입증된다. '단어 αλήθεια의 번역을 '진리'라고 하는 것, 더 나아가 이 표현(진리)에 대한 이론적 개념 규정은, 그리스인들이 철학 이전의 이해로서 αλήθεια의 용법 밑바탕에 두었던 의미를 가려 버린다.'"

이 텍스트는 프랑스어로 「La fin de la philosophie et la tâche de la pensée」라는 제목 아래 장 보프레에 의해 1964년 4월 21~23일 파리 유네스코 학술회의에서 발표되었다. 초판은 프랑수아 페디에와 장 보프레의 프랑스어 번역으로 다음에 수록되었다. René Maheu 편, Kierkegaard vivant, Paris, Gallimard(Idées), 1966, pp. 167~204. 하이데거 전집에서는 하이데거, 「철학의 종말과 사유의 과제」(1964), *Zur Sache des Denkens*, 프리드리히빌헬름 폰 헤르만 편(프랑크푸르트 암 마인, 비토리오 클러스터만(HGA 14), 2007), 67~90쪽, 여기에서는 86쪽.

20. HE [1]: 수정 지시 (M. H.): EA 원고에 ⟨führt das Denken⟩.

21. HE [1]: 여백 표시: 이중 세로선 — ⟨darin wir das Ganze dieser Geschichte erblicken und zwar hinsichtlich dessen, was die *Quelle* dieses ganzen Denkens ausmacht, indem sie ihm überhaupt den Bezirk seines Aufenthaltes bereitstellt⟩ 문장 높이에 위치.

22. HE [1], HE [2]: 여백 표시 — 십자표가 달린 세로선. 해당 문장은 ⟨Die Vergessenheit gehört zur Differenz, weil diese jener zugehört⟩.

23. HE [1]: 노란색 테두리 강조 표시: ⟨*Sprache der Überlieferung*⟩.

24. HE [1]: 오른쪽으로 비스듬히 향한 연결 화살표 — "Sie"에서 "Diff(erenz)"로 향함.

25. Martin Heidegger, *Was heißt Denken?*, Tübingen, Max Niemeyer, 1954, 5판 1997. In der HGA: Martin Heidegger, *Was heißt Denken?*, Paola-Ludovika Coriando 편, Frankfurt a. M., Vittorio Klostermann (HGA 8), 2002, S. 10 f., 19 f., 28 f., 38, 50.

26. Martin Heidegger, "Was heißt Denken?", *Vorträge und Aufsätze*, Pfullingen, Verlag Günther Neske, 1954, S. 129-143, hier S. 135 und S.

140. Vgl. z. B. S. 135:

"Was sich entzieht, kann den Menschen wesentlicher angehen und inniger in den Anspruch nehmen als jegliches Anwesende, das ihn trifft und betrifft. Man hält die Betroffenheit durch das Wirkliche gern für das, was die Wirklichkeit des Wirklichen ausmacht. Aber die Betroffenheit durch das Wirkliche kann den Menschen gerade gegen das absperren, was ihn angeht, — angeht in der gewiß rätselhaften Weise, daß das Angehen ihm entgeht, indem es sich entzieht. Der Entzug, das Sichentziehen des zu-Denkenden, könnte darum jetzt als Ereignis gegenwärtiger sein denn alles Aktuelle."(하이데거, 『강연과 논문(*Vorträge und Aufsätze*)』(전집 7권), 127~143쪽. 여기서는 134쪽 이하와 139쪽.)

27. HE〔1〕: 하이데거에 의한 수정 지시 — EA: 쉼표 없음.

28. HE〔1〕: 여백 표시 — 이중 세로선, 해당 문장과 그 다음 문장 전체에 해당.

29. HE〔1〕: 여백 표시 — 세로선; HE〔2〕: 여는 꺾쇠 괄호 〈, 위치: 〈durchwaltet von Überlieferung〉.

30. HE〔2〕: 여백 표시 — 이중 세로선, 범위: 〈Einblick〉부터 〈Technik〉까지

31. 「동일률」편집자 주 44 참조.

32. Georg Wilhelm Friedrich Hegel, *Wissenschaft der Logik*, Erster Band, Georg Lasson 편(Leipzig, Felix Meiner Verlag, 1923).

33. 「형이상학의 존재-신-론적 구성틀」편집자 주 32 참조.

34. Martin Heidegger, *Was ist Metaphysik?*, Bonn, Friedrich Cohen, 1929. 4판(검토 및 후기 추가): Frankfurt a. M., Vittorio Klostermann, 1943. 5판(수정 없는 재판, 새롭게 검토된 후기 그리고 서문 추가) 1949. 15판(보완판) 1998, 16판 2007. 수록: *Wegmarken*(Frankfurt a. M., Klostermann, 1967), 1~20쪽. 2판(텍스트 2편 추가) 1978, 5판 2013. HGA 수록: "Was ist Metaphysik?" in: *Wegmarken*, Friedrich-Wilhelm von Herrmann 편, (HGA 9), 1976, 3판 2004, 103~122쪽.

35. Immanuel Kant, *Kritik der reinen Vernunft*, 2판 1787, Berlin, Reimer, 1904/11 (Kant's gesammelte Schriften, Brandenburgischen Akademie der Wissenschaften 편, Bd. III): *Die Architektonik der reinen*

Vernunft(A 832/B 860).

36. HE 〔1〕: 수정 지시 (하이데거): EA에 ⟨im Bereich des Denkens von Gott zu schweigen⟩.

37. HE 〔1〕: 여백 표시 — 원-십자표, 해당 문장은 다음과 같다. ⟨solange es das Gespräch mit seiner geschickhaften Überlieferung nicht willkürlich und darum unschicklich abbricht⟩.

38. Martin Heidegger, *Was ist Metaphysik?*, 5판(Frankfurt a. M., Klostermann, 1949).

39. Martin Heidegger, "LOGOS (HERAKLIT, FRAGMENT 50)" in: *Vorträge und Aufsätze*(Pfullingen, Neske, 1954), 207~229쪽. 9판 Stuttgart, Klett-Cotta, 2000, 199~221쪽. 전집 수록은 (HGA 7), 2000, 211~234쪽. 이 인쇄본은 하이데거가 1951년 5월 4일 브레멘에서 강연한 원본과 상당히 다르다. 강연 원문은 (HGA 80.2), 2020, 1041~1063쪽 또한 편집자의 *Nachweise und Erläuterungen*, 1384~1386쪽 참조.

40. Martin Heidegger, *Was ist Metaphysik?*, 7. Auflage, Frankfurt a. M., Vittorio Klostermann, 1955. 하이데거는 1929년 7월 24일 프라이부르크에서 취임강연으로「Was ist Metaphysik?」을 발표했다. Erstveröffentlichung: Martin Heidegger, Was ist Metaphysik?, Bonn, Friedrich Cohen, 1929. 제5판(1949, Vittorio Klostermann)은 제4판의 후기를 새로 교정하고 서문(Einleitung)을 추가한 불변판(unveränderte Auflage)이다. Die 15., ergänzte Auflage 1998, 16 2007. 본 텍스트는 *Wegmarken*, a. a. O., 1967, pp. 1~20에 수록되었다. 제2판(1978, 다시 교정되고 두 개의 부속 텍스트가 추가된 판; 5판 2013)도 있다. In der HGA: Martin Heidegger, »Was ist Metaphysik?«, in: Ders., *Wegmarken*(HGA 9), a. a. O., pp. 103~122.

41. Martin Heidegger, "Hegels Begriff der Erfahrung" in *Holzwege*, 1950, 105~192쪽, 여기에서는 179쪽. 하이데거 전집에서는 *Holzwege*(HGA 5), 115~208쪽, 여기에서는 194쪽 이하.

42. HE 〔1〕: 여백 표시 — 원-십자표, 해당 문장 전체.

43. HE 〔1〕: 여백 표시 — 세로선, 해당 문장과 그 앞 문장 포함.

44. 하이데거의 번역자 앙드레 프레오의 편지에서 해당 구절 참조.「형이상학

의 존재-신-론적 구성틀」편집자 주 91 참조.

45. HE〔2〕: 여백 표시 — 십자표.

46. HE〔1〕: 반쯤 테두리 처리: ⟨Sein als Grund⟩.

47. Martin Heidegger, *Der Satz vom Grund*(Pfullingen, Neske, 1957, 4판 1978). 전집에서는 *Der Satz vom Grund*, hrsg. Petra Jaeger(HGA 10), 1997.

48. HE〔1〕: 여백 표시 — 원, 위치: ⟨im Ganzen⟩.

49. HE〔1〕: 여백 표시 — 줄표 또는 이탤릭 지시: ⟨Allheit⟩.

50. 「형이상학의 존재-신-론적 구성틀」편집자 주 47 참조.

51. HE〔2〕: 불분명한 여백 표시 — 이중 세로선, 느낌표〔?〕, 위치: ⟨Theo-Logik, weil sie Onto-Logik ist⟩.

52. HE〔1〕: 여백 표시 — 세로선, 닫는 꺾쇠 기호 ⟩, 문장 전체에 해당.

53. HE〔1〕: 여백 표시 — 이중 세로선, 문장 전체에 해당 → 원 - 원 표식 (Verweisungszeichen ○_○), 다음 문단 첫머리에 반복됨 위치: ⟨*Sein* denken wir demnach *nur dann sachlich*⟩.

54. Martin Heidegger, "Hegels Begriff der Erfahrung" in *Holzwege*, a. a. O., 1950, 162쪽. 전집에서는 *Holzwege*(HGA 5), 176쪽.

55. HE〔1〕: 여백 표시 — 원, 위치: ⟨in der Differenz mit dem Sein⟩.

56. HE〔1〕: 테두리 강조 표시: ⟨Sein⟩, ⟨*sachlich*⟩ → 원+원 표식, 「형이상학의 존재-신-론적 구성틀」편집자 주 53 참조.

57. HE〔1〕: 여백 표시 — 세로선, 문장 전체에 해당.

58. HE〔1〕: 여백 표시 — 여는 대괄호〔, 해당 문장: ⟨Sein, das Seiendes 'ist'. Wir treffen dort, wohin wir die Differenz als angebliche Zutat erst mitbringen sollen, immer schon Seiendes und Sein in ihrer Differenz an⟩. HE〔2〕: 가로선 표시 → 같은 문장 참조.

59. HE〔1〕: 여백 주석, 표시 없이 초판 60쪽 하단에 있음 → 관련 가능성: EA 63쪽 ⟨Im Austrag waltet Lichtung des sich verhüllend Verschließenden, welches Walten das Aus- und Zueinander von Überkommnis und Ankunft vergibt⟩.

60. HE〔1〕: 테두리 강조 표시: ⟨*aus*⟩ 및 ⟨*in*⟩, 여백 표시: 원.

61. HE〔1〕: 수정 지시(하이데거): 초판에 〈gar nicht erst als solchen zur Kenntnis nehmen〉.

62. HE〔1〕: 테두리 강조 표시: 〈*je auf ihre Weise*〉, 〈*Differenz*〉, 〈*erscheinen*〉.

63. Martin Heidegger, *Vom Wesen des Grundes*(Frankfurt a. M., Klostermann, 4판 1955. 이후 *Wegmarken*, 1967, 21~72쪽 수록. 하이데거 전집에서는 *Wegmarken* (HGA 9), 123~175쪽.

64. Martin Heidegger, *Vom Wesen der Wahrheit*(Frankfurt a. M., Klostermann, 1943) 이후 *Wegmarken*, 1967, 73~98쪽에 수록. 이 판의 제2판(1978, 다시 교정되고 두 개의 텍스트 추가; 5판 2013)도 있다. 하이데거 전집에서는 "Vom Wesen der Wahrheit (1930)", in *Wegmarken* (HGA 9), 177~202쪽. 하이데거 사유의 전개에서 매우 중요한 이 강연의 네 가지 서로 다른 판본은 다음에 수록되어 있다: Martin Heidegger, *Vorträge 1915~1932*, Günther Neumann 편, (HGA 80.1), 2016, 327~428쪽.

65. HE〔1〕: 여백 표시 — 이중 세로선 HE〔2〕: 위치: 〈in ein sachgemäßes Gegenüber bringen. Dieses Gegenüber öffnet sich uns〉.

66. HE〔1〕: 여백 표시 — 세로선 (문장 전체), 원 - 원 표시 위치: 〈Ankunft〉.

67. 여백 주석 간 연결 화살표 → "Seiendes *sein*"과 "*Seiendes* sein".

68. HE〔1〕: 여백 표시 — "hier der Rückfall" 부분 옆에 세로선과 오른쪽을 향한 화살표 표시. 위치는 〈die so Unterschiedenen aus dem Selben, dem Unter-Schied. Dieser vergibt erst und hält auseinander das Zwischen〉.

69. HE〔1〕: 여백 표시: 원. 위치는 〈welches Walten das Aus-und Zueinander von Überkommnis und Ankunft vergibt〉.

70. HE〔1〕: 수직 아래 방향 화살표 ↓. 아마 단락 전체를 지시.

71. HE〔1〕: 여백 표시: 세로선; 콜론과 물음표 사이에 플러스 기호.

72. HE〔1〕: 테두리 강조(Umrahmung): 〈*bringen wir sie nicht zum Verschwinden*〉.

73. HE〔1〕: 여백 표시: 십자가.

74. HE〔1〕: 여백 표시: 노란 세로선, 그리고 이 문장 부분의 노란 밑줄.

75. HE〔1〕: 노란 밑줄.

76. HE〔1〕: 여백 표시, 세로선: ⟨ein *Beispiel* gibt⟩부터 단락 끝과 다음 줄 시작까지.

77. Georg Wilhelm Hegel, *Encyklopädie der philosophischen Wissenschaften im Grundrisse*, a. a. O., §13. "그토록 다종다양한 철학들이 출현하는 양상 (Anschein)을 볼 때, 철학은 그 고유한 규정(Bestimmung)에 따라 보편적인 것과 특수한 것으로 구별되어야 한다.

보편적인 것을 형식적으로 파악하여 특수한 것 옆에 나란히 놓으면, 그것 자체도 또한 특수한 어떤 것이 되고 만다. 이러한 배치는 일상생활의 대상들에서는 스스로 부적절하고 서툰 것으로 눈에 띌 것이다. 예를 들어, 어떤 사람이 과일을 원하면서도 체리, 배, 포도 등은 거절하는 경우와 같다. 왜냐하면 그것들은 체리, 배, 포도이지 과일이 아니라는 이유에서이다.

그러나 철학에 관해서는, 사람들은 '그토록 다양한 철학들이 존재하며, 각각은 단지 하나의 철학일 뿐 그 자체로서의 철학이 아니다.'라는 이유로 철학을 경멸하는 것을 스스로 정당화한다. 마치 체리 또한 과일이 아닌 것처럼 말이다.

심지어 원리(Prinzip)가 보편적인 것인 철학이, 원리가 특수한 것인 철학들 옆에, 아니 심지어 '철학 따위는 전혀 없다.'라고 단언하는 주장들 옆에까지 놓이는 경우도 발생한다. 이 모든 것이 단지 철학에 대한 '서로 다른 견해'일 뿐이라는 의미에서 말이다. 이는 마치 빛과 어둠이 단지 빛의 두 가지 다른 종류로 불리는 것과 같다."

78. 같은 곳.

79. HE〔1〕: 테두리 강조: ⟨*Es gibt*⟩.

80. Martin Heidegger, *Sein und Zeit* (Tübingen, Max Niemeyer, 7판 1954), 385쪽: "*Nur Seiendes, das wesenhaft in seinem Sein zukünftig ist, so daß es frei für seinen Tod an ihm zerschellend auf sein faktisches Da sich zurückwerfen lassen kann, d. h. nur Seiendes, das als zukünftiges gleichursprünglich gewesend ist, kann, sich selbst die ererbte Möglichkeit überliefernd, die eigene Geworfenheit übernehmen und augenblicklich sein für 'seine Zeit'. Nur eigentliche Zeitlichkeit, die zugleich endlich ist, macht so etwas wie Schicksal d. h. eigentliche Geschichtlichkeit möglich.*"「동일률」편집자 주 22 참조.

81. HE〔1〕: 판독 불명: "Met〔aphysik〕" 또는 "met〔aphysisch〕".

82. HE〔1〕: 여백 표시: 세로선. 위치: "insofern wir an Entbergen und Bergen, an Übergang (Transzendenz) und an Ankunft (Anwesen) denken."

83. HE〔1〕: 여백 표시: 가로지른 원. ⟨diese⟩에서 ⟨Differenz⟩로 연결 화살표.

84. HE〔1〕: 테두리 강조: ⟨*Vorort*⟩; ⟨*Erörterung*⟩과 ⟨*in*⟩ 사이 연결선.

85. HE〔1〕〔2〕: 수정 지시(하이데거) EA: ⟨in einer selbst sich⟩.

86. HE〔1〕: 여백 표시: 닫는 꺾쇠 기호 ⟩.

87. HE〔1〕: 여백 표시: 원.

88. HE〔1〕: ⟨Austrag⟩ 위의 원 표시.

89. René Descartes, *Discours de la méthode*, texte et commentaire par Etienne Gilson(Paris, Librairie J. Vrin, 1947), 14~15쪽: "Je réussirais à conduire ma vie beaucoup mieux que si je ne bâtissais que sur de vieux fondements, et que je ne m'appuyasse que sur les principes que je m'étais laissé persuader en ma jeunesse, sans avoir jamais examiné s'ils étaient vrais. 〔⋯〕 Jamais mon dessein ne s'est étendu plus avant que de tâcher à réformer mes propres pensées, et de bâtir dans un fonds qui est tout à moi."

90. HE〔1〕: 여백 표시: 세로선. 위치: ⟨sondern das Seiende seinerseits auf seine Weise das Sein gründet, es verursacht. Solches vermag das Seiende nur, insofern es die Fülle des Seins "ist": als das Seiendste⟩.

91. HE〔1〕: 부록으로 번역자 앙드레 프레오와 로앤 스탬보가 하이데거에게 보낸 자필 편지 두 통이 포함되어 있으며, 이 구절과 관련됨. 앙드레 프레오 옮김, Martin Heidegger, *Identité et différence*, traduit par André Préau(Paris, Gallimard, 1968). ("begründen" 번역 관련: 「형이상학의 존재-신-론적 구성틀」 편집자 주 44 참조.) 편지 내용은 아래와 같다.

Soustons, le 27 mars 1967.

Monsieur, Je m'excuse de venir à nouveau vous déranger; mais j'ai été chargé de traduire »Identität und Differenz« et je ne vois pas comment je pourrais me dispenser de vous consulter au sujet des sept points du questionnaire que je prends l'extrê me liberté de vous adresser ci-joint.

Pour *begründen*, la difficulté n'est pas tant de trouver un é quivalent français que de saisir la différence entre gründen et begründen. Quelque mot que j'emploie, il suggérera une distinction qui peut-être ne sera pas la vôtre. Généralement man begründet etwas, das schon da ist (ein Urteil, z. B., oder einen Gesetzentwurf). »Etablir«, en ce cas, pourrait convenir; mais je doute que ce soit bien là le sens que vous donnez à begründen dans votre texte.

Pour *Austrag*, au contraire, mes deux propositions me paraissent acceptables. C'est seulement si vous les rejetiez l'une et l'autre que je ferais appel à votre grande bonté et vous prierais de vouloir bien me donner »einen Wink«.

Je joins à cette lettre un couponréponse international.

Il me reste à vous pré senter, cher Monsieur, d'avance mes plus vifs remerciements, en vous priant de vouloir bien agréer également l' expression de mes sentiments de sincère admiration et de respectueux dévouement.

Préau

Joan Stambaugh 옮김, Martin Heidegger, *Identity and Difference*(New York/Evanston/London, Harper and Row, 1969). 편지 내용은 아래와 같다.

1968년 12월 8일
존경하는 교수님께,

*Austrag*은 여전히 어려움을 안겨 주고 있습니다. 저에게는 그것의 주된 의미가 무언가가 결정되고, 처리되며, 또한 매개된다는 데 있다고 들려왔습니다. 그러나 제가 읽은 바에서는 이와 같은 일회적이고 최종적인 'Erledigtwerdens(처리됨)'의 의미를 찾을 수 없었습니다. 그래서 선생님께 질문을 드리게 되었습니다. 지난 8월 우리의 대화에서, 선생님께서는 Austrag과 관련하여 "Platzhalter des

Nichts"라는 표현을 언급하셨습니다. (저는 Austrag을 "Inständigkeit"와도 연관 짓습니다.) 그렇다면 Austrag은 (in-)*ständiges Austragen*[하이데거 밑줄]으로서, Überkommnis와 Ankunft을 갈라 세워 지탱하는 것이고, 어떤 끝(그 안에서 무언가가 결정되는 바)을 주로 겨냥하지는 않는 것 아닌지요?

제게는 결단의 가능성이 있다면, 그것은 오히려 Ge-Stell이 "als Vorspiel dessen, was Ereignis heisst"(29쪽)라는 데 더 들어맞는 듯합니다. 반대로, 선생님께서 "Der Austrag ist ein Kreisen, das Umeinanderkreisen von Sein und Seiendem"(68쪽)라고 말씀하실 때에는, 결단적 요소가 결여된 것처럼 보입니다.

아마도 이 두 가지, 즉 하나는 결단을 향한 지향, 다른 하나는 끊임없이 지속되는 Aus-haltens의 가능성은 선생님의 사유에 꼭 들어맞지 않을 수도 있습니다. 그러나 저는 번역 과정에서 이 두 가지 의미 경향 중 어느 하나를 선택해야 하기에, 제게 도움이 될 만한 몇 줄의 말씀을 보내 주신다면 매우 감사하겠습니다.

진심을 담아 정중히 인사드립니다. 조안 스탬보

92. HE [1]: 여백 표시: 아래 방향 화살표 ↓ 가 여백 주석을 가리킴.

93. Gottfried Wilhelm Leibniz, "Ohne Überschrift, die Hauptlehrsätze der Leibnizischen Philosophie betreffend" in *Die philosophischen Schriften*, Bd. VII: *Scientia Generalis, Philosophische Abhandlungen, Streitschriften zwischen Leibniz und Clarke*, Carl Immanuel Gerhardt 편(Berlin, Weidmann'sche Buchhandlung, 1931), 289쪽 이하.

94. Martin Heidegger, *Der Satz vom Grund*, a. a. O., 1957, 51쪽 이하. (「형이상학의 존재-신-론적 구성틀」편집자 주 47 참조.)

95. Martin Heidegger, "Die Metaphysik als Geschichte des Seins" in *Nietzsche II*(Pfullingen, Verlag Günther Neske, 1961, 6., aktualisierte Auflage 1998), 363~416쪽, 여기에서는 414쪽 전체. 전집에서는 Martin Heidegger, "Die Metaphysik als Geschichte des Seins" in *Nietzsche II*, Brigitte Schillbach 편(Frankfurt a. M., Vittorio Klostermann(HGA 6.2), 1997), 363~416쪽, 여기에서는 414쪽 전체.

96. HE [2]: 여백 표시: 세로선(문장 전체).

97. HE [2]: 여백 표시: 십자표.

98. HE [2]: 여백 표시: 여는 꺾쇠 기호가 붙은 세로선(Längsstrich mit

öffnender spitzer Klammer 〈〉— 단락 전체.

99. HE 〔2〕: 여백 표시: 원 — 아마 단락 전체를 지시.

100. HE 〔1〕〔2〕: 여백 표시: 〔1〕 이중 세로선; 〔2〕 세로선 — 각각 문장 전체.

101. HE 〔1〕: 여백 표시: 원 — 〈aus dem Wesen der Metaphysik〉 높이.

102. (한국어 판) 96쪽의 「동일률」에 관한 노트 참조. 이 노트는 「형이상학의 존재-신-론적 구성틀」 노트에 속할 수 있음.

103. HE 〔2〕: 이 여백 주석에서 시작하는 수직 아래 방향 화살표, 아마 단락 전체를 지시.

104. HE 〔1〕: 다른 판독: »bereiter«.

105. HE 〔2〕: 여백 표시: 이중 세로선 — 〈zurück aus der Metaphysik in das Wesen der Metaphysik, zurück aus der Vergessenheit der Differenz als solcher in das Geschick der sich entziehenden Verbergung des Austrags〉 높이.

106. HE 〔1〕: 수정 지시(M. H.) EA: 〈und zwar〉를 〈nämlich〉 대신 사용.

107. HE 〔1〕: 여백 표시: 두 개의 세로선과 이중 빗금 — 문장 전체; 〈*von der fortbestehenden Metaphysik auf ihre Weise als Ergebnis* eines vorstellenden Denkens nur *genützt* und *verarbeitet* wird〉에 원 표시.

108. HE 〔1〕〔2〕: 여백 표시: 〔1〕 이중 세로선, 원; 〔2〕 십자표 — 각각 문장 전체.

109. HE 〔1〕: 수정 지시(하이데거) EA: 〈andere Möglichkeiten des Sagens und d. h. zugleich des sagenden Nichtsagens〉.

110. HE 〔1〕: 여백 표시: 오른쪽을 향한 화살표 → 〈*Schritt zurück*〉을 가리킴.

111. Martin Heidegger, "Der Weg zur Sprache" in *Unterwegs zur Sprache*(Pfullingen, Verlag Günther Neske, 1959), 239~268쪽, 여기에서는 267쪽: "Vielleicht können wir den Wandel unseres Bezuges zur Sprache um ein Geringes vorbereiten. Die Erfahrung könnte erwachen: Alles sinnende Denken ist ein Dichten, alle Dichtung aber ein Denken. Beide gehören zueinander aus jenem Sagen, das sich schon dem Ungesagten zugesagt hat, weil es der Gedanke ist als der Dank." In der HGA: Martin Heidegger, "Der Weg zur Sprache" in *Unterwegs zur Sprache* (HGA 12), a. a.

O., 227~257쪽, 여기에서는 256쪽.

112. Martin Heidegger, "NietzschesWort 'Gottisttot'" in *Holzwege*, 1950, a. a. O., 193~247쪽, 여기에서는 194쪽. In der HGA: Martin Heidegger, "Nietzsches Wort 'Gott ist tot'" in *Holzwege* (HGA 5), a. a. O., 209~267쪽, 여기에서는 210쪽 이하. 1943년 판본으로는 Martin Heidegger, "Über Nietzsches Wort 'Gott ist todt' (6. Juni 1943)" in *Vorträge. Teil 2: 1935~1967* (HGA 80.2), a. a. O., 887~918쪽.

「안내」

1. "Zum Versuch, das Ding zu denken……": Martin Heidegger, "Das Ding" in *Vorträge und Aufsätze*(Pfullingen, Verlag Günther Neske, 1954), 163~181쪽(vgl. auch "Hinweise", 283쪽 이하, 여기에서는 284쪽). 9판 (Stuttgart, Klett-Cotta, 2000), 137~175쪽. 전집에서는 Martin Heidegger, "Das Ding" in *Vorträge und Aufsätze*, Friedrich-Wilhelm von Herrmann 편 (Frankfurt a. M., Vittorio Klostermann (HGA 7), 2000), 165~187쪽. 강연 "Über das Ding": Bayerische Akademie der Schönen Künste, 6. Juni 1950; Erstdruck in *Gestalt und Gedanke 1*(München, 1951), 128~148쪽. 초판 "Das Ding": in *Bremer und Freiburger Vorträge*, Petra Jaeger 편(Frankfurt a. M., Klostermann (HGA 79), 1994; 2., 검토판 2005), 5~23쪽. 1950년 판은 "Über das Ding (Mai 1950)" in *Vorträge. Teil 2: 1935~1967* (HGA 80.2), 2020, 947~978쪽.

"Zur Auslegung des Satzes des Parmenides……": Martin Heidegger, "MOIRA (Parmenides VIII 34~41)", in *Vorträge und Aufsätze*(1954), 231~256쪽. 전집에서는 "MOIRA (Parmenides VIII 34~41)" in *Vorträge und Aufsätze* (HGA 7), a. a. O., 235~261쪽.

"Zum Wesen der modernen Technik……": Martin Heidegger, "Die Frage nach der Technik" in *Vorträge und Aufsätze*(1954), 13~70쪽. 전집에서는 "Die Frage nach der Technik" in *Vorträge und Aufsätze* (HGA 7), a. a. O., 5~36쪽. HGA 80.2에 수록된 미정본: "Die Frage nach der Technik. Entwurf (vor dem 18. November 1953)" in *Vorträge. Teil 2: 1935~1967* (HGA 80.2), 1091~1111쪽. 추가 자료: *Leitgedanken zur Entstehung der Metaphysik, der neuzeitlichen Wissenschaft und der modernen Technik*, Claudius Strube 편 (Frankfurt a. M., Klostermann (HGA 76), 2009), 특히 285~379쪽.

"Zur Bestimmung des Seins als Grund……": Martin Heidegger, "LOGOS (HERAKLIT, FRAGMENT 50)" in *Vorträge und Aufsätze*, 1954, a. a. O., 207~229쪽. 전집에서는 "LOGOS (HERAKLIT, FRAGMENT 50)" in *Vorträge und Aufsätze* (HGA 7), a. a. O., 211~234쪽. 1951년판 "λό γος. Das Leitwort Heraklits (4. Mai 1951)" in *Vorträge. Teil 2: 1935~1967* (HGA 80.2), 1041~1064쪽.

Der Satz vom Grund: 「형이상학의 존재-신-론적 구성틀」 편집자 주 47 참조. "Zur Erörterung der Differenz……": Martin Heidegger, *Was heißt Denken?*(Tübingen, Niemeyer, 1954), 7판 1997. In der HGA: *Was heißt Denken?*, hrsg. Paola-Ludovika Coriando(Frankfurt a. M., Klostermann (HGA 8), 2002. 또한: Martin Heidegger, "Was heißt Denken?" in *Vorträge und Aufsätze*(Pfullingen, Neske, 1954), 129~143쪽. 전집에서는 Was heißt Denken?" in *Vorträge und Aufsätze* (HGA 7), a. a. O., 127~143쪽.

Zur Seinsfrage: 「동일률」 편집자 주 28 참조.

"Zur Auslegung der Metaphysik Hegels……": 「동일률」 편집자 주 31 참조.

"Hegel und die Griechen": 「동일률」 편집자 주 76 참조.

Brief über den Humanismus: Erstveröffentlichung: Martin Heidegger, "Über den 'Humanismus'. Brief an Jean Beaufret, Paris" in *Platons Lehre von der Wahrheit. Mit einem Brief über den Humanismus*(Bern, A. Francke AG, 1947), 53~119쪽. 단행본: *Über den Humanismus*(Frankfurt a. M., Klostermann, 1949); 2., 검토, 두 번째 확장판 1978; 5판. 2013. 또한: *Wegmarken*(Frankfurt a. M., Klostermann, 1967), 2판 1978, 5판 2013, 145~194쪽. 전집에서는 "Brief über den 'Humanismus'" in *Wegmarken*, Friedrich-Wilhelm von Herrmann 편(Frankfurt a. M., Klostermann (HGA 9), 1976, 3판 2004), 313~364쪽.

「『동일성과 차이』에 대한 하이데거의 부록」

1. HE〔1〕: 판독 불가.
2. HE〔1〕: "Sprung"과 "*Absprung*"은 노란색으로 강조되어 있음.
3. "Der Satz der Identität" 제1묶음의 부속〔8〕을 참조하시오. (한국어 판, 94쪽) 이 부속은 제3묶음 「형이상학의 존재-신-론적 구성틀」에 속할 가능성이 있음.
4. HE〔1〕: 테두리 강조: "*entwachen*".
5. HE〔1〕: "Mensch" 오른쪽 위에 물음표 표시.

「『동일성과 차이』에 대한 하이데거의 노트」

1. 마르틴 하이데거는 1964년 7월 24일 하이델베르크에서 한스게오르크 가다머의 사적 세미나에서 "사유의 사태에 대한 규정(Die Bestimmung der Sache des Denkens)"이라는 제목으로 강연함. Martin Heidegger, *Vorträge. Teil 2: 1935~1967*, 편자 Günther Neumann, a. a. O.(HGA 80.2), 1199~1229쪽. 또한 다음과 비교하라: Martin Heidegger, »Das Ende der Philosophie und die Aufgabe des Denkens«, in *Zur Sache des Denkens*, 편자 Friedrich-Wilhelm von Herrmann, a. a. O. (HGA 14), 67~90쪽, 특히 81~90쪽. 이 강연의 최초 발표는 프랑스어 제목 "La fin de la philosophie et la tâche de la pensée"로 이루어졌으며, 다음의 출판물에 수록됨: René Maheu 편, *Kierkegaard vivant*. Colloque organisé par l'UNESCO à Paris du 21 au 23 avril 1964, a. a. O., 167~204쪽. 독일어로는 처음으로 *Zur Sache des Denkens*, a. a. O., 1969, 61~80쪽에 수록됨.

2. Alfred Ernout, Antoine Meillet, *Dictionnaire étymologique de la langue latine. Histoire des Mots*. Troisième Édition(Paris, Klincksieck, 1951), 81쪽 이하.

3. Marcus Tullius Cicero, *Topica 8*, in *Scripta quae manserunt omnia*, recognovit C. F. W. Mueller, *Opera rhetorica*, Vol. 2, *Continens de oratore libros, Brutum, oratorem, de optimo genere oratorum, partitiones oratorias, topica*(Lipsiae, Teubner, 1893). 다음 항목 참조: "argumentum", "arguo", in Antoine Meillet, *Dictionnaire étymologique de la langue latine*.

4. 여백 표시: 노란색 세로줄, "des Vortrags / vom *Satz* als Aussage / *zum* / *Satz* als Sprung" 문구 높이에 위치함.

5. 여백 표시: 참조 기호 원-원, HE〔1〕의 31쪽에서 다시 등장함. 위치: 문단 끝 〈des Er-eignisses〉와 다음 문단 시작 〈Für den Fall〉 사이.

6. Johann Gottlieb Fichte, *Die Bestimmung des Menschen* in *Sämtliche Werke*, Bd. II: *Zur theoretischen Philosophie II*, 편자 Immanuel H. Fichte(Leipzig, Mayer & Müller, 1844), 167~320쪽. 예: 293~294쪽: "Was das eigentlich geistige im Menschen, das reine Ich, — schlechthin

an sich — isolirt — und ausser aller Beziehung auf etwas ausser demselben — seyn würde? — diese Frage ist unbeantwortlich — und genau genommen enthält sie einen Widerspruch mit sich selbst. Es ist zwar nicht wahr, dass das reine Ich ein Product des Nicht-Ich – so nenne ich alles, was als ausser dem Ich befindlich gedacht, was von dem Ich unterschieden und ihm entgegengesetzt wird – dass das reine Ich, sage ich, ein Product des Nicht-Ich sey: – ein solcher Satz würde einen transcendentalen Materialismus ausdrücken, der völlig vernunftwidrig ist – aber es ist sicher wahr, und wird an seinem Orte streng erweisen werden, dass das Ich sich seiner selbst nie bewusst wird, noch bewusst werden kann, als in seinen empirischen Bestimmungen, und dass diese empirischen Bestimmungen nothwendig ein Etwas ausser dem Ich voraussetzen."

7. *Fichte – Schelling Briefwechsel*, Einleitung von Walter Schulz, Theorie 1, Frankfurt a. M., Suhrkamp, 1968. 괄호 안의 인용문은 모두 발터 슐츠의 서문에서 인용한 것이다.

8. HE의 EA(하이데거 소장 초판본) 본문의 24쪽 및 28쪽과의 연관, (한국어 판) 23쪽 이하 및 29쪽 이하 참조.

9. HE의 EA 본문의 27쪽 이하와 연관, (한국어 판) 27~28쪽 참조.

10. HE [1]의 EA 본문의 70쪽과 연관, (한국어 판) 78쪽 이하 참조.

11. Martin Heidegger, *Vorläufiges I*, 35쪽 [HGA Bd. 102 수록 예정: *Vorläufiges I – IV*.]

12. EA 본문의 24쪽 이하 및 30쪽과 연관. 원고: 숫자 30 뒤에 참조 기호 원–원 삽입됨. HE [1]에서 EA의 25쪽 (⟨*Einfahrt*⟩ 구절)과 30쪽(⟨das *Nächste* jenes *Nahen unmittelbar zuspricht, darin wir uns schon aufhalten*⟩ 구절)에 각각 대응함.

13. Martin Heidegger, "Grundsätze des Denkens" in *Bremer und Freiburger Vorträge*, 편자 Petra Jaeger(HGA 79)(Frankfurt a. M., Vittorio Klostermann, 1994, 제2판(교정판) 2005), 79~176쪽. 필사본의 차이는 그곳에 각주로 제시되어 있다.

14. (한국어 판) 84쪽 이하 「『동일성과 차이』에 대한 하이데거의 부록」 참조.

15. 원고: 여백 표시 — 긴 플러스 기호 또는 작은 가로선을 가진 세로선, "sondern" 문구 높이.

16. 원고: 제목 왼쪽 여백에 느낌표 표시.

17. 원고: 다른 판독 — "Bereich".

18. 원고: 여백 표시 — 긴 플러스 기호 또는 작은 가로선을 가진 세로선, 마지막 두 줄 높이.

19. HE의 EA 본문의 28쪽 이하와 연관, (한국어 판) 30쪽 이하 참조.

20. Martin Heidegger, "Brief über den Humanismus" in *Platons Lehre von der Wahrheit. Mit einem Brief über den Humanismus*(Bern, A. Francke AG, 1947). 이후 단독 출판: Martin Heidegger, *Über den Humanismus*(Frankfurt a. M., Vittorio Klostermann, 1949). 전집에서는 Martin Heidegger, "Brief über den Humanismus" in Ders., *Wegmarken*, 편자 Friedrich-Wilhelm von Herrmann(Frankfurt a. M., Vittorio Klostermann (HGA 9), 1976), 3판 2004, 313~364쪽. 예를 들어 343쪽 참조. "Allein das Schwierige besteht nicht darin, einem besonderen Tiefsinn nachzuhängen und verwickelte Begriffe zu bilden, sondern es verbirgt sich in dem Schritt-zurück, der das Denken in ein erfahren des Fragen eingehen und das gewohnte Meinen der Philosophie fallen läßt."

철학 ─ 그것은 무엇인가

1955년 8월, 노르망디의 세리시라살에서 한 대화의 서문으로 발표된 강연.[1]

철학이란 무엇인가?
철학 ─ 그것은 무엇인가?

[7]

우리는 이러한 물음과 더불어, 매우 폭넓은, 즉 상당히 포괄적인 하나의 주제를 다루게 된다. 이 주제는 광범위해서, 무규정적 상태로 남아 있다. 또 이 주제는 아직 규정되지 않은 상태로 남아 있기에, 우리는 그것을 여러 가지 상이한 관점으로부터 다룰 수 있다. 이때 우리는 언제나 어떤 올바른 것과 마주치게 될 것이다. 그러나 이토록 광범위한 주제를 다룰 때, 가능한 것에 지나지 않는 온갖 견해들이 마구 뒤섞여 나오기 때문에, 우리는 우리의 대화가 정당하게 집결되지 않은 채 끝나 버릴 위험에 빠지게 된다.

그러므로 우리는 이 물음을 좀 더 정확하게 규정 | 하려고 시도해야 한다. 이러한 방법으로 우리는 대화를 하나의 확고한 방향으로 이끌어 가며, 이렇게 함으로써 대화는 하나의 길에 접어들게 된다. 나는 하나의 길에 접어든다고 말하고 있다. 이렇게 말함으로써 우리는 이 길이 분명히 오직 〔하나의〕 유일무이한 길이 아님을 인정하는 셈이다. 내가 다음의 논의에서 가리키고자 하는 그 길이 정말로 우리로 하여금 물음을 제기하고 대답하도록 허용해 주는 하나의 길인가 하는 점은 열어 놓아야만 한다.

[8]

우리가 이 물음을 좀 더 정확하게 규정할 하나의 길을 발견하게 된다고 가정한다면, 우리의 대화의 주제에 반대하는 심각한 반론이 그 즉시 제기될 것이다. 철학 — 그것은 무엇인가?라고 우리가 물을 때, 우리는 철학에 대해서 말하는 것이다. 이런 방식으로 물음으로써, 우리는 명백히 철학을 넘어선, 즉 철학을 벗어난 어떤 자리에 머물게 된다. 그러나 우리의 물음의 목표는, 철학 안으로 파고 들어가, 그 안에 머무르면서, 철학의 방식에 따라 행동하고 관계하는 것, 즉 '철학하는 것(philosophieren)'이다. 그러므로 우리의 대화의 길은 하나의 뚜렷한 방향을 가져야 할 뿐 아니라, 동시에 이 방향은 우리가 철학 안에서 움직이고 있는 것이지 철학을 벗어나 그 주변을 맴도는 것이 아님을 보증해 주어야 한다.

[9] | 따라서 우리의 대화의 길은, 철학이 다루는 그것이 우리 자신에게 다가와서(angehen) 우리를 휘젓는(nous touche), 그것도 우리의 본질 속에서 우리를 휘젓는 그런 방식과 방향으로 존재해야만 한다.

그러나 이러한 것에 의해 철학이 감동과 정서와 감정의 문제로 되는 것은 아닐까?

"아름다운 감정을 가지고서 나쁜 문학을 만든다.(C'est avec les beaux sentiments que l'on fait la mauvaise littèrature.)"*라고 한 앙드레 지드의 말은 문학에 적용될 뿐만 아니라 오히려 철학에 더 잘 들어맞는 말이다. 감정은, 그것이 아무리 아름다운 것일지라도, 철학[의 영역] 속으로 들어오지는 못한다. 사람들은 감정이 비합리적인 것(Irrationales)이라고 말한다. 반면에 철학은 이성적인(Rationales, 합리적인) 것일 뿐만 아니라, 이성의 본래적인 관리인이다.ª 우리는 이렇게 주장함으로써 어느덧

---

*〔1〕 앙드레 지드, 도스토옙스키(파리 1923), 247쪽.²

a 〔2〕 daß in der Philosophie zum Walten komme.

철학이 무엇인가에 대해 모종의 어떤 결정을 내리고 말았다. 우리는 우리의 물음에 대해 이미 어떤 대답을 서둘러 내린 것이다. 철학이 이성의 문제라는 발언을 누구나 옳다고 간주한다. 하지만 어쩌면 이러한 발언은 '철학 ─ 그것은 무엇인가?'라는 물음 | 에 대한 성급하고도 경솔한 대답일는지 모른다. 왜냐하면 우리는 이 대답에 대해 그 즉시 새로운 물음을 제기할 수 있기 때문이다. 이성(Ratio)이란 무엇인가? 어디에서, 그리고 누구에 의해서 '이성이 무엇인지' 결정되었는가? 이성이 스스로 철학의 주인이 된 것인가? '그렇다'고 한다면, 무슨 권리를 갖고 그렇게 말하는가? '아니'라고 한다면, 이성은 어디로부터 자신의 역할과 소임을 부여받는가? 이성으로 여겨지는 것이 철학에 의해서, 그리고 철학의 역사의 진행 과정 속에서만 비로소 확정되었다고 한다면, 철학이 이성의 문제라고 앞질러 말하는 것은 결코 권할 만한 좋은 일이 아니다. 하지만 우리가 합리적인 태도로서의 철학의 특징을 의심하기 시작하자마자, 마찬가지로 철학이 비합리적인 것의 영역에 속하는지 아닌지도 의심스러워지고 만다. 철학을 비합리적인 것으로 규정하고 싶어 하는 사람은, 이때 이성적인 것을 어떤 것의 한계를 정해 주는 척도로 삼으며, 그것도 '이성이 무엇인지'를 자명한 것으로서 전제하는 그런 방식으로 그렇게 척도로 삼기 때문이다. [10]

다른 한편에서 우리가, | 철학이 관계하고 있는 바의 그것이 우리들 인간에게 우리의 본질 가운데 다가와 우리의 심성을 휘젓는(be-rührt) 그런 가능성을 지적한다면, 이런 감동은 흔히 사람들이 정서와 감정, 요컨대 비합리적인 것이라고 부르는 그것과는 전혀 아무런 관계도 없는 것인지도 모른다. [11]

앞에서 말한 것으로부터 우리는 우선 단지 다음과 같은 한 가지 사실만을 끄집어낼 수 있을 뿐이다. 즉 우리가 '철학 ─ 그것은 무엇인가?'라는 제목으로 대화를 시작하고자 감행할 때에는, 매우 신중해야 한다는 것이다.

　우리가 해야 할 첫 번째 사항은, 철학에 대한 자의적인 생각과 우연적인 생각 속에서 헤매지 않기 위해, 우리는 뚜렷하게 방향 잡힌 어떤 하나의 길 위로 그 물음을 가져오도록 시도해야 한다는 점이다. 그러나 어떻게 우리는 신뢰할 만한 방식으로 우리의 물음을 규정할 수 있는 그런 하나의 길을 발견할 수 있겠는가?

　내가 이제 가리키고자 하는 길은 바로 우리 앞에 놓여 있다. 그리고 그 길은 너무나 가까이 있기 때문에, 우리는 그 길을 찾아내기가 어렵다. 그러나 우리가 일단 그 길을 찾아내기만 한다면, 우리는 비록 서툴[12]러도 언제나 그 길 위에서 움직이게 될 것이다. 우리는 철학│─그것은 무엇인가?라고 묻고 있다. 우리는 이미 '철학'이라는 말을 아주 자주 말해 왔다. 그러나 이제 우리가 '철학'이라는 말을 더 이상 낡아 빠진 이름으로 사용하지 않는다면, 또한 그 대신에 '철학'이라는 말을 그 말의 근원으로부터 귀 기울여 본다면, 그때 그 말은 필로소피아(φιλοσοφία)로 들리게 될 것이다. 이제 '철학'이라는 말은 그리스적으로 말하고 있다. 이 그리스어는 그리스적인 낱말로서 하나의 길이다. 한편 이 길은, 그 낱말이 이미 오래전부터 우리에게 일찍이 앞서 말 건네지고(vorausgesprochen) 있었기 때문에, 우리 앞에 놓여 있다. 다른 한편으로는 이 길은 이미 우리 뒤에 놓여 있다. 왜냐하면 우리는 언제나 이미 이 낱말을 들어 왔고 말해 왔기 때문이다. 그러므로 필로소피아라는 그리스 낱말은, 우리가 그 도상에(unterwegs) 있는 하나의 길이다. 하지만 우리가 그리스 철학에 관해 아무리 많은 역사적 지식을 지니고 있고 또 넓힐 수 있다 해도, 우리는 이 길을 아주 막연하게만 알고 있을 뿐이다. 필로소피아라는 말은, 철학이 그리스 정신 문화의 존재를 처음으로 규정해 주는 어떤 것이라는 점을 우리에게 말해 주고 있다. 단지 그뿐만 아니라 필로소피아라는 말은 우리의 서양적-유럽적 역사의 가장 내적인 근본 특징을 규정해 주기도 한다. 흔히 듣게 되는 '서양적-유럽적│철학'이라는 표현은 사실상 동어 반복이다. 왜 그런가? 그것은 '철학'이 그 본질에 있어서 그리스적이기 때문이다. 여기에서 그리스적이라고 하는 것은, 철학은 그 본질의 근원에 있어서, 스스로를 전개하며 펼쳐 나가기 위해서는, 우선 그리스 정신 문화를, 그것도 오직 그리스 정신 문화만을 요구하는 그런 종류의 것이기 때문이다. [13]

그러나 철학의 근원적인 그리스적 본질은, 그것이 근대의 유럽을 지배하던 시기에는 그리스도교의 관념에 의해 인도되고 지배된다. 이러한 관념의 지배는 중세를 통해서 매개된 것이다. 하지만 그렇다고 해서 철학이 이러한 것에 의해 그리스도교적으로 된다고, 즉 교회의 권위와 계시를 믿는 것으로 된다고 말할 수는 없다. 철학이 그 본질상 그리스적이라는 명제는, 서양과 유럽이 — 그리고 오직 서양과 유럽만이 — 가장 내적인 역사의 진행 과정에 있어서 근원적으로 '철학적'이라는 것 이외에 다른 뜻이 아니다. 이것은 여러 학문들의 발생과 지배에 의해 증명된다. 왜냐하면 여러 학문들은 가장 내적인 서양적-│유럽적 역사 과정, 즉 철학적 역사 과정에서 비롯된 것이기 때문에, 그것들은 오늘날 지구상의 인간의 역사에 특별한 흔적을 남길 수 있는 것이다. [14]

사람들이 인간-역사의 한 시대를 '핵 시대'라고 특징짓는 것이 무엇을 의미하는가에 대해 잠시 생각해 보기로 하자. 여러 과학(학문)들에 의해 발견되고 이용되는 원자력은 역사의 과정을 반드시 규정하는 그런 힘이라고 생각된다. 물론 철학이 과학에 선행하여 앞서 나아가지 않았더라면, 어떠한 과학도 존재하지 않을 것이다. 그러나 철학은 헤 필로소피아(ἡ φιλοσοφία)이다. 이 그리스 낱말은 우리의 대화를 어떤 역사적인 전승 가운데로 묶어 놓는다. 이러한 전승은 유일무이한 양식으로 머물러 있기에, 그것은 또한 일의적(一義的)이다. 필로소피아라는 그리스적 이름으로 말해지는 이 전승은 — 사실은 이러한 전승이 우리에게 필로소피아라는 역사적 낱말을 말해 주고 있는 것이다—, 그 길 위에서 우리가 철학— 그것은 무엇인가?라고 묻게 되는 그런 하나의 길의 방향을 우리에게 열어 준다. 전승은 우리에게 지나간 것으로서 다시는 돌이킬 수 없는 것을 강요하지는 않는다. '전승한다(Überliefern, délivrer)'는 것은 해방한다(Befreien)는 것이다. 즉 이미 있어-온 것(das Gewesene)과 대화할 수 있는 자유의 터전 가운데로 자유롭게-풀어 준다는 뜻이다. '철학'이라는 이름은, 우리가 이 낱말에 참답게 귀 기울여 들은 것을 곰곰이 사색한다면, 철학의 그리스적 유래의 역사 속으로 우리를 불러들인다. 필로소피아라는 말은 마치 우리 자신의 고유

한 역사의 출생 증명서 위에 자리 잡고 있는 듯 여겨진다. 심지어 핵 시대라고 말해지는 현재의 세계사적인 시대의 출생 증명서 위에도 자리 잡고 있는 듯 여겨지기까지 한다. 따라서 우리가 그리스 정신 문화를 사유하는 그런 사유와의 대화 속으로 들어갈 때에만, 우리는 철학 — 그것은 무엇인가?라는 물음을 물을 수 있다.

그러나 물음 속에 놓여 있는 바의 그것, 즉 철학만이 그 유래에 따라 그리스적일 뿐만 아니라, 우리가 묻고 있는 그 방식, 즉 우리가 요즘에도 여전히 묻고 있는 그런 물음의 방식 역시 그리스적이다.

우리는 그것은 무엇인가?라고 묻는다. 이것은 그리스어로는 티 에스틴(τί ἐστιν)이라고 한다. 하지만 어떤 것이 무엇인가라는 물음은 다의적이다. 가령 '우리가 저기 먼 곳에 있는 것이 무엇인가?'라고 물었을 때, 그에 대한 대답으로서 '그것은 나무다.'라는 대답을 얻었다고 하자. 그 대답은 |, 우리가 정확히 알지 못하는 어떤 사물에게 그것의 이름을 부여하고 있다는 점에 존립할 것이다.

그러나 우리는 더 나아가서 '우리가 '나무'라고 부르는 그것은 무엇인가?'라고 물을 수도 있다. 지금 제기된 이 물음과 더불어, 우리는 그리스 말의 티 에스틴에 가까이 다가가게 된다. 그것은 소크라테스, 플

라톤, 아리스토텔레스가 펼쳐 보였던 물음의 형식이다. 예컨대 그들은 아름다움 — 그것은 무엇인가?, 인식 — 그것은 무엇인가?, 자연 — 그것은 무엇인가?, 운동 — 그것은 무엇인가? 하고 물었던 것이다.

그런데 이제 우리는, 방금 언급한 물음들에 있어서는 자연이 무엇이며, 운동이 무엇이며, 아름다움이 무엇인지에 대해서 보다 정확한 한계가 추구되고 있을 뿐만 아니라, 이와 동시에 이 '무엇'이 무엇을 뜻하는지 — 즉 어떤 뜻으로 이 티(τί)가 이해되어야 하는지 — 에 대한 모종의 해석도 주어지고 있다는 점을 주목해 보아야만 한다. 사람들은 무엇이 뜻하는 바의 그것을 [어떤 것의] 본질(quidditas), 무엇임(Washeit)이라고 부른다. 그런데 이 본질은 철학의 여러 다른 시기마다 상이하게 규정되고 있다. 그러므로 예컨대 플라톤의 철학은 이 무엇(τί)이 뜻하는 바의 그것에 대한 독특한 해석이다. 즉 그것은 앞으로 이데아(ἰδέα)이다. [17] 우리가 무엇(τί, quid)에 대해 물을 때 '이데아'를 생각한다는 것은 결코 자명한 것이 아니다. 아리스토텔레스는 플라톤과는 다르게 이 무엇(τί)을 해석하고 있다. 칸트도 무엇을 다르게 해석하고, 헤겔도 다르게 해석한다. 이 무엇(τί, quid, Was)을 실마리로 삼아 그때마다 묻게 되는 그것은 언제나 새롭게 규정되기 마련이다. 우리가 철학과 관련하여 그것은 무엇인가?라고 물을 경우에, 우리는 언제나 근원적으로 그리스적인 물음을 묻고 있는 셈이다.

우리의 물음의 주제인 '철학'과 '그것은 무엇인가?'라고 묻고 있는 그 방식이, 모두 다 그것의 유래에 따르자면 한결같이 그리스적이라는 사실을 우리는 유념해야 한다. 우리들 자신이 이러한 유래에 속해 있으며, 그것은 우리가 '철학'이라는 낱말을 단 한 번도 입 밖에 내지 않더라도 그렇다. 우리가 철학이란 무엇인가?라는 물음을 단지 발언하는 것이 아니라 그것의 의미를 뒤따라 깊이 숙고하자마자, 우리 자신이 이러한 유래 속으로 귀환해 들어오도록 부름을 받고 있으며, 또 이러한 유

[18] 래를 위해서 그리고 이러한 유래를 통해서 다시-부름받고 있는 것이다. 〔'철학이란 무엇인가?'라는 물음은 일종의 인식 자체를 지향해 나가는 그런 물음(철학의 | 철학)이 아니다. 이 물음은 사람들이 '철학'이라고 부르는 그것이 어떻게 시작되어 발전해 왔는가를 결정하기 위해 관심을 갖는 그런 역사학적인(historisch) 물음도 아니다. 이 물음은 하나의 역사적인(geschichtlich) 물음, 즉 역운적인(geschicklich) 물음이다. 더 나아가 이 물음은 '하나의' 역사적인 물음이 아니라, 우리의 서양적-유럽적인 터-있음(Dasein)의 '그' 역사적 물음이다.〕

우리가 철학이란 무엇인가?라는 물음의 전체적이면서도 근원적인 의미 속으로 들어가게 될 경우에, 우리의 물음은 그 역사적인 유래를 통해 어떤 역사적인 미래로 향하는 하나의 방향을 발견했던 것이다. 우리는 하나의 길을 발견했던 것이다. 이러한 물음 자체가 하나의 길이다. 그 길은, 비록 우리를 넘어서지는 못하지만, 그리스 정신 문화의 현존으로부터 우리에게로 이어지고 있다. 만일 우리가 이 물음을 끝까지 견지한다면, 우리는 하나의 뚜렷한 방향을 지닌 그런 길 위에 있는 셈이다. 하지만 이렇게 함으로써 우리가 직접 이 길을 바른 방식으로 걸어갈 수 있다는 점이 보장되지는 않는다. 우리는 오늘날 이 길의 어느 지점에 우리가 서 있는지조차도 곧바로 결정지을 수 없다. 흔히 사람

[19] 들은 오래 | 전부터 어떤 것이 무엇이냐는 물음을 본질에 대한 물음이라고 특징짓는다. 본질에 대한 물음은, 그것의 본질이 문제시되는 바로 그것이 애매해지고 혼란스러워질 경우에는 언제든지, 또 이와 동시에 문제시되는 그것에 대한 인간의 연관이 흔들리거나 아주 심하게 동요될 때에는 언제든지 그때마다 깨어나기 마련이다.

우리의 대화의 물음은 철학의 본질에 관한 것이다. 만약에 이 물음이 어떤 절박한 필요에 의해 나온 것이어서 단순히 어떤 토론을 목적으로 삼는 사이비 물음으로 그쳐서는 안 된다면, 우리에게 철학은 철학

으로서 의문스러운 것〔물어봄 직한 것〕이 되지 않으면 안 된다. 이것은 맞는 말일까? 그렇다고 한다면, 철학은 어떤 점에서 의문스러운 것이 되는 것일까? 우리가 이미 철학을 훤히 들여다보았을 경우에만, 우리는 이에 대해 분명히 말할 수 있다. 그러기 위해서는 그 이전에 철학이 무엇인지를 우리는 알고 있어야만 한다. 그러므로 우리는 아주 기이한 방식으로 어떤 하나의 순환 속에서 그 주위를 맴돌고 있는 셈이다. 철학 자체가 이러한 순환인 듯 보인다. 우리가 이 순환의 고리에서 직접 벗어날 수는 없다고 하더라도, 이 순환을 | 살펴보는 일은 우리에게 허용된다.[b] 우리는 우리의 시선을 어디로 돌려야만 하는가? 필로소피아라는 그리스어가 우리에게 그 방향을 제시해 준다. [20]

여기에서는 근본적인 주의가 요구된다. 우리가 지금이나 혹은 나중에 그리스어의 낱말에 귀 기울인다면, 우리는 그때 어떤 탁월한 영역 속으로 들어서게 된다. 즉 그리스어는 우리가 잘 알고 있는 유럽의 말들처럼 단순한 언어가 아니라는 점을, 우리는 숙고하는 가운데 서서히 알게 된다. 그리스어는, 그리고 오직 그리스어만이 로고스(λόγος)이다. 우리는 대화의 과정에서 이에 관해 더욱 자세히 다루어야 할 것이다. 그러나 처음에는 일단, 그리스어에 있어서는, 그리스어로 말해진 것이 아주 특별한 방식으로 동시에 말해진 것이 명명하는 그것임을 지적하는 것으로 충분하다. 우리가 어떤 하나의 그리스 낱말을 그리스적으로 귀 기울인다면, 우리는 그 낱말의 말함(λέγειν)을, 즉 그 낱말의 직접적인 드러내-놓음(Darlegen)을 따르게 된다. 그 말이 드러내-놓는 것은, 앞에-놓여-있는-것(das Vorliegende)이다. 우리가 그리스적으로 낱말에 귀 기울임으로써 우리는 앞에-놓여-있는 사태 자체에 직접적으로 머물러 있는 것이지, 단순한 낱말의 뜻에 우선적으로 머물러 있는 것이

---

b 〔1〕 ist dieses Blicken Reflexion? oder?

아니다.

[21] 필로소피아라는 그리스 낱말은 필로 | 소포스(φιλόσοφος)라는 낱말에서 유래된 것이다. 이 낱말은 원래 필라르귀로스(φιλάργυρος, 돈을 좋아하는)와 필로티모스(φιλότιμος, 명예를 좋아하는)라는 말처럼 형용사이다. 필로소포스라는 말은 아마도 헤라클레이토스에 의해 처음으로 만들어진 듯하다. 이것은 헤라클레이토스에게서는 아직 필로소피아라는 말이 없었음을 말해 준다. 아네르 필로소포스(ἀνήρ φιλόσοφος)는 '철학적' 인간이 아니다. 그리스어의 필로소포스라는 형용사는 독일어의 필로조피슈(philosophisch, 철학적)와 프랑스어의 필로소피크(philosophique, 철학적)라는 형용사와는 전혀 다른 어떤 것을 뜻한다. 아네르 필로소포스는 소폰(σοφόν)을 사랑하는 사람(ὅς φιλεῖ τὸ σοφόν)[c]이다. 필레인(φιλεῖν,[d] 사랑한다, 좋아한다)은 여기에서 헤라클레이토스의 뜻으로는 호모로게인(ὁμολογεῖν)을 뜻하며, 따라서 로고스가 말하는 대로 말함, 즉 로고스에 순응하여 말함(entsprechen, 응답함)을 뜻한다. 이러한 응답은 소폰과의 조화로운 울림 속에서 이루어진다. 조화로운 울림(Einklang, 조화로움)은 하르모니아(ἀρμονία)이다. 어떤 것이 다른 것과 서로 잘 어울린다는 것, 이 둘이 서로 친밀하게 맺어져 있기에, 이 둘이 근원적으로는 서로가 서로를 따르면서 서로에게 기대는 것, 이러한 하르모니아가 헤라클레이토스가 사유했던 필레인, 즉 사랑한다는 것의 특징이다.

아네르 필로소포스는 소폰을 사랑한다. 이 말이 헤라클레이토스에게 있어서 무엇을 뜻하는지는 번역하기 어렵다. 그러나 우리는 헤라클
[22] 레이토스 자신의 해석에 따라 이를 밝힐 수 있다. 그에 | 따르면, 여기에

c 〔2〕ὡ φίλον τό σοφόν.
d 〔1〕σφι······ gehören.³

152

서의 소폰이란 헨 판타(Ἐν Πάντα), 즉 '하나(는) 모든 것이다.'라는 말이다. 여기에서 '모든 것'은 판타 타 온타(Πάντα τὰ ὄντα), 즉 전체, 다시 말해 존재하는 것 모두(All des Seienden)를 의미한다. 헨(Ἐν), 즉 하나(Eins)는 일자(das Eine), 유일한 것(das Einzige), 모든 것을 통합하는 것(das alles Einigende)을 뜻한다. 그러나 존재하는 모든 것은 존재 안에서 하나로 존재한다. 소폰은, 모든 존재자가 존재 안에 있다는 말이다. 좀 더 날카롭게 말하자면, 존재는 존재자이다. 여기에서 '이다'는 타동사적으로 쓰이며, '모아들이다(versammelt)'와 같은 뜻이다. 존재는 존재자를, 그것이 존재자로 존재하도록 모아들인다.(Das Sein versammelt das Seiende darin, daß es Seiendes ist.) 존재는 모아들임(Versammlung), 즉 로고스(Λόγος)이다.*

모든 존재자는 존재 안에 있다. 이런 말을 듣는 것은, 비록 귀에 거슬리지는 않지만 우리에게는 진부하게 들린다. 왜냐하면 아무도 '존재자가 존재에 속한다'는 사실에 대해 마음 쓰거나 걱정할 필요가 없기 때문이다. 존재자란 존재하는 것이라는 사실은 세상이 다 알고 있다. 존재자에게는 이렇게 '존재한다(sein)'는 사실 이외에 또 무엇이 허용되어 있겠는가? 그럼에도 불구하고 '존재자는 존재 안에 모여 있다'는 것, 존재의 빛남(erscheint)⁴ 속에서 존재자가 나타난다는 것, 이러한 사실이 그리스인을, 그리고 그리스인을 처음으로 또 오직 그리스인만을, 놀라움(Erstaunen) 속으로 몰아넣었다. 존재 안의 존재자(Seiendes im Sein, 존재 가운데 존재하는 것), 바로 이것이 그리스인들에게는 가장 놀라운 것이었다.

| 그런데 그리스인들은 이 가장 놀라운 것의 경이로움(Erstaunlichkeit)   [23]
을 구해 내고 지키지 않으면 안 되었다. 즉 모든 것에 대해서 누구나가

---

* 『강연과 논문집(*Vorträge und Aufsätze*)』(1954), 207~229쪽 참조.⁵

곧 이해할 수 있는 설명을 준비하고 그것을 시장에 내놓는 소피스트의 지성의 공격으로부터 그러한 경이로움을 구해 내고 지켜야 했다. '존재 가운데 존재하는 것'이라는 이 가장 놀라운 것의 구조는, 몇몇 사람이 이 가장 놀라운 것, 즉 소폰의 방향으로 나아감으로써 이루어졌다. 그들은 이렇게 함으로써 소폰을 추구하고자 노력하고(nach dem σοφόν streben), 그들 자신의 이러한 노력에 의해 다른 사람들에게 소폰에 대한 그리움을 일깨우고, 또 그러한 그리움을 잠들지 않게 하는 사람들이 되었다. 필레인 토 소폰(φιλεῖν τὸ σοφόν, 소폰을 사랑함), 즉 이미 언급한 소폰과의 조화로운 울림으로서의 하르모니아는 그리하여 일종의 오렉시스(ὄρεξις), 즉 소폰을 추구하는 노력이 되었다. 소폰, 즉 존재 가운데 존재하는 것은 이제 고유하게 탐구된다. 왜냐하면 필레인은 이제는 더 이상 소폰과의 근원적인 조화가 아니라, 소폰을 추구하는 어떤 특별한 노력이기 때문에, 필레인 토 소폰은 '필로소피아'가 된다. 이러한 필로소피아의 노력은 에로스에 의해 규정된다.

[24] 이제 이렇게 소폰, 즉 헨 | 판타, 다시 말해 존재 가운데 존재하는 것을 추구하는 탐구는, 존재자가 존재하는 한에서, 이 존재자는 무엇인가?라는 물음으로 된다. 사유는 이제 비로소 '철학'이 된다. 헤라클레이토스와 파르메니데스는 아직은 '철학자'가 아니었다. 왜 그런가? 왜냐하면 그들은 보다 위대한 사유가(Denker)였기 때문이다. 여기에서 '보다 위대한'이라는 말은, 업적을 헤아리는 평가가 아니라, 사유의 어떤 다른 차원을 가리키고 있다. 헤라클레이토스와 파르메니데스는 그들이 아직도 로고스, 즉 헨 판타와의 조화로운 울림 속에 머물러 있었다는 뜻에서 '보다 위대했던' 것이다. '철학'으로 나가는 발걸음은 소피스트에 의해 준비되고, 소크라테스와 플라톤에 의해 처음으로 이루어졌다. 그 뒤 아리스토텔레스는 헤라클레이토스로부터 거의 2세기가 지난 이후에 이러한 걸음걸이를 다음과 같은 문장으로 특징지었다.

"καὶ δὴ καὶ το πάλαι τε καὶ νῦν καὶ ἀεὶ ζητούμενον καὶ ἀεὶ ἀπορούμενον, τί τὸ ὄν."(Met. Z 1, 1028b 2 sqq)[6] 이것을 옮기면 다음과 같다. "그리하여 이미 일찍이, 그리고 지금도, 또 앞으로도 언제나 (철학이) 그것을 향해 가면서도 언제나 늘 그것에로 나아갈 통로를 발견하지 못하는 것(바로 이것이 물어지는 것이다.)은 곧 존재자란 무엇인가?(τί τὸ ὄν') 라는 물음이다."

| 철학은, 존재자가 존재하는 한에서 그 존재자란 무엇인가를 탐구한다. 철학은 존재자의 존재에 다가가는 도상에 있다. 즉 존재의 관점에서 존재자를 탐구해 나가는 도상에 있다. 아리스토텔레스는 그가 바로 위에서 인용한 문장에서 티 토 온, 즉 존재자란 무엇인가?라는 물음에 다음과 같은 설명을 추가함으로써 이것을 해명하고 있다. 투토 에스티 티스 헤 우시아(τοῦτό ἐστι τίς ἡ οὐσία). 이것을 번역하면 다음과 같다. "그것(즉 티 토 온)은, 존재자의 존재자성은 무엇인가를 뜻한다.' 존재자의 존재는 존재자성 속에 거하고 있다. 그러나 이러한 존재자성, 즉 우시아를 플라톤은 이데아(ἰδέα)라고 규정하고, 아리스토텔레스는 에네르게이아(ἐνέργεια, 현실태)라고 규정한다. [25]

아리스토텔레스가 에네르게이아로 무엇을 생각했으며, 또 우시아가 에네르게이아에 의해 어느 정도로 규정되는가 하는 점은 아직은 당장 좀 더 정확히 설명할 필요는 없다. 지금 중요한 것은, 단지 아리스토텔레스가 어떻게 철학을 그 본질에 있어서 한정했는가에 주목하는 것뿐이다. 그는 『형이상학』 제1권(Met. A 2, 982 b 9 sq)에서 다음과 같이 말한다. 철학은 곧, 에피스테메 톤 프로톤 아르콘 카이 아이티온 테오레티케(ἐπιστήμη τῶν πρώτων ἀρχῶν καὶ αἰτιῶν θεωρητική)라는 것이다. 사람들은 에피스테메를 '학문(Wissenschaft)'이라는 말로 즐겨 번역한다. 그런데 우리는 너무도 쉽게 '학문'에 대한 현대적 관념으로 빠져들기 | 때문에, 이러한 번역은 오해될 여지가 다분히 있다. 우리가 '학 [26]

문'을 피히테, 셸링, 헤겔이 생각했던 철학적 의미에서 이해한다면, 이런 경우에도 에피스테메를 '학문'이라고 번역하는 것은 옳지 않다. 에피스테메라는 말은 에피스타메노스(ἐπιστάμενος)라는 분사에서 파생된 말이다. 어떤 사람이 어떤 일을 책임 있고 능란하게 잘 다룰 경우에, 그는 에피스타메노스라고 말해진다.(여기에서 책임이란 소속됨의 의미다.) 철학은 '에피스테메 티스(τις)', 즉 (어떤 것을) 잘 다스릴 수 있는 하나의 방식(eine Art von Zuständigkeit)이며, 테오레인(θεωρεῖν)을 할 수 있는 테오레티케(θεωρητική), 다시 말해 어떤 것을 바라보고, 이렇게 바라본 어떤 것을 시야에 받아들여 그것을 시야 안에 간직할 수 있는 테오레티케이다. 그러므로 철학은 에피스테메 테오레티케(이성의 통찰에 의해 깨달은 참다운 앎)이다. 그러나 철학이 시야에 받아들이는 것은 무엇인가?

아리스토텔레스는 '프로타이 아르카이 카이 아이티아이(πρῶται ἀρχαὶ καὶ αἰτίαι)'라고 말함으로써 그것이 무엇인지를 말한다. 사람들은 이것을 '제1근거와 원인' 즉 존재자의 제1근거와 원인이라고 번역한다. 그래서 존재자의 제1근거와 원인은 존재자의 존재를 결정짓는다. 2500년이 지난 지금에야 비로소, 도대체 존재자의 존재가 '근거'나 '원인'과 무슨 상관이 있는지를 깊이 숙고해 보아야 할 시기에 이른 것 같다.

[27] | 어떤 의미에서 존재가 사유되기에, '근거'나 '원인'과 같은 것이 존재자를 존재하게-하는-존재(das seiend-Sein des Seienden)로 각인되면서 그것을 떠맡는 고유한 역할을 가지게 되었던 것일까?

그러나 이제 우리는 다른 점에 주목해 보기로 한다. 앞에서 인용한 아리스토텔레스의 문장은, 사람들이 플라톤 이래로 '철학'이라고 부르는 그것이 어디로 향해 가는 도중에 있는지를 우리에게 말해 주고 있다. 이 문장은, 철학 — 그것은 무엇인가?라는 물음에 대해 하나의 알림을 제시하고 있다. 철학은, 존재자를 시야에 받아들일 수 있는 일종의

[탁월한] 권역, 다시 말해 그것이 존재자인 한에 있어서 그것이 무엇인지를 바라보는 가운데 그것을 받아들여 잘 다스릴 수 있는 하나의 방식이다.

우리의 대화를 통해 풍성한 결실이 맺어지도록 불안과 동요를 일으키면서 대화의 방향을 제시해 주는 물음, 즉 철학 — 그것은 무엇인가? 라는 물음에 대해 아리스토텔레스는 이미 대답했다. 따라서 우리의 대화는 더 이상 필요하지 않다. 우리의 대화는 시작되기도 전에 이미 끝난 것이다. 사람들은 즉각, 철학이란 무엇인가에 대한 아리스토텔레스의 진술이 결코 우리의 물음에 대한 유일한 대답이 될 수는 없다고 반박할 것이다. 기껏해야 그것은 수많은 다른 대답들 중에서 하나의 대답에 지나지 않는다. 아리스토텔레스가 내린 철학에 대한 정의로 | 말미 [28] 암아 사람들은 물론 플라톤과 아리스토텔레스 이전의 사유와 아리스토텔레스 이후의 철학을 생각하고 해석할 수 있다. 그런데 사람들은 철학 자체와, 또 철학이 그 자신의 고유한 본질을 생각하는 그 방식이 그 후 2000년 동안에 다양하게 변화해 왔음을 쉽게 지적할 것이다. 누가 이런 사실을 부정하겠는가? 그러나 우리는 또한, 철학이 아리스토텔레스로부터 니체에 이르기까지 이러한 변화의 근저에서, 그리고 이러한 변화를 거쳐 오면서 늘 동일한 것으로 머무르고 있었다는 사실을 간과해서는 안 된다. 왜냐하면 이러한 변화들은 같은 것 안에서의 친근함(Verwandtschaft im Selben)을 보증하기 때문이다.[7]

이로써 우리는 철학에 대한 아리스토텔레스의 정의가 절대적으로 타당하다는 주장을 하려는 것이 결코 아니다. 다시 말해 그것은 이미 그리스적 사유의 역사 안에서, 그리스적 사유와 이러한 사유에 과제로 부과되었던 것에 대한 어떤 특정한 해석에 지나지 않는다. 철학에 대한 아리스토텔레스의 특성 규정은 어떠한 경우에도 헤라클레이토스와 | 파 [29] 르메니데스의 사유에로 되돌아가지는 못한다. 이에 반해 철학에 대한

아리스토텔레스의 정의는 물론 그 이전의 사유에 따른, 그리고 그런 사유의 결론에 의한 자유로운 결과이다. 개개의 철학과 철학의 여러 시기(Epoche)가 어떤 변증법적 과정의 필연성에 의해 서로 연관되어 발생한다고는 결코 볼 수 없기 때문에, 나는 자유로운 결과라고 말한다.

철학 — 그것은 무엇인가?라는 물음을 대화의 과정에서 다루어 보려는 우리의 시도에 대해 지금까지 말해진 것으로부터 무엇이 밝혀졌는가? 우선적으로 밝혀진 한 가지 사항은, 우리가 아리스토텔레스의 정의에만 의존해서는 안 된다는 점이다. 이러한 점으로부터 우리가 얻어낼 수 있는 다른 한 가지 사항은, 우리가 철학에 대한 그 이전의 정의 및 그 이후의 정의를 마음속으로 곰곰이 떠올려 보아야 한다는 점이다. 그다음에는 어떻게 해야 하는가? 그다음에는 비교하고 추상함으로써 모든 정의에 공통되는 것이 무엇인지를 밝혀내게 될 것이다. 그리고 그다음에는? 그다음에 우리는 모든 종류의 철학에 알맞은 공허한 형식에 도달하게 될 것이다. 그리고 그다음에는? 그다음에 우리는 우리의 물음에 대한 대답으로부터 가능한 한 | 멀리 떨어져 있게 될 것이다. 어째서 그렇게 되는가? 그 까닭은 우리가 방금 말한 방법에 의해 오직 눈앞에 놓여 있는 정의들을 역사학적으로 긁어 모아서 이러한 정의들을 일종의 보편적인 공식으로 해소시키기 때문이다. 이러한 모든 일은 사실상 위대한 가르침과 올바르게 확정된 지식의 도움에 의해 수행된다. 이런 경우에 우리는 철학의 본질에〔귀 기울이며 그것을〕뒤좇아-사유하는(nach-denken) 그런 방식으로 철학에 관여할 필요가 조금도 없다. 이러한 방식으로 우리는 철학의 역사가 진행되는 과정에서 사람들이 철학을 어떻게 생각해 왔는지에 대한 다양하고도 근본적이며 또 심지어 유익하기도 한 그런 지식들을 얻는다. 그러나 우리는 이러한 방법으로는, 철학 — 그것은 무엇인가?라는 물음에 대한 참된, 다시 말해 정당한 대답에는 결코 도달하지 못한다. 이러한 대답은 오직 철학하는 대답, 즉

대답(Ant-wort)으로서 그 자체 철학하는 그런 대답ᵉ일 수 있을 뿐이다. 그러나 우리는 이 명제를 어떻게 이해해야 하는가? 대답이 응답인 한에 있어서, 이 대답은 어느 정도로 철학할 수 있을까? 나는 이제 이것을 잠정적으로나마 몇 가지 암시를 통해서 밝혀 보고자 한다. 〔여기에서〕 떠오르는 생각이 언제나 | 다시금 우리의 대화를 불안하게 할 것이다. 그것은 심지어, 우리의 대화가 정말로 철학적인 대화가 될 수 있는지 없는지를 가늠하는 시금석이 될 것이다. 이것은 우리의 힘으로는 도저히 어떻게 할 수조차 없다.

[31]

철학 — 그것은 무엇인가?라는 물음에 대한 대답은 언제 하나의 철학하는 대답이 되는가? 언제 우리는 철학하는가? 우리가 철학자들과 대화할 때에 비로소 우리는 분명히 철학하게 된다. 여기에는 철학자들이 말하는 주제에 관해 우리가 그들과 함께 충분히 대화한다는 사실이 속해 있다. 언제나 다시금 같은 것(das Selbe)으로서 철학자에게 고유하게 다가오는 그것〔사유해야 할 사태〕에 관해 서로 충분히 대화한다(das miteinander-Durchsprechen)는 것, 바로 이것이 디알레게스타이(διαλέγεσθαι)라는 의미에서의 레게인(λέγειν), 즉 말함(Sprechen)이며, 다시 말해 대화(Dialog)로서의 말함이다. 대화가 반드시 일종의 변증법인지 아닌지, 또 언제 변증법이 되는지, 이런 사항에 대해서는 열린 문제로 남겨 두겠다.

철학자들의 견해를 확정하고 서술한다는 것과, 그들이 말하는 것 — 즉 그것에 관해 그들이 말하는 것 — 을 그들과 함께 충분히 대화한다는 것은 전혀 별개의 일이다.

따라서 철학자들이 존재자가 존재하는 한에 있어서 존재자는 무엇인가를 말하도록 존재자의 존재로부터 말 건네지고(angesprochen) 있

---

e 〔1〕 ⟨die als Ant-wort in sich philosophiert⟩⁸

[32] 다고 한다면, 철학자들과 | 대화하는 우리의 대화도 존재자의 존재로부터 말 건넴을 받지 않으면 안 된다. 우리들 자신은 철학이 거기를 향해 나아가고 있는 바의 그것(사유해야 할 사태)을 우리의 사유를 통해 맞이하고자-다가가지(entgegenkommen) 않으면 안 된다. 우리의 말함은, 철학자들이 그것으로부터 말 건넴을 받고 있는 바의 그것에 응-답해야(ent-sprechen) 한다. 이러한 응-답함이 우리에게 성사된다면, 그때 우리는 철학 — 그것은 무엇인가?라는 물음에 대해 진정한 의미에서 대-답하는(ant-worten) 것이다. 독일어에서 '대답한다'는 말은 본래 응-답한다는 말과 같은 뜻이다. 우리의 물음에 대한 대답은, 사람들이 '철학'이라는 개념에 의해 표상할 수 있는 바의 그것을 확정함으로써 이 물음에 답변하는(erwidern) 그런 진술 속에서 충분히 주어지는 것이 아니다. 대답은 답변하는 진술(n'est pas une réponse)이 아니라, 존재자의 존재에 응-답하는 응-답(la correspondance)이다. 하지만 이제 우리는 도대체 응답이라는 의미에서의 대답의 특성을 결정하는 것이 무엇인지를 알고 싶어 한다. 우선 모든 것은, 우리가 그것에 대한 이론ᵍ을 내세우기에 앞서 그 이전에 우리가 응답에 도달하느냐 못하느냐는 그 여부에 달려 있다.

[33] | 철학 — 그것은 무엇인가?라는 물음에 대한 대답은, 우리가 철학이 그것을 향해 나아가고 있는 바의 그것(사유해야 할 사태로서의 존재자의 존재)에 응답할 때 주어진다. 그것은 곧, 존재자의 존재이다. 이러한 응답에서 우리는 처음부터 철학이 — 즉 그리스적으로 이해된 필로소피아로서의 철학이 — 우리에게 이미 말을 건네 오고 있었던(zugesprochen) 그것에 귀 기울이게 된다. 그러므로 우리는, 철학의 전승이 우리를 거기로 넘겨주는, 즉 거기로 해방시키는 바로 그것과

---

g 〔1〕 ⟨die Theorie⟩

의 대화 속에 머무름으로써만, 응답에 ─ 즉 우리의 물음에 대한 대답에 ─ 다다르게 된다. 우리는 철학이란 무엇인가라는 물음에 대한 대답을, 철학의 정의에 관한 역사학적인 진술을 통해서가 아니라, 존재자의 존재로서 우리에게 전승되고 있는 것과의 대화를 통해서 발견한다.

우리의 물음에 대한 대답에 이르는 이 길은 결코 역사를 외면하거나 역사를 부정하는 것이 아니라 오히려 전승된 것을 자기 것으로 만들고 변화시켜 나가는 것(eine Aneignung und Verwandlung des Überlieferten)이다. 이와 같이 역사를 자기 것으로 만드는 일이, '해체(Destruktion)'라는 명칭으로 생각된 것이었다. 이 낱말의 의미는 『존재와 시간』(§6)에서 분명히 서술되어 있다.⁹ '해체' |는 파괴를 뜻하지 않 [34]으며, 오히려 철학의 역사에 대한 오직 역사학적일 뿐인 그런 진술들을 허물어 내고 떼어 내어 한쪽으로 치우는 것이다. 해체는 곧, 전승 속에서 스스로 우리에게 존재자의 존재로서 말 걸어 오는 바의 그것을 〔듣기〕위해 우리의 귀를 열어 두고 자유롭게 하는 것이다. 우리는 이러한 말 걸어 옴(Zuspruch)에 귀 기울임으로써 응답에 다다른다.¹⁰

그러나 우리가 이렇게 말하는 동안에, 그에 반해 이미 하나의 의심이 일어났다. 그것은 다음과 같다. 즉 그렇다면 우리는 우선적으로 존재자의 존재에 응답하도록ʰ 애써야만 한다는 말인가? 우리들 인간은 언제나 이미 이러한 응답 속에 있는 것이 아닐까? 그것도 사실에 있어서만 그런 것이 아니라, 우리의 본질로부터 그런 것이 아닐까? 이러한 응답이 우리의 본질의 근본 특성을 이루는 것이 아닐까?

참으로 그렇다. 그러나 이것이 사실이라면, 우리는 무엇보다도 이러한 응답에 도달해야 한다고는 더 이상 말할 수 없다. 그럼에도 불구하고 우리가 이렇게 말하는 것은 옳다. 왜냐하면, 비록 우리가 매우 드

---

h 〔1〕⟨gelangen⟩

[35] 물게만 존재의 말 걸어 옴에 주의한다고 하더라도, 우리는 언제 어디에서나 존재자의 존재에 응답하며 다가가는 그런 응답(die Entsprechung zum Sein des Seienden) 속에 체류하고 있기 때문이다. 존재자의 존재에 응답하며 다가가는 그런 응답은 언제나 우리가 체류하는 곳이다. 그러나 그 응답이 우리 자신에 의해 고유하게 받아들여져 〔참답게〕 펼쳐지는 그런 태도가 되는 것은 아주 드물 뿐이다. 이러한 일이 일어날 때 비로소 우리는 존재자의 존재로 나아가는 도중에 있는 철학에게 〔말없이〕 다가오는 그것에 본래적으로 응답하게 된다. 존재자의 존재에 응답하며 다가가는 이러한 응답함이 곧 철학이다. 그러나 이 응답함이 고유하게 수행되고, 또 이렇게 수행됨으로써 펼쳐지고, 그리하여 이러한 펼쳐짐이 완성될 때에 비로소, 그리고 오직 그때에만, 철학은 응답함이 된다. 이러한 응답함은, 존재의 말 걸어 옴이 말하는 방식에 따라, 또 그런 말에 귀 기울이는가 혹은 건성으로 흘려듣는가에 따라, 그리고 귀 기울여 들은 것이 말해지는가 혹은 침묵되는가에 따라, 여러 가지 상이한 방식으로 행해진다. 우리의 대화는 이에 관해 좀 더 깊이 숙고할 기회를 제공해 줄 수 있다.

지금 나는 대화의 머리말을 말하고자 할 뿐이다. 나는 지금까지 설명한 것을, 우리가 '아름다운 감정'에 대한 앙드레 지드의 말과 결부해 가볍게 언급했던 곳으로 되돌리고 싶다. 필로소피아는, 오직 존재자의
[36] 존재의 | 말 걸어 옴에 주의하는 한에서만 말을 하는, 아주 고유하게 수행되는 응답함이다. 응-답함은 말 걸어 옴의 소리에 귀 기울인다. 존재의 소리(Stimme)로서 우리에게 스스로 말 걸어 오는 그것이 우리의 응답함을 〔조음하며〕 규정한다(be-stimmen). 그렇다면 '응답한다'는 것은 곧, 존재자의 존재로부터 〔조음된 채〕 규정되어 있다(be-stimmt sein; être dis-posé)는 뜻이다. 디스포세(dis-posé)는 여기에서 글자 그대로, 서로 간의 긴밀한 대화 속에 놓여 있는(auseinander-gesetzt)[i] 훤

162

히-밝혀져 있는(gelichtet), 그리고 이것을 통해 '존재하는 그것과 관련된 연관들 속으로 〔들어가〕 옮겨져 있는(in die Bezge zu dem versetzt, was ist)'이라는 뜻이다. 존재자로서의 존재자〔존재자 그 자체〕는, 말함(das Sagen)이 스스로를 존재자의 존재에 맞추어-말하는(abstimmen; accorder) 식으로 〔인간적인〕 말함(das Sprechen)을 규정한다. 응답한다는 것은, 우연히 때때로 이루어지는 것이 아니라, 필연적으로 그리고 언제나 〔존재의 소리에〕 조음된 채 말해지는 그런 하나의 응답함(ein gestimmtes)이다. 그것은 어떤 조음된 기분 상태 속에 있다.[11] 그리고 이렇게 조음된 기분 상태(Gestimmtheit; Disposition)의 근본 바탕 위에서 비로소 응답함〔으로서〕의 말함은 그 섬세함과 〔존재의 소리에 의해 조음된〕 자신의 규정성(Be-stimmtheit)을 얻는다.

〔존재의 소리에〕 조음된 채 〔이러한 소리에 의해〕 규정된 것(ge-stimmtes und be-stimmtes)으로서의 응답함은 본질적으로 어떤 기분(Stimmung) 속에 있다. 이러한 기분에 의해 우리의 태도는 그때마다 이렇게도 되고 저렇게도 된다. 이렇게 이해된 기분은 응답함에 의해 단지 동반되는 우연히 떠오르는 감정의 음악이 아니다. 우리가 철학을 조음된 응답함(die gestimmte Entsprechen)이라고 특징짓는다면, 이 경우에 우리는 사유를 결코 엇갈리는 감정 상태의 우연한 변화나 동요에 내맡기려는 것이 아니다. 오히려 말함의 모든 섬세함은 응답함의 어떤 조음된 기분 상태 속에 근거하고 있다는 점을 지적하는 것만이 중요할 따름이다. 여기에서 나는 응답함이라고 말했는데, 이 말은 〔존재의〕 말 걸어 옴에 주의하는 가운데 대꾸한다(correspondance)는 뜻이다.

그러나 무엇보다도 응답함이 본질적으로 어떤 조음된 기분 상태임을 지적한 것은 현대에 와서 비로소 발견된 것이 아니다. 이미 그리스

---

i 〔1〕 〈auseinander-gesetzt〉

사상가 플라톤과 아리스토텔레스는, 철학과 철학함이 ([존재의 소리에) 조음된 채 [이러한 소리에 의해] 규정된 것이라는 의미에서) 우리가 기분이라고 부른 인간의 차원에 속해 있다는 사실에 주목했다.

플라톤은 다음과 같이 말하고 있다.(『테아이테토스』, 155d)[12] μάλα γὰρ φιλοσόφου τοῦτο τὸ πάθος, τὸ θαυμάζειν[j] οὐ γὰρ ἄλλη ἀρχὴ[k] φιλοσοφίας ἢ αὕτη. "실로 한 철학자의 이것은 파토스(πάθος) 즉 놀라움이다. 왜냐하면 철학을 지배하고 있는 그 근원은 이것 말고는 없기 때문이다."

[38] | 철학은 파토스로서 철학의 아르케(ἀρχή)다. 우리는 아르케라는 이 그리스 말을 완전한 의미에서 이해하지 않으면 안 된다. 이 말은, 어떤 것이 거기로부터(von woher) 발원하는 바로 그곳을 뜻한다. '거기로부터'라는 이 말은 [어떤 것이] 발원하는 과정에서 [출발점으로서] 뒤에 남게 되는 것이 아니라, 오히려 아르케는 [이 낱말의] 동사인 아르케인(ἄρχειν)이 말하는 것, 즉 [끝까지] 지배하는 것이 된다. 따라서 놀라움이라는 파토스는, 마치 손을 씻는 일이 외과 수술에 앞서는 것처럼, 철학이 시작될 때 그저 단순히 거기에만 있는 것이 아니다. 놀라움은 철학을 떠받들고 지탱하며 [끝까지] 철저히 지배하는 것이다.

아리스토텔레스도 이와 같은 말을 하고 있다.(Met. A2, 982 b 12sq)[13] τὸ θαυμάζειν οἱ ἄνθρωποι καὶ νῦν καὶ τὸ πρῶτον ἤρξαντο φιλοσοφεῖν. "사실 놀라움에 의해서 인간은 예나 지금이나 비로소 철학함을 지배하는 첫걸음에 (거기로부터 철학함이 발원하고 또 철학함의 과정을 속속들이 규정하는 그런 첫걸음에) 도달한다."

만일 플라톤과 아리스토텔레스가 여기에서 오직 놀라움이 철학

---

j [1] ⟨θαυμάζειν⟩
k [1] ⟨ἀρχή⟩

함의 원인이라는 사실만을 확인하고 있을 뿐이라고 우리가 생각한다면, 그것은 매우 피상적이며 무엇보다도 비-그리스적인 생각이 될 것이다. 그들이 이러한 생각을 했다고 한다면, 그것은 다음과 같은 말이 되고 만다. 즉 인간은 언젠가 한때 존재자에 관해서, 그것이 존재한다는 사실과 그것이 무엇으로 존재하는지에 관해 [심히] 놀라움을 겪었다는 말이 되고 만다. 이러한 놀라움에 충격을 받아 그들은 철학하기 시작했다. 철학이 진행되자마자, 충격으로서의 놀라움은 불필요해지고 따라서 사라져 버렸다. 그것은 오직 충격에 지나지 않았기 때문에 사라져 버릴 수 있었던 것이다. 그러나 놀라움은 아르케이다. 그것은 철학의 모든 걸음걸음을 철저히 지배하고 있다. 놀라움은 파토스이다. 우리는 흔히 파토스를 감정(Passion),[14] 열정(Leidenschaft), 격정(Gefühlswallung)이라고 번역한다. 그러나 파토스는 파스케인(πάσχειν), 즉 견디다, 참아 내다, 감수하다, 끝까지 견뎌 내다, ~에 의해 지탱되다, ~에 의해 조음되어 규정되다 등과 관련되어 있다. 이 경우에는 언제나 그런 것처럼, 우리가 파토스를 [존재의 소리에] 조음된 채 [이러한 소리에 의해] 규정된 것이라는 의미에서 생각되는 그런 기분으로 번역한다면, 그것은 일종의 모험일 것이다. 그러나 이러한 번역만이 파토스를 근대적-현대적 의미에서 심리학적으로 생각하려는 우리의 태도를 막아 주기 때문에, 우리는 감히 이렇게 번역하지 않을 수 없다. 우리가 파토스를 기분(dis-position)으로 이해할 때에만, 우리는 또한 타우마제인(θαυμάζειν) 즉 놀라움도 좀 더 자세히 특징지을 수 있다. 놀라움 속에서 우리는 스스로 자제하면서 머무르게 된다.(an-sich-halten; être en arrêt) 우리는 존재자 앞에서 — 즉 존재자가 존재하며 또 그렇게 존재할 뿐 달리는 존재하지 않는다는 사실 앞에서 — 마치 물러나는 듯 여겨진다. 놀라움은 이와 같이 존재자의 존재 앞에서 물러나는 것으로 그치는 것이 아니라, 그것은 동시에 — 이러한 물러남과 자제함으로서 — 물러나게 하고 자제하게 하는 바로 그것으로 이끌린 채 그것에 의해 사로잡히게 되는 것이다. 놀라움은 이렇게 〔존재자의 존재에 의해 사로잡힌〕 기분 상태이며, 이러한 기분 상태 속에서 또 이러한 기분 상태를 〔일으키기〕 위해서 존재자의 존재는 개시되는 것이다. 놀라움은 기분이며, 이 기분 안에서 그리스 철학자들에게는 존재자의 존재에 응답하며 다가가는 그런 응답함이 보증되었던 것이다.

존재자가 존재하는 한에서 도대체 그 존재자란 무엇인가라는 이 전승된 물음을 새로운 방식으로 제기하고, 그리하여 철학의 새로운 시대를 시작하는 그런 사유를 규정하는 기분은 아주 색다른 종류의 것이다. 데카르트[1]는 그의 『성찰(*Meditationen*)』[15]에서 티 토 온, 즉 존재자가 존재하는 한에서 그 존재자란 무엇인가?라는 물음만을 묻지도 않고, 또 처음부터 그렇게 묻지도 않는다. 데카르트는 엔스 세르툼(ens certum, 확실한 존재자)이라는 | 의미에서 참된 존재자인 그런 존재자란 어떤 것인지를 묻고 있다. 그러나 그 사이에 데카르트에게 있어서는 세르티투도(certitudo, 확실성)의 본질이 달라지고 말았다. 왜냐하면 중세 시대에는 세르티투도가 확실성(Gewißheit)을 뜻하는 것이 아니라, 존재자를 그것의 본질 존재(Was-sein) 속에서 확고히 한계 짓는 것이었기 때문이다. 여기에서〔중세 시대에〕세르티투도는 아직도 에센티아(essentia, 본질)와 같은 뜻이었다. 이에 반해 데카르트의 경우에 참답게 존재하는 바의 그것은 다른 방식으로 측정된다. 그에게 있어서는 회의가 모종의 기분이 되는데, 이런 기분 속에서 엔스 세르툼, 즉 확실성 속에 놓여 있는 그런 존재자를 탐구하도록 강요된다. 세르티투도는 '나는 생각한다. (고로) 나는 존재한다.(cogito (ergo) sum.)'라는 더 이상 의심할 수 없는 사실로부터 인간의 자아(ego)에게 〔명증적으로〕 나타나는 존재자로

[41]

| [1] ⟨Descartes⟩

서의 존재자(ens qua ens)를 확정하는 그런 진리가 된다. 그리하여 에고는 탁월한 수브-엑툼(sub-iectum)이 되고, 이로써 인간의 본질은 처음으로 자아성(Egoitt)이라는 의미에서의 주관성(Subjektivitt)의 영역으로 들어서게 된다. 이러한 세르티투도에 입각한 기분 상태로부터 데카르트의 말함은 명석하고 판명한 지각(clare et distincte percipere)이라는 규정성을 획득한다. 회의의 기분은 | 확실성을 따르려는 적극적인 동의 [42] (Zustimmung)이다. 이때부터 확실성은 진리의 표준적인 형식이 된다. 언제나 도달할 수 있는 인식의 절대적 확실성을 확고히 믿는 기분이야말로 근대 철학의 파토스가 되며 따라서 아르케로 머무는 것이다.

그러나 우리가 그런 말을 해도 괜찮다고 한다면, 근대 철학의 텔로스(τέλος) 즉 완성(Vollendung)은 어디에 있는가? 그 종말(Ende)은 또 다른 어떤 기분에 의해 규정되는가? 우리는 근대 철학의 완성을 어디에서 찾을 수 있는가? 헤겔에게서인가, 아니면 셸링의 후기 철학에서인가? 그리고 마르크스와 니체의 경우는 또 어떠한가? 그들은 이미 근대 철학의 궤도에서 벗어나 있는가? 만약에 그렇지 않다면, 그들의 입장은 어떻게 규정될 수 있는가?

마치 우리는 단지 역사학적인 물음만을 제기하고 있는 듯이 보인다. 그러나 사실 우리는 철학의 미래적 본질을 생각하고 있다. 우리는 존재의 소리를 들으려 애쓰고 있다. 이 소리는 오늘날의 사유를 어떤 기분 속으로 이끌어 가는가? 이 물음은 명확하게는 거의 대답될 수 없을 것이다. 아마도 어떤 근본 기분(Grundstimmung)이 지배하고 있을 것이다. 그러나 그 기분은 아직도 우리에게는 은닉되어 있다. 이것은 우리의 오늘날의 사유가 아직도 여전히 | 뚜렷한 길을 찾아내지 못하고 있 [43] 다는 어떤 하나의 징표가 될 것이다. 우리에게 마주치는 것은 오직 사유의 여러 가지 기분들일 뿐이다. 한편으로는 회의와 절망이, 다른 한편으로는 검증되지 않은 원리들에 맹목적으로 사로잡힌 상태가 서로

맞서고 있다. 두려움과 불안이 희망과 신뢰와 뒤섞여 있다. 이성적으로 추론하는 생각과 계산하는 방식에 따른 사유는 일체의 기분과는 아무런 상관도 없어 보일 때가 흔히 있으며 또 널리 유포되어 있다. 그러나 계산의 냉정함이나 계획의 무미건조한 냉철함도 모종의 기분 상태를 가리키는 것이다. 이것만이 아니다. 심지어 정열의 영향을 조금도 받지 않는 이성마저도 이성으로서 자신의 원리와 규칙에 따른 논리적-수학적 통찰을 신뢰하는 가운데 기분에 젖어 있는 것이다.

존재자의 존재의 말 걸어 옴에 응답하는 그런 응답, 즉 〔이러한 말 걸어 옴을〕 저 나름의 고유한 방식으로 받아들여 펼쳐 나가는 그런 응답이 곧 철학이다. 우리는 철학이 어떻게 또 어떠한 방식으로 존재하는지를 경험할 때에만, 철학이라는 바로 그것이 무엇인지를 이해할 수 있고 또 알 수 있다. 철학은 존재자의 존재의 소리에 스스로를 맞추는 (sich abstimmen) 그런 응답함의 방식 속에 있는 것이다.

이러한 응-답함은 일종의 말함(ein Sprechen)이다. 그것은 언어[16]를 위해 헌신하고 있다. 이것이 무슨 뜻인지는 오늘날의 우리로서는 이해하기 힘들다. 왜냐하면 언어에 대한 우리들의 일상적인 생각이 이상하게 변해 버렸기 때문이다. 이러한 변화로 말미암아 언어는 표현의 도구로서 나타난다. 그래서 사람들은 응-답함으로서의 사유가 언어를 위해 헌신하는 것이 아니라, 언어가 사유를 위해 헌신한다고 말하는 것이 더 옳다고 생각한다. 그러나 언어에 대한 오늘날의 생각은 언어에 대한 그리스적 경험으로부터 가장 멀리 떨어져 있다. 그리스인들에게는 언어의 본질이 로고스로서 드러난다. 그러나 로고스와 레게인은 무엇을 뜻하는가? 우리는 오늘에 이르러서야 비로소 로고스에 대한 여러 가지 해석을 통해 그것의 시원적인 그리스적 본질을 조금씩 꿰뚫어 보기 시작했다. 하지만 우리는 언어의 이러한 본질로 다시 되돌아갈 수도 없고, 그렇다고 그것을 단순히 받아들일 수도 없다. 그 대신에 우리는 로

고스로서의 언어에 대한 | 그리스적 경험과 대화를 나누지 않으면 안 [45] 될 것이다. 왜 그런가? 그 까닭은, 언어에 대한 충분한 숙고가 없이는, 앞에서 이미 특징지은 그런 응-답함으로서의 철학이 무엇인지, 또 말함(Sagen)ᵐ의 탁월한 하나의 방식으로서의 철학이 무엇인지를 우리는 결코 참답게 알 수 없기 때문이다.

그런데 이제 우리가 시 지음을 사유함과 비교해 본다면, 시 지음은 아주 다른 또 하나의 탁월한 방식으로 언어를 위해 헌신하고 있기 때문에, 철학을 깊이 숙고해 보는 우리의 대화는 반드시 사유함(Denken)과 시 지음(Dichten)의 관계를 논구하는 자리에 이르지 않을 수 없다. 사유함과 시 지음 사이에는, 이 둘이 모두 언어에 헌신하며 언어를 위해 애쓰고 자신을 아낌없이 소모하고 있기 때문에, 어떤 숨겨진 친밀함(eine verborgene Verwandtschaft)이 편재하고 있다. 그러나 이 둘 사이에는 또한 갈라진 틈(ein Kluft)이 있다. 왜냐하면 이 둘은 '가장 멀리 떨어진 산 위에 살고 있기(wohnen auf getrenntesten Bergen)' 때문이다.[17]

그런데 사람들은 우리의 대화가 철학에 대한 물음에만 한정되기를 정당하게 요구할 수 있다. 이러한 제한은, 철학이 — 지금 그렇게 해석되고 있듯이 — 존재자의 존재의 말 걸어 옴을 언어로 이끌어 오는 그런 응답함이 아니라는 점이 대화의 과정에서 밝혀질 때에만 가능할 [46] 뿐 | 이며, 또 그때에만 필연적일 수 있을 것이다.

다시 말하면, 우리의 대화는 어떤 확정된 프로그램을 펼쳐 나가는 그런 과제를 짊어지고 있는 것이 아니다. 그러나 우리가 존재자의 존재라고 부르는 그것으로부터 말 건넴을 받을 수 있도록, 대화에 참여하는 모든 사람들이 마음을 집중하기 위해 준비하고 애썼으면 한다. 우리는 존재자의 존재라고 부름으로써, 이미 아리스토텔레스가 말한 다음과

---

m 〔1〕⟨als eine ausgezeichnete Weise des Sagens⟩

철학 — 그것은 무엇인가

같은 말을 생각해 본다.

"존재하게-하는 존재는 여러 가지로 빛남에 이른다."*
Τὸ ὂν λέγεται πολλαχῶς.

---

* vgl. Sein und Zeit § 7 B.[18]

하이데거의 색인

편집자 주: 하이데거는 「철학이란 무엇인가?」의 자필본 1 말미에 본문 참조를 포함한 색인어 목록을 자필로 작성해 두었다. 이 목록의 항목들이 여기 다시 수록되었다. 그 안에 기재된 쪽 참조는 초판의 쪽 번호를 기준으로 하며, 본 판에서는 해당 쪽 번호를 각 쪽 여백의 대괄호 안에 병기했다.

Dialog — Dialektik — 30쪽 이하

ent-sprechen — 32쪽

"Theorie" — 32쪽 아래

der unbeachtete und unbedachte Aufenthalt — 34쪽

Lichtung — gelichtet — 36쪽

Stimmung — 36쪽 이하

ἀρχή (archē) — 37쪽

Descartes — 40쪽 등등

Sprache — 44쪽

Denken — als Entsprechen dem Zuspr(uch) d(er) Anwesenheit (?)

"eine ausgezeichnete Weise des Sagens" — 45쪽

Dichten ─ 45쪽,

22쪽

28쪽

30쪽

편집자 주

1955년 8월, 하이데거는 친구 장 보프레(Jean Beaufret)의 동행으로 프랑스를 여행했다. 그는 파리에서 자크 라캉(Jacques Lacan)을, 바랑즈빌에서는 조르주 브라크(Georges Braque)를 만났다. 이 여행의 계기는 보프레가 주도한 콜로키움이었다. 이 콜로키움은 8월 27일부터 9월 4일까지 세리시라살에서 개최되었으며, 주제는 다음과 같았다. "철학이란 무엇인가?(Qu'est-ce que la philosophie?) 마르틴 하이데거를 중심으로. 장 보프레가 주관한 콜로키움, 8월 27일부터 9월 4일까지". 뤼시앵 골드만(Lucien Goldmann), 가브리엘 마르셀(Gabriel Marcel), 폴 리쾨르(Paul Ricœur) 등도 참가했다. 전후 프랑스 독일 간 이해 증진을 위해 기획된 이 '세리시데카드(Cerisy-Decades)'는 주로 철학, 시, 시각 예술, 음악 분야의 저명한 전문가들이 이끈 철학 콜로키움 형태로 진행되었다.

1955년 8월 28일, 하이데거는 「철학이란 무엇인가?」라는 제목의 개회사 강연에서 철학적 대화와 세미나의 논의를 위한 기조를 제시했다. 그는 이후 칸트, 헤겔, 횔덜린에 관한 세 차례의 세미나를 이끌었다. 세리시라살 대화의 기록은 『하이데거 전집』 제91권으로 출간될 예정이다. Martin Heidegger, *Ergänzungen und Denksplitter*, Mark Michalski 편(Frankfurt a. M., Vittorio

Klostermann), HGA 91.

『철학이란 무엇인가?』는 1956년 풀링겐의 귄터 네스케 출판사에서 처음 출간되었다. 이듬해 코스타스 악셀로스(Kostas Axelos)와 장 보프레의 프랑스어 번역본이 다음과 같이 출간되었다. Martin Heidegger, *Qu'est-ce que la philosophie?* (Paris, Gallimard, 1957).

이 저작의 초판에는 주석이 달린 두 개의 자필 소장본이 존재한다. 표기 〔1〕은 하이데거의 첫 번째 자필 소장본을, 〔2〕는 두 번째 것을 가리킨다. 첫 번째 자필 소장본에는 내부 쪽수 참조가 포함된 색인이 수록되어 있으며, 이 색인은 (한국어 판) 171쪽에 재현되어 있다.

본 판 본문 쪽 가장자리의 대괄호 [ ] 속 숫자는 1956년 초판의 쪽 번호를 따른 것이다. 하이픈(-)은 원래의 쪽 구분을 나타낸다. 이후 판에서는 페이지가 5에서 13쪽가량 줄어들었다.

본문 내 위첨자 소문자(a, b, c……)와 그에 상응하는 각주는 하이데거가 자필 소장본 두 부에 손으로 추가한 주석, 보완, 수정, 내부 참조 등을 가리킨다. 본문 중 대괄호 〔 〕로 처리된 부분도 하이데거의 첨가다.

별표(*)는 편집자들의 주석이나 보완 사항을 가리킨다. 하이데거의 주석 세 개는 오해를 피하기 위해 아라비아 숫자의 각주로 변환되었다.(한국어 판에서는 편집자 주를 숫자로, 하이데거의 주석을 별표로 표시했다. — 감수자 주)

하이데거가 고유하게 표기한 단어 분리법, 예를 들어 'nach-denken', 'Ant-wort', 'Ent-sprechen'은 행갈이 시에도 원형을 유지했고, 이때 단어 분리 기호는 행 끝과 행 처음 양쪽에 모두 표시되었다.

기타 해설은 「편집자 후기」를 참조하라.

1. 자세한 설명은 (한국어 판) 173쪽의 편집자 주를 참조할 것.

2. André Gide, *Dostoïevski*(Paris: Plon, 1923), 247쪽.

3. 하이데거의 여백 주석은 힐데브레히트 호멜(Hildebrecht Hommel) 교수가 1955년 8월 21일 자로 하이데거에게 보낸 편지의 다섯 번째 단락을 가리킨다. "단편 123번에서 'φιλεῖ'는 아마 '그것은 사랑한다.'가 아니라, '그것은 소유한다.'라는 뜻일 것입니다. 왜냐하면 이미 1990년대에 이루어졌으나 학계에서는 아주 느리게만 정착되고 있는 한 발견(요한손,《인도게르만 연구》제2권)에 따르면, '(σ)φίλος'는 원래 'σφί'와 연관되어 '나의, 너의, 그의 (등) 소유물'을 뜻하며, 즉 소유격 대명사의 일종의 등가물이기 때문입니다."(Martin Heidegger, *Vorträge und Aufsätze*, Friedrich-Wilhelm von Herrmann 편(Frankfurt a. M., Vittorio Klostermann(HGA 7), 2017), 297쪽 이하. Martin Heidegger, *Bauen Wohnen Denken*(Stuttgart, Klett-Cotta, 2021), 414쪽 이하, 311쪽 주석 * 참조.

4. HE 〔1〕: 여백 표시: 오른쪽 화살표가 있는 세로선 → 〈daß im Scheinen von Sein das Seiende erscheint〉 구절과 같은 높이.

5. Martin Heidegger, "LOGOS(HERAKLIT, FRAGMENT 50)" in *Vorträge und Aufsätze*(Pfullingen, Neske, 1954), 207~229쪽. 제9판 Klett-Cotta, Stuttgart, 2000, 199~221쪽. 전집판(HGA) Martin Heidegger, "LOGOS(HERAKLIT, FRAGMENT 50)", in *Vorträge und Aufsätze*, 편자 Friedrich-Wilhelm von Herrmann, Frankfurt a. M., Vittorio Klostermann (HGA 7), 2000, 211~234쪽. 1951년 5월 4일 판은 하이데거 전집으로 출판되었다. Martin Heidegger, "Λόγος. Das Leitwort Heraklits(4. Mai 1951)", in *Vorträge. Teil 2: 1935~1967*, 귄터 노이만이 편집한 자필본, Frankfurt a. M., Vittorio Klostermann(HGA 80.2), 2020, 1041~1064쪽.

6. 하이데거가 인용한 판본은 *Aristotelis Metaphysica*, Wilhelm Christ 편집 (Lipsiae, B. G. Teubner, 1886).

7. HE 〔1〕: 불분명한 여백 표시: 세로선 또는 느낌표, 문장 전체에 해당.

8. HE 〔1〕: 여백 표시: 십자가 표시.

9. Martin Heidegger, "Sein und Zeit. Erste Hälfte" in *Jahrbuch für Philosophie und phänomenologische Forschung*, Bd. 8, Halle a. d. Saale, Max

Niemeyer, 1927, §6. 『존재와 시간』은 또한 특별판으로도 출판되었다. 제5판(1941)에서는 출판사의 요청에 따라 후설에게 바친 헌정문이 삭제되었으며, 제6판에서는 다시 복원되었다. 제7판(1953)부터는 "제1부"라는 표기가 삭제되고, 「제7판을 위한 서문」이 추가되었다. 제14판(1977)에서는 저자의 (토트나우베르크) 오두막 소장본(Hüttenexemplar)의 여백 주석이 부록으로 수록되었고, 제15판(1979)은 교정판으로 출판되었다. 최종 제19판은 2006년에 출간되었다. 하이데거 전집에서는 Martin Heidegger, *Sein und Zeit*, Friedrich-Wilhelm von Herrmann 편, Frankfurt a. M., Vittorio Klostermann (HGA 2), 1977, ²2018.

10. HE [1]: 여백 표시: 이중 세로선, 전체 문장에 해당.
11. HE [1]: 여백 표시: 원 구절 〈Es ist in einer Gestimmtheit〉에 해당.
12. 플라톤, 『테아이테토스(*Theaitetos*)』 189e 인용. 하이데거는 다음의 판본을 인용했다. *Platonis Opera*, Vol. 2, recognovit breviqué adnotatione critica instruxit Ioannes Burnet, Oxonii, e typographeo Clarendoniano, 1902.
13. (한국어 판) 155쪽 6번 주석 참조.
14. HE [1]: 수정 표시: 자필로 〈passion〉 삽입.
15. René Descartes, *Meditationes de prima philosophia* (Philosophische Bibliothek 1), Artur Buchenau 편집(Leipzig, Meiner, 1913).
16. HE [1]: 불분명한 주석: 〈*Sprache*〉의 이탤릭 또는 이중 강조 해제 지시.
17. 인용구: 횔덜린의 시 「파트모스」 중에서
Und die Liebsten nahe wohnen, ermattend auf
Getrenntesten Bergen,
So gieb unschuldig Wasser,
O Fittige gieb uns, treusten Sinns
Hinüberzugehn und wiederzukehrn.
(그리고 가장 사랑하는 이들은 가까이에 거하지만, 지쳐 쓰러지며 가장 떨어진 산들 위에 머무른다. 그러니 무구한 물을 우리에게 주시고, 오, 날개여, 가장 충실한 뜻으로 건너가고 다시 돌아올 수 있게 하소서.)
Friedrich Hölderlin, "Patmos. Dem Landgrafen von Homburg" in *Sämtliche Werke*, Bd. IV: *Gedichte 1800~1806*, hrsg. v. Norbert von

Hellingrath 편(Berlin, Propyläen Verlag, 2판 1923), 199쪽.

   18. Martin Heidegger, *Sein und Zeit*, 위와 같은 판본, § 7 B 참조. (한국어판) 161쪽 9번 주석 참고.

사유의 경험으로부터

사유의 경험으로부터

길과 저울, 그리고 [5]
좁은 길목과 이야기는
어떤 〔사색의〕 과정 속에 있다네.

그대는 잘못될지라도
샛길을 따라가며
물음을 끝까지 견지하게나.

[6]　　　새벽의 여명이 산 너머 고요히 밝아 올 때……

세상의 짙은 어둠은 도저히 존재의 빛에 이르지 못하리.   [7]

신에게 우리는 너무 늦게[1] 왔고 존재에게 우리는 너무 일찍 왔네.
존재에서 시가 인간이거늘.

하나의 별을 향해 다가가며, 오직 이것뿐.[2]

사유는 마치 하나의 별처럼 한때 세상의 하늘에 걸려 있는 사상에 제한된 것이라네.

[8]　　폭풍우가 거세게 몰아치던 날 산장의 창문 앞에서 풍차가 노래하고 있을 때……

사유의 기운이 스며 오는 존재의 요구로부터 피어오르고, 숙명의 언어는 [9]
이때 무르익는다.

우리가 사태를 바라보면서 마음속으로 그 낱말에 귀 기울일 때, 사유는
성취된다.

배움을 통해 알게 된 대상과 사유를 통해 알게 된 사태가[3] 서로 다르다는
점을 충분히 경험한 자는 지극히 적다.

단순히 사유에 반대하는 자가 아니라 사태의 다가옴에 맞서 사유하는 자
가 있다면, 사유의 사태는 한결 잘 드러날 것이다.

[10]   갑자기 한줄기 햇살이 어둑한 산기슭의 목초지를 환히 비출 때……

상념에 다가가는 것은 결코 우리가 아니다. 상념이 우리에게 다가오는 것 [11]
이다.

대화가 피어나기 알맞은 시간은 바로 이때다.

대화는 맑게 피어나 단란한 숙고가 된다. 숙고는 서로의 생각을 과시하지도 않으며, 비굴한 동의에 굴복하지도 않는다. 사유는 일렁이는 사태의 바람에 확고히 머무른다.

이런 단란함으로부터 아마도 몇 사람은 사유 행위의 친밀한 반려자가 된다. 그리하여 그들 가운데 어떤 이는 뜻밖에도 위대한 사상가가 된다.

[12]　　　초여름 수선화 몇 송이가 들녘에 은은히 피어나고 단풍나무 밑에서는 들장미가 곱게 빛날 때……

수수한 것의 찬란함이여.   [13]

형상은 비로소 완연한 자태를 보여 주거늘,
그 형상은 시 속에 고이 숨 쉬고 있다네.

정녕 그가 슬픔을 피하려 한다면,
그땐 누구의 가슴을 뒤흔들어 일깨울 수 있을까?

우리가 전혀 알지 못하는 곳에서,
고통은 자신의 성스러운 치유력을 선사하고 있다네.

[14]   바람이 거칠게 휘몰아치며 산장의 문틈 사이로 비집고 들어와 날씨가 더욱 짜증스러워질 때……

사유에게는 세 가지 위험이 몰아닥친다.   [15]

선하기에 이로운 위험은 노래하는 시인의 이웃 같은 친근함이다.

악하기에 아주 혹독한 위험은 사유 자체이다. 사유는 자기 자신에 맞서서 사유해야 하지만, 그런 일은 아주 드물다.

나쁘기에 혼란스러운 위험은 철학한다는 것이다.

[16]　　　어느 여름날, 나비가 살며시 꽃 위에 내려앉아 날개를 접고 미풍에 꽃과 함께 흔들릴 때……

정서의 모든 기운은, 우리의 사유를 세계의 놀이로 모아들이는 존재의 미 [17]
묘한 기운에 대한 반향이다.

사유 가운데 모든 사물은 서서히 고독해진다.

오랜 기다림과 인내 속에서 관대한 마음이 자라난다.

위대한 사상가는 실수도 크게 범하기 마련이다.[4]

[18]　　　적막한 밤, 계곡의 시냇물이 바위를 넘어 돌 틈에 부딪히며 재잘거
　　　릴 때……

오래된 것 중에서도 가장 오래된 것이 우리의 사유 뒤편에서 샘솟아 우리에게로 다가온다. [19]

그러므로 사유는 있어 왔던 것의 도래에 머무르는 회념이다.

태곳적으로 있다는 것, 그것은 사유의 기나긴 도상에서 유일무이한 사상이 솟구쳐 오르는 바로 그때에 그 자리를 지키며 거기 안에 머물러 있다는 뜻이다.

사유가 어디에서 발원하는지 그 유래를 훤히 꿰뚫어 볼 때, 그때 비로소 우리는 철학으로부터 한 걸음 물러나서 존재의 사유 속으로 들어서게 된다.

[20]　　　겨울밤 세찬 눈보라가 밤새도록 산장을 뒤덮으며 내려와 이른 아침 전원의 풍경이 새하얗게 고이 잠들어 있을 때……

도저히 언어로는 담아내지 못하는 것, 그것을 사유의 말은 말할 수 없다 [21]
는 사실에 의해 비로소 그 말은 자신의 본질 가운데 거하게 되나니.

말할 수 없다는 바로 그 사실이 사유를 사태 앞으로 데려오는 것이리라.[5]

언어로 발언된 것은 결코 말해진 것이 아니며, 그것은 어떠한 언어로도 말해질 수 없으리.

이러한 사유의 놀라움으로 인해 그 심연이 드러나는 그런 어떤 사유가 그 때 갑자기 존재하는 것이라고 한다면?

[22]　　한 무리의 소 떼가 천천히 넘어가는 비탈진 협곡에 목종소리가 달그랑달그랑 울려 퍼질 때……

사유함의 시 지음의 성격은 아직도 감추어져 있나니.   [23]

그 성격이 드러나게 되면, 그것은 오랫동안 거의 시적인 지성이나 꿈꿀 수 있는 이상적인 경지이리라.

그러나 사유하는 시 지음은 실로 존재의 위상 기하학이거늘.

그것은 존재에게 존재 자신의 본질 장소를 말해 준다네.

[24]   산자락 곳곳이 석양에 물들어 온갖 초목들이 금빛으로 빛날 때……[6]

노래함과 사유함은 시 지음의 친한 이웃이라네.   [25]

그것은 모두 존재에서 자라 나와 존재의 진리 속으로 뻗어 간다네.

그것들의 관계는, 산에 무성한 초목들에 관해 횔덜린이 어떻게 노래하였는지, 생각하게 한다.

"초목들이 군락을 이루며 서 있을 때,
그들은 서로 잘 알지는 못해도 친한 이웃으로 머물러 있다네."[7]

[27]　　　산은 겹겹이 길게 늘어져 있고
　　　　개울물은 급히 흐른다.
　　　　바위는 묵묵히 제자리를 지키고
　　　　비는 촉촉히 내린다.

　　　　들녘의 논밭은 기다리고
　　　　샘물은 솟아나며,
　　　　바람결은 잔잔하다.
　　　　어디에나 축복이 가득하다.

1947년에 작성됨 [28]

편집자 주

『사유의 경험으로부터』는 1947년에 먼저 50부 한정 번호를 매긴 사본(私本)으로 출판되었으며, 벤텔리 인쇄소(Benteli AG, 베른-뷤플리츠)에서 인쇄했다. 하이데거는 이 판본을 저자본으로 사용했다. 1954년에 귄터 네스케(Günther Neske) 출판사에서 출간된 판본이 본 판의 원본이 되었으며, 마지막 쪽에는 "1947년에 집필됨"이라는 문구가 추가되어 있다. 하이데거는 이 판본에 총 네 개의 연(Winke)[8]을 덧붙였는데, 앞의 두 연은 서두에, 뒤의 두 연은 말미에 위치한다.(각각 네스케 판의 5, 27쪽)

하이데거는 1933년 강연문「창조적 풍경: 우리는 왜 지방에 머무는가?(Schöpferische Landschaft: Warum bleiben wir in der Provinz?)」에서 이러한 "시적 방식"에 대해 다음과 같이 설명했다. "깊은 겨울밤, 맹렬한 눈보라가 오두막을 몰아치고 모든 것을 덮고 감출 때, 철학의 고귀한 시간이 찾아온다. 이때 철학의 질문은 단순하고 본질적인 것이 되어야 한다. 모든 사유는 철저하고 예리하게 다듬어져야 하며, 언어 표현의 수고는 마치 거센 눈보라에 맞서는 우뚝한 전나무의 저항과도 같다."[9]

저자본의 첫 페이지에는 인쇄된 형태로 "높은 전나무들 사이를 지나며(Unter den hohen Tannen hindurch)"라는 문구가 수록되어 있다. 해당 페이지에는 하

하이데거가 인쇄 오류에 대한 수정 사항을 자필로 기입해 두었으며, 이 수정 내용은 1954년 네스케 판본에 반영되었다. 같은 쪽에는 다음과 같은 자필 문구도 추가되어 있다. "사반세기 동안의 침묵과 오두막의 폭풍.(Ein Vierteljahrhundert Stille und Sturm der Hütte.)"[10]

자필본에서 정체 활자로 설정된 텍스트는 네스케 판본에서 왼쪽 면에, 이탤릭체는 오른쪽 면에 배치되어 있다. (한국어 판에서는 오른쪽 면을 고딕으로 표시했다. ─ 감수자 주) 왼쪽 면의 각 시구는 세 개의 점으로 끝나는 반면, 네스케 판본에서는 네 개의 점으로 마무리된다. 왼쪽 면의 마지막 행이 오른쪽 면의 첫 행의 위치를 결정하며, 이는 의도된 배열이다. 왼쪽 면의 텍스트가 특정한 정서(Stimmung)를 불러일으키고, 오른쪽 면의 텍스트는 그 정서 속에서 태어난 사유의 체험을 전달하도록 구성되어 있다.

이 판의 여백에 각주로 제시된 대괄호([ ]) 안 숫자는 다음 판본의 페이지 수를 기준으로 한다. Martin Heidegger, *Aus der Erfahrung des Denkens*(Pfullingen, Verlag Günther Neske, 1954). 하이데거 전집(HGA 13, 75~86쪽)과의 텍스트 차이는 편집 주석에서 따로 명시했다.

초판에서 쪽 바뀜을 나타내는 중간 줄표 | 는 별도로 표시하지 않았다. 이는 각 텍스트 단위가 새 쪽에서 시작되기 때문이다. 후속 판에서는 쪽 번호가 2~9쪽가량 줄어들 수 있다.

숫자 표시는 편집자의 주석 및 보충 설명을 나타낸다. 추가적인 설명은 「편집자 후기」(한국어 판 305쪽) 참조.

1. 하이데거 전집에는 네스케 판과 다른 텍스트 변형들이 존재하며, 이들은 이하에 각각 명시되어 있다. Martin Heidegger, *Aus der Erfahrung des Denkens*, Hermann Heidegger 편(Frankfurt a. M., Vittorio Klostermann(HGA 13), 1983, 2판 2002), 76쪽 "*Für die Götter kommen wir zu spät.*" 이하 'HGA 13, a. a. O.'로 표기.

2. HGA 13, a. a. O., 76쪽 "*Auf einen Stern zugehen……*". 또한 다음 자료 참조. Martin Heidegger, *Anmerkungen I‐V (Schwarze Hefte 1942~1948)*, Peter Trawny 편집(Frankfurt a. M., Vittorio Klostermann (HGA 97), 2015), 30쪽 "Nur auf einen Stern zugehen, und sonst nichts."

3. HGA 13, a. a. O., 77쪽 "*Wenige sind erfahren genug im Unterschied zwischen einem Gegenstand der Wissenschaften und einer Sache des Denkens.*"

4. 하이데거 전집(HGA 13, a. a. O.) 254쪽에 인용된 하이데거의 메모 중 "Wer groß denkt, muß groß irren."라는 문장에 대한 주석은 본 연구에서 사용한 자필본에서는 발견되지 않았다. 해당 메모의 내용은 다음과 같다.

"nicht persönlich gemeint, sondern bezogen auf die im Wesen der Wahrheit waltende Irre, in die jedes Denken, das dem Geheiß so oder so folgt, geworfen ist (vgl. Vom Wesen der Wahrheit 1930 und Was heißt Denken?). Statt ›Irre‹ deutlicher: die Irrnis; hier der Bezug zur Ereignis angedeutet. Im Seins-Geschick ist die Irrnis verborgen und bereit. Die Irrnis der großen Denker (positiv gedacht) ist noch nicht bemerkt."

또한 다음의 주석도 참조할 것. "Wer groß denkt, muß groß irren. Der Irrende muß auch ertragen, daß ihm das Falsche und Verfehlte und Zwei- und Mehrdeutige, worin er steht, indem er es befördert, als das Eigentliche seines ›Wollens‹ vorgerechnet und damit das Ganze seines Denkens dann verworfen wird. Der eigentliche Grund dieser Gefahren und Mißverhältnisse besteht und beruht aber in der wesenhaften Einsamkeit des Denkens. Sie ist und zumal auf dem Weg des seynsgeschichtlichen Denkens eine unbedingte. Sie bleibt darum auch mit moralischen Beurteilungen unversöhnbar."

Martin Heidegger, *Anmerkungen I‐V*(HGA 97), a. a. O., 179쪽. "Vom

Wesen der Wahrheit"에 관해서는 160쪽 주석 * 참고. "Was heißt Denken?"에 관해서는 「초연한 내맡김」 '안내'의 4번 주석 참고.

5. HGA 13, a. a. O., 83쪽 *"Solches Unvermögen brächte das Denken vor seine Sache."*

6. HGA 13, a. a. O., 85쪽 "seine Stämme umgoldet ……"

7. 이 횔덜린 인용은 『에트나 산위의 엠페도클레스(*Empedokles auf dem Aetna*)』 부록에서 발췌됨. Friedrich Hölderlin, *Sämtliche Werke*, Bd. III: *Gedichte/Empedokles/Philosophische Fragmente/Briefe, 1798~1800*, Friedrich Seebass와 공동 작업, Norbert von Hellingrath 편(München/Leipzig, Müller, 2판 1923), 551쪽 참조.

8. *Winke*(1941년 개인 인쇄본)에서 하이데거는 자신의 개념을 다음과 같이 설명한다.

"'빈케(Winke)'는 시가 아니다. 그것들은 또한 운율과 각운으로 꾸며진 '철학'도 아니다. '빈케'는 하나의 사유의 말들이다. 이 사유는 어느 정도 진술을 필요로 하지만, 그 진술 속에서 충만하게 성취되지 않는다. 이 사유는 존재자 속에서는 어떠한 고정점도 가지지 않는다. 왜냐하면 그것은 존재(Seyn)를 사유하기 때문이다. 이 사유는 이미 사유된 것 안에서 어떠한 전범도 찾지 못한다. 왜냐하면 이미 사유된 것은 오직 존재자를 사유하기 때문이다. 사유의 말하기는 시의 언어와 달리 형상 없는 것이다. 그리고 거기에 이미지가 있는 듯 보일 때에도, 그것은 결코 시에서 시로써 형상화된 것이 아니며, 또한 어떤 '의미'의 직관적 이미지도 아니다. 오히려 그것은 단지 모험적으로 시도된 무형성의 실패에서 나온 긴급한 닻일 뿐이다.

존재를 사유하는 사유는 '철학'의 종말을 견뎠다. 그러나 철학자들과의 대립은 이 사유를 사유자들에 대한 우정에서 밀어내지 않는다.

존재를 사유하는 사유는 진리를 결코 압박하지 않는다. 그러나 그것은 진리의 본질에 도움을 준다. 이 도움은 어떤 '성과'를 낳지 않는다. 그것은 단지 존재함(Da-sein)이라는 단순한 방식으로서의 도움일 뿐이다. 존재에 복종하는 이 사유는 존재에게 그 말을 찾아 주려 한다.

그러나 인간의 언어가 말(Wort) 안에 있을 때에만, 그것은 올바른 수직선(Lot) 위에 있다. 그리고 그 언어가 수직선 위에 서 있을 때, 감추어진 샘들의 보증이 그것을 향해 손짓한다. 그 샘들은 시작의 이웃이다.

존재를 사유하는 사유는 언어 사용에 대한 근심이다." Martin Heidegger, "Winke" in *Aus der Erfahrung des Denkens*(HGA 13), a. a. O., 23~33쪽, 특히 33쪽.

9. Martin Heidegger, "Schöpferische Landschaft: Warum bleiben wir in der Provinz?" in *Aus der Erfahrung des Denkens*(HGA 13), a. a. O., 9~13쪽, 특히 10쪽.

10. 여기에서 언급된 시기는 하이데거가 토트나우베르크에 위치한 오두막을 처음 소유한 1922년 8월 9일부터, 『사유의 경험으로부터』가 초판 인쇄된 1947년까지의 기간을 뜻하는 것으로 보인다.

마바흐(Marbach) 독일문학 아카이브에 보관된 하이데거의 헌정본(한나 아렌트에게 보낸 사본)에는 다음과 같은 자필 헌사가 담겨 있다. "Ein Vierteljahrhundert / Stille und Sturm der Hütte / Hannah / zum Andenken / Martin / den 4. März 1950". 또한 다음을 참조하라. Hannah Arendt·Martin Heidegger, *Briefe 1925 bis 1975 und andere Zeugnisse*, 우르줄라 루츠(Ursula Ludz)의 유고 출판본(Frankfurt a. M., Vittorio Klostermann, 1998, 2판 2002), 18, 411쪽.

초연한 내맡김

초연한 내맡김

    제가 공식적으로 저의 고향에서 말씀드리고 싶은 첫마디는 오직 감   [11]
사하다는 말 말고는 다른 말이 있을 수 없습니다.
    머나먼 길을 걸어오는 가운데 고향이 제게 베풀어 준 모든 것에 대해 저는 늘 고향에 감사하고 있습니다. 이러한 베풂이 어디에 있는지를, 저는 「들길(*Feldweg*)」이라는 몇 쪽 안 되는 짧은 글에서 피력한 적이 있습니다.¹ 그 글은 콘라딘 크로이처(Conradin Kreutzer)가 작고한 지 100주년이 되는 1949년에 그를 기리기 위한 기념 논문집에 처음으로 실렸지요. 저는 저를 따뜻이 환대해 주신 쉴레 시장님께 감사드립니다. 그러나 특히 오늘의 축하연에 기념사를 낭독할 멋진 기회를 제공해 주신 데 대해 감사드립니다.

    축제에 참석하신 존경하는 여러분!
    친애하는 지역 주민 여러분!

    우리는 우리의 지역 주민이었던 작곡가 콘라딘 크로이처를 기리기 위한 축하연에 모였습니다. 우리가 〔위대한〕 작품들을 창작하도록 소명받은 사람들 가운데 누군가를 축하해야 한다면, 무엇보다 중요한 것은 그의 작품을 마땅히 존경해야 한다는 것입니다. 음악가의 경우 그것은 우리가 그의 예술 작품들을 연주해 울려 퍼지게 함으로써 이루어질 것입니다.

[12] 이 시간에도 콘라딘 크로이처가 작곡한 가곡과 코러스(합창곡), | 그리고 오페라와 실내악이 아름다운 선율로 흐르고 있습니다. 이러한 선율의 흐름 속에 예술가 자신은 현존하는 것입니다. 무릇 작품 속에 현존하는 거장의 그런 현재(Gegenwart)야말로 유일하게 참다운 현재이기 때문이겠지요. 위대한 거장일수록, 그만큼 더 순수하게 개인으로서의 그는 작품 배후로 사라집니다.

오늘의 축제에 협찬해 주신 연주자와 성악가 덕분에, 콘라딘 크로이처의 작품은 이 순간에도 우리를 위해 아름답게 울려 퍼지고 있습니다.

그러나 축제는 이런 것에 의해 과연 기념 축제가 되는 걸까요? 기념 축제(Gedenkfeier)에는 하지만, 우리가 사유한다(denken)는 사실이 속해 있습니다. 한 작곡가를 기리는 이런 기념 축제에서 우리는 과연 무엇을 사유하고 말해야 할까요? 음악이 탁월한 까닭은, 그것이 이미 선율의 단순한 울림을 통해 '말하고' 있고, 그래서 일상적인 언어를, 즉 낱말로 이루어진 언어를 필요로 하지 않는다는 점에 있는 것이 아닐까요? 사람들은 그렇게 말합니다. 하지만 그럼에도 다음과 같은 물음은 여전히 남아 있습니다. 즉 축제는 연주와 노래를 통해 이미 기념 축제가 되는 걸까요? 다시 말해 우리가 〔진정으로〕 사유하는 그런 축제가 되는 걸까요? 아마도 그렇지는 않을 겁니다. 그래서 행사를 주관하신 분께서는 '기념사'를 프로그램에 집어넣으셨겠죠. 그 기념사는 우리가 경의를 표하는 작곡가와 그의 작품을 사유하도록 우리에게 도움을 주어야 할 것입니다. 우리가 콘라딘 크로이처의 생애를 새롭게 묘사하고 그의 작품을 하나하나 열거하면서 서술할 때에, 이러한 회념(Andenken)은 생

동하게 됩니다. 그런 이야기를 통해 우리는 상당한 기쁨과 말할 수 없는 비통함을 느낄 것이며, 피가 되고 살이 되는 유익한 많은 것을 마음껏 경험할 수도 있겠지요. 그러나 근본적으로 우리는 그런 언사를 통해서는 기껏해야 이야기를 즐길 수 있을 뿐입니다. 우리가 그런 이야기를 경청할 때 사유한다는 것은, 다시 말해 우리들 각자에게 직접적으로 쉴 새 없이 그 본질에 있어서 다가오는 그런 | 어떤 것을 숙고한다는 것은, 전혀 필요하지 않겠지요. 따라서 심지어 기념사조차도, 〔정말로〕 우리가 기념 축제에서 사유하고 있는지, 이것을 전혀 보증해 주지 못합니다. [13]

우리는 아무것도 해내려고 하지 맙시다. 우리들 모두가, 다시 말해 직업상 마치 사유하는 체 거들먹대는 그런 이들을 포함해 우리 모두가 너무도 흔히 생각이 모자랍니다(gedanken-arm). 우리들 모두가 너무나 자주 아무런 생각도 없이(gedanken-los) 살아갑니다. 바로 이러한 무사유(Gedankenlosigkeit, 생각-없음)가 오늘날 세계 도처에 출몰해 정신없이 돌아다니는 불청객이지요. 그 까닭은 사람들이 오늘날 가장 신속하고도 가장 값싼 방식으로 이러저러한 모든 것을 알고자 하고 또 그렇게 알자마자 바로 그 순간에 자기가 안 것을 재빨리 잊어버리기 때문입니다. 그래서 행사도 마치 사냥이라도 하듯 하나의 행사가 막을 내리면 곧바로 다른 행사가 이어지고, 이런 일은 계속됩니다. 그리하여 기념 축제들은 언제나 갈수록 생각이 빈약해집니다. 기념 축제와 무사유는 단짝을 이루고 있습니다.

하지만 우리가 생각 없이 살아간다고 해도, 우리는 물론 사유하는 우리의 능력을 헛되이 포기하지는 않습니다. 심지어 우리는 그러한 능력을 무조건적으로 필요로 하는데, 그것도 아주 특별한 방식으로, 즉 우리가 무사유 속에서 우리의 사유 능력을 아무렇게나 놀려 두고 있는 그런 식으로 필요로 합니다. 그런데 예컨대 경작지와 같이, 수확을 거두어 들이기 위해 그 자체가 땅으로 존재하는 그런 것만이 아무렇게나 놀려 둘 수 있습니다. 아무것도 자라나지 못하는 고속도로는 결코 휴경지라고 할 수 없습니다. 우리가 들을 수 있기 때문에만 우리의 귀가 먹어 버릴 수 있듯이, 또 우리가 한때 젊었던 적이 있었기 때문에만 우리가 늙어 갈 수 있듯이, 이와 마찬가지로 인간은 그의 본질적인 근본 바탕에 있어 사유할 능력을 즉 '정신이나 오ㅣ성'을 지니고 있어서 사유하도록 규정되어 있기 때문에만, 우리는 생각이 빈약해지거나 혹은 아예 아무런 생각도 없이 지낼 수 있는 것이겠지요. 또한 우리는, 우리가 알든 모르든, 우리가 소유한 것만을 상실할 수 있으며, 혹은 좀 달리 말해서 잃어버릴 수도 있습니다.

[14]

따라서 나날이 거세지는 무사유는 현대인의 가장 깊숙한 내면까지 침식해 파먹어 버리는 어떤 선행하는 사건에 기인하고 있지요. 현대인은 사유 앞에서 달아나며 도피하고 있습니다. 이러한 사유의 도피(Gedanken-flucht)가 무-사유(Gedanken-losigkeit)의 근거입니다. 그러나 사유 앞에서 달아나는 이러한 도피 속에는, 인간이 그것을 보려고 하지도 않고 인정하려고도 하지 않는다는 사실이 속해 있습니다. 심지어 현대인은 사유 앞에서의 이러한 도피를 솔직히 부인하면서, 오히려 그와는 정반대되는 주장을 펼치기도 합니다. 오늘날처럼 그렇게 이 세상 구석구석까지 인간의 손길이 계획적으로 펼쳐진 적은 없었으며, 또 그렇게도 많은 것이 열정적으로 탐구되고 연구된 적은 어떤 시대에도 없었다고 그는 말합니다. 물론 그의 주장은 아주 정당하지요. 그렇습니다. 이런 명민함과 숙고에 노력을 허비함은 (나름대로는) 큰 이점을 지니고 있습니다. 그런 생각은 결코 없어서는 안 될 불가결한 것으로 남아 있지요. 그러나 여기에 남아 있는 또 다른 사실은, 그것이 사유의 특별한 한 가지 양식이라는 점입니다.

그런 생각의 독특한 점은, 우리가 계획하고 연구하며 작업할 때 우리는 언제나 주어진 주변 상황들을 늘 계산적으로 고려하며 살아간다

는 사실에 존립하고 있습니다. 특정한 목적을 이루려는 계산된 의도에 의해 우리는 그런 상황들을 일일이 헤아립니다. 우리가 제일 먼저 따져 보는 것은 〔앞으로 주어질〕 특정한 결과입니다. 이러한 따져 봄(Rechnen, 계산함)이 계획하고 연구하는 모든 생각을 특징짓습니다. 비록 수로 어림잡거나 소형 계산기 혹은 대형 계산기를 사용하지 않는다고 하더라도, 그런 생각은 여전히 따져 보는 생각입니다. 따져 보는 생각(das rechnende Denken, 계산적인 사유)은 총괄적으로 따져 봅니다 (kalkulieren). 그것은 | 앞으로 진전될 새로운 가능성들을, 〔특히〕 언제나 좀 더 유망하면서도 더욱 편리한 그런 가능성들을 총괄적으로 따져 보지요. 따져 보는 생각은 〔그런 가능성에 따라〕 이 기회에서 저 기회에로 시시탐탐 옮겨 다닙니다. 따져 보는 생각은 결코 조용히 멈춰 서는 적이 없으며, 〔따라서〕 숙고(Besinnung)에는 이르지 못합니다. 따져 보는 생각은 결코 숙고적인 사유(das besinnliche Denken), 즉 존재하는 모든 것에 편재하는 그 의미(Sinn)를 깊이 생각해 보는(nachdenken, 뒤따라-사유하는) 그런 사유가 아닙니다.

[15]

그러므로 사유에는 계산적인 사유와 숙고적인 사유라는 두 종류의 사유가 있으며, 이 둘은 각각 저 나름의 방식으로 정당한 권리를 지니고 있고 또 그때마다 필요하기도 합니다.

그러나 우리가 현대인이 사유 앞에서 달아나며 도피하고 있다고 말할 때, 우리가 생각하고 있는 것은 바로 이러한 뒤따라-사유함입니다. 물론 그저 단순히 깊은 생각에 잠긴다(das bloße Nachdenken)는 것은 자기도 모르게(unversehens) 현실의 바다를 정처 없이 떠다니며 표류할 뿐이라고 혹자는 항변할 수도 있겠지요. 그런 깊은 생각은 지반을 상실할 것이며, 더욱이 분주한 생업의 문제들을 해결하기에는 아무 쓸모도 없을 뿐 아니라, 실천적 삶을 위해 이끌어 주거나 베풀어 주는 것이 아예 없다고 말입니다.

그래서 결국 사람들은 다음과 같이 말하지요. 그저 단순히 깊은 생각에 잠긴다는 것은, 다시 말해 장시간 동안 느긋하게 숙고한다는 것은, 평범한 사람들에겐 너무나 '지고한(hoch)' 일이라고 말입니다. 이러한 잡다한 이야기 가운데 단 한 가지 지적만은, 즉 숙고적인 사유는 계산적인 사유가 그러하듯 자발적으로(von selbst) 몰두하거나 숙고하는 일이 거의 없다는 지적만큼은 옳습니다. 숙고적인 사유는 때로는 좀 더 강도 높은 집중(eine höhere Anstrengung)을 요구합니다. 그런 사유에 이르기 위해서는 오랜 연습이 필요하지요. 또 그것은 모든 여타의 수공업적인 진실한 작업보다도 더욱 섬세한 마음가짐을 필요로 합니다. 그러나, 싹이 피어나 잘 여물어 결실을 거둘 때까지 그저 〔초연히〕 기다리는 그런 농부와 같이, 사유는 그렇게 기다릴(warten) 수밖에 없습니다.²

[16] 한편, 사람들은 누구나 저 나름의 방식으로 자신의 한계 내에서 뒤따라-사유하는(깊이 숙고하는) 그런 길들을 따라갈 수 있습니다. 왜 그럴까요? 그것은 | 인간이 사유하는, 즉 음미하는(sinnen) 본질 존재이기 때문입니다. 그러므로 우리가 뒤따라-사유할 경우에도 우리는 결코 '과도할 정도로 지나치게(hochhinaus)' 숙고할 필요까지는 없습니다. 우리가 〔우리〕 가까이에-놓여-있는-것(das Naheliegende) 가운데 친히 머무르면서 가장-가까이-있는-것을 ── 즉 지금 여기에서 우리들 각자에게 다가와 관계 맺고 있는 것을 ── 숙고한다면, 그것으로 충분합니다. 여기란 고향이라는 이 조그만 땅이며, 지금이란 현재라는 세계 시간을 뜻합니다. 우리가 숙고할 마음의 준비를 갖추고 있다면, 바로 이 축제가 우리에게 알려 주는 것은 무엇일까요? 이 경우에 우리가 먼저 주목해 보려는 것은, 예술 작품이 탄생했다는 점입니다. 우리가 이 단순한 사실을 생각해 본다면, 이 슈바벤 지역은 불과 수세기 전에도 위대한 시인들과 사상가들을 많이 배출했다는 생각이 우리에겐 금세 틀림없이 떠오를 것입니다. 우리가 이 점을 좀 더 곰곰이 사색해 본다면, 독일 중

부 지방은 동프로이센, 슐레지엔, 그리고 보헤미아 지역과 마찬가지로 토양이 좋은 곳이라는 사실이 금세 드러납니다.

우리가 깊이 숙고하다 보면, 훌륭한 작품이란 오직 고향 땅에 자신의 뿌리를 내림으로써 탄생되는 것은 아닐까?라는 물음이 떠오르게 됩니다. 요한 페터 헤벨(Johann Peter Hebel)은 한때 다음과 같은 글을 썼습니다. "우리는 식물이라네 — 우리가 기꺼이 인정하고 싶든 아니든 간에, 우리는 지상(에테르)에 꽃을 피우고 결실을 맺기 위해 흙에 뿌리를 내려 그 흙에서 자라나야 하는 식물이라네."(전집, 『옛길(*Altwegg*) 3』, 314쪽)[3]

그 시인이 말하고 싶은 이야기는 다음과 같겠지요. 참으로 기쁨으로 충만한 성스러운 하나의 작품이 탄생되고 성취되는 바로 그곳에서 인간은 고향 땅의 깊은 어둠으로부터 에테르 속으로 솟아나지 않으면 | 안 된다고 말입니다. 여기에서 에테르(Äther)란 높은 하늘의 환히 트인 맑은 공기, 즉 정신의 열린 영역을 뜻합니다.

[17]

우리가 좀 더 깊이 숙고하게 되면, 다음과 같은 물음이 떠오릅니다. 요한 페터 헤벨이 말한 것은 요즘엔 어떤 상태로 있을까요? 대지와 하늘 사이엔 아직도 인간이 평안히 거주하는 그런 삶(das ruhige Wohnen)이 있을까요? 아직도 이 땅에 관해 조용히 음미하는 그런 정신이 편재하고 있을까요? 아직도 뿌리처럼 힘차게 느껴지는 그런 고향, 다시 말해 인간이 언제나 그 땅에 머무르면서 향토에 묻혀 풋풋이 살아가는 그런 고향이 있을까요?

수많은 독일인들이 그들의 고향을 상실했으며, 그들의 촌락과 도시를 떠날 수밖에 없었고, 그리하여 그들은 고향 땅에서 밀려난 유랑자들입니다. 물론 그들과는 달리 헤아릴 수 없을 만큼 수많은 이들의 가슴속에는 여전히 고향이 남아 있지만, 그런 사람들조차도 대도시로 빠져들면서 산업 지대의 황량함 속에 어쩔 수 없이 거주해야만 합니다. 그들은 옛 고향에서 멀리 떨어진 채 살아갑니다. 그런데도 그들이 과연 고향에 파묻혀 사는 자들(die in der Heimat Gebliebenen)이라고 말할 수 있을까요? 여러모로 그들은 고향을 떠난 유랑자들(die Heimatvertriebenen)보다도 더욱 고향을 잃어버린 자들입니다. 그들은 매시간 그리고 매일마다 라디오와 텔레비전에 사로잡혀 살아갑니다. 주말이면 그들은 〔실제〕세계가 아니라 그 세계의 허구를 보여 주는 전시회로, 다시 말해 〔그들에게〕 익숙하진 않지만 대개는 그저 평범할 뿐인 그런 전시회로 눈요기하러 돌아다닙니다. '잡지(그림이나 삽화가 곁든 신문)'는 어디에서나 손쉽게 구할 수 있습니다. 현대의 기술적인 신문들과 방송들이 사람들을 시시각각으로 매혹하고 엄습하면서 그들을 이리저리 휘몰아 대는 그 모든 것들은, 자신의 농가 주위에 이것저것 심어 놓은 밭들보다도 요즘 사람들에게는 훨씬 가깝게 느껴지며, 땅 위에 있는 하늘보다도 더욱 가깝고, 매시간 진행되는 낮과 밤의 흐름보다도 더욱 가까우며, 농촌의 관습이나 풍습보다도 더욱 가깝고, 또 고향과도 같은 세계의 전승보다도 더욱 가깝게 느껴지고 있습니다.

[18] |우리의 숙고는 더욱 깊어져, 다음과 같은 물음을 제기하게 됩니다. 즉 고향에 파묻혀 사는 자들 못지않게 고향을 떠난 유랑자들에게서는 과연 무슨 일이 여기에서 일어나고 있는 것일까요? 대답은 이렇습니다. 현대인의 토속적인 향토애(Bodenständigkeit)가 가장 깊은 내면에서 위협받고 있다는 사실입니다. 좀 더 말하자면, 토속적인 향토애의 상실은 외적인 주변 상황들과 운명에 의해 야기되었을 뿐 아니라, 그것은 또한 사람들의 나태함과 피상적인 삶의 양식에도 그 원인이 있습니다. 토속적인 향토애의 상실은, 우리 모두가 몸담고 있는 이 시대의 정신에서 나오고 있습니다.

우리는 좀 더 깊이 숙고하면서 다음과 같이 물어봅니다. 사실이 그러하다면, 사람은 정녕 인간적인 작업이나 작품을 앞으로도 여전히 자연 그대로의 소박한 향토로부터 이루어 내면서, 에테르 속으로, 다시 말해 하늘과 정신의 드넓은 터전 속으로 올라서는 일이 가능할까요? 혹시 모든 것이 계산적으로 짜여진 계획과 조직 체계 그리고 자동화 작업의 굴레 속으로 빠져들지는 않을까요?

우리가 오늘 축제에 참여해, 이 축제가 우리에게 무엇을 알려 주는지를 숙고해 본다면, 우리의 시대를 위협하는 것은 바로 토속적인 향토애의 상실임에 우리는 주목하게 됩니다. 그리하여 우리는, 무엇이 이 시대에서 본래적으로 일어나고 있는지 또 그것은 무엇에 의해 특징지어지고 있는지를 묻게 됩니다.

사람들은 이제 새롭게 막을 열기 시작한 이 시대를 가리켜 핵 시대라고 부릅니다. 핵 시대의 가장 두드러진 특징은 핵폭탄이지요. 그러나 이런 것은 단지 겉으로 드러난 하나의 표식일 따름입니다. 왜냐하면 사람들은 핵에너지가 동시에 | 평화로운 목적을 위해서도 유용하게 쓰일 수 있다는 점을 잘 알고 있기 때문이지요. 그래서 오늘날 핵물리학과 이 이론을 담당하는 기술자들은 아주 광대한 계획을 세우고 그 계획에 따라 핵에너지의 평화로운 사용을 실현하기 위해 도처에서 애쓰고 있습니다. 영국을 정점으로 한 선진국들의 대규모 산업체 연합들은 핵에너지가 미래의 거대한 사업이 될 수 있다는 전망을 잇따라 내놓고 있습니다. 사람들은 이러한 핵 사업에서 새로운 행복을 바라봅니다. 원자력 과학도 이와 무관하지 않습니다. 그 학문은 공공연히 이러한 행복을 예고하고 있습니다. 그래서 금년 7월에 마이나우섬에서 노벨상을 수여받은 수상자 18인이 소리 높여 또박또박 외치길, "학문은 ─ 다시 말해 현대의 자연 과학은 ─ 인간의 보다 증진된 행복한 삶에 이르는 길"이라고 했지요.⁴

[19]

이러한 주장은 어떤 것일까요? 그것은 〔진정〕 어떤 숙고로부터 나온 것일까요? 그런 주장은 예전에 단 한 번이라도 핵 시대의 의미를 깊이 생각해 본 적이나 있는 걸까요? 아닙니다. 우리가 앞에서 언급된 학문에 관한 그런 주장에 의해 만족하게 된다면, 그때 우리는 현금의 시대에 관한 숙고로부터는 가능한 한 아주 멀리 떨어진 채로 남아 있게 됩니다. 왜 그럴까요? 그 까닭은 우리가 뒤따라-사유함(깊이 생각함)을 망각하고 있기 때문이며, 또 묻기를 망각하고 있기 때문입니다. 과학 기술이 새로운 에너지를 자연에서 발견해 풀어놓을 수 있다는 사실은 도대체 어디에 기인하는 것일까요?

[20] 그것은 수세기 이래로 모든 결정적인 생각들과 개념들이 변혁되기 시작했다는 점에 기인합니다. 그러한 변혁에 의해 인간은 다른 현실 속으로 옮겨지게 되었지요. 세계관의 이러한 급격한 변혁은 근대 철학 속에서 이행되고 있습니다. 이로 말미암아 세계 속에서 세계와 관계하는 인간의 완전히 새로운 지위가 형성됩니다. 이제 | 세계는, 계산적인 사유가 아무런 저항도 할 수 없는 그런 공격을 거침없이 자행해 나가는 하나의 대상처럼 나타납니다. 자연은 유일하고도 거대한 주유소가 됩니다. 다시 말해 현대 기술과 산업을 위한 에너지원이 되는 것이죠. 세계 전체에 대해 맺고 있는 인간의 이러한 근본적인 기술적 관계는 17세기 무렵 유럽에서 처음 나타났으며, 그것도 오직 유럽에서만 그렇게 나타났던 것입니다. [유럽이 아닌] 나머지 지구촌에게는 이런 관계가 오랜 세월 동안 전혀 알려지지 않은 채로 남겨졌습니다. 또 그것은 근대 이전의 세대들과 민족의 숙명에게는 아주 낯선 것이었지요.

현대 기술 속에 은닉된 힘은 존재하는 것에 대한 인간의 관계를 규정합니다. 그 힘이 지구 전체를 지배하고 있지요. 인간은 요즘 지구에서 벗어나 우주 속으로 진입하기 시작했습니다. 그러나 핵에너지가 이처럼 거대한 동력원으로서 알려지기 시작한 것은 불과 20년 정도밖에 되지 않으며, 조만간 가까운 미래에 모든 종류의 에너지에 대한 세계의 수요는 곧 그 한계에 이를 전망입니다. 새로운 에너지의 직접적인 조달은, 석탄과 석유 그리고 벌목할 나무의 생산과 같이, 이제는 더 이상 특정 국가나 특정 지구촌에만 해당된 문제는 아닙니다. 가까운 미래에 지구 곳곳에는 원자력 발전소들이 설치될 수 있을 것입니다.

오늘날 과학과 기술의 근본 물음은 더 이상, 우리가 과연 어디에서 그토록 엄청난 양의 화력과 동력을 얻을 수 있는가?라는 물음이 아닙니다. 이제 결정적인 물음은 다음과 같습니다. 즉, 과연 어떤 식으로 우리는 이렇듯 상상조차 할 수 없을 거대한 핵에너지를 통제하면서도 가동할 것이며, 또 이처럼 거대한 에너지가 갑자기 — 다시 말해 전쟁이 일어나지 않더라도 — 어떤 특정한 지역에서 폭발하거나 혹은 그 지역에 '삽시간에 퍼져 버림'으로써 모든 것을 모조리 없앨지도 모를 그런 위험으로부터 우리는 과연 어떻게 인류를 안전하게 구할 수 있는가?라는 물음입니다. [21]

핵에너지의 통제가 잘 이루어지고 또 앞으로도 그렇게 된다면, 기술 세계는 아주 새롭게 발전되기 시작하겠죠. 우리가 오늘날 사진 기술과 영상 기술, 교통 기술 — 특히 비행 기술 —, 방송 및 보도 기술, 의학 기술, 식품 기술 등으로 알고 있는 그 모든 것들은 어쩌면 단지 엉성한 초보 단계에 지나지 않을 것입니다. 어떤 엄청난 변화가 다가올지, 아무도 알 수 없습니다. 기술의 발전은 그사이에도 언제나 점점 더 빨리 진행되어 그 어디에도 멈춰 설 줄 모릅니다. 기술화된 자동 설비와 자동 기계의 〔급증하는〕 세력으로 말미암아 현존하는 모든 영역에서 인간이 설 땅은 언제나 그만큼 점점 더 좁아지고 그런 것들에 의해 대체되고 있습니다. 어디에서나 매시간 기술적인 장치와 각종 설비의 이러저러한 형태 속에서 인간을 요구하고 구속하고 잡아당기며 짓누르는 그런 힘들은, 〔실은〕 인간에 의해 만들어진 것이 아니기 때문에, 인간의 의지와 결단(결정)력을 넘어서 이미 막강해진 지 오래되었습니다.

그러나 또한 가장 신속한 방식의 업무 능력은 금세 유명해지며 공적인 찬사의 대상이 된다는 점도 기술 세계의 새로운 유형에 속합니다.

[22] 그래서 요즘엔 너나없이 누구나 기술 세계에 관해 언급되는 이러한 이야기를, 숙련된 기술로 활자화된 각종 신문에서 〔손쉽게〕 읽어 보거나 혹은 라디오에서 청취할 수 있습니다. 그러나 우리가 어떤 것을 듣거나 │읽어서 그것을 그저 단순히 안다는 것과, 우리가 듣거나 읽은 것을 〔올바로〕 인식하고 사색한다는 것은 별개의 것입니다.

올해(1955)ª 여름에는 또다시 노벨상 수상자들의 국제적인 모임이 린다우에서 개최되었지요. 거기에서 미국의 화학자 스탠리⁵는 다음과 같이 말했습니다. "생명체를 임의적으로 소멸시키기도 하고 만들어 내기도 하며 변형시키기도 하는 화학자의 손아귀에 생명이 장악될 날이 가까이 다가오고 있습니다."ᵇ라고요. 사람들은 이런 발언을 잘 알고 있습니다. 심지어 그들은 과학적 탐구의 대담성에 놀라지만, 그때 그들은 아무것도 사유하고 있지 않습니다. 그들은 여기에서, 수소 폭탄의 폭발과는 비교도 안 될 정도로 생명과 인간의 본질을 파괴하는 그런 공격이 기술을 매개로 해서 준비되고 있다는 사실을 사색하지 못하고 있습니다. 왜냐하면 수소 폭탄이 폭발하지 않아 이 지상에서의 인간의 삶이 그대로 보존된다고 해도, 핵 시대와 더불어 세계의 섬뜩한 변화는 더욱 기지개를 켤 것이기 때문입니다.

하지만 여기에서 본래 섬뜩한 것(das Unheimliche)은 이런 것, 즉 세계가 철저히 기술화된다는 그런 사실이 아닙니다. 더욱더 섬뜩한 것은, 인간이 이러한 세계의 변화에 아무 대비도 하고 있지 않다는 데 있으며, 또 우리는 이 시대에서 본래적으로 일어나고 있는 그것을 숙고적으로 사유하여 사태에 알맞게 논의하고 해명하는 그런 장소에 도달할 능력이 없다는 데 있습니다.

---

a <dieses>.
b 바그너(Wagner), 『과학과 위기에 처한 세계(Die Wissenschaft und die gefährdete Welt)』(1964), 235쪽 참조.⁶

〔실은〕 아무도, 다시 말해 개인이나 단체도, 또 저명한 공직자와 과학자 그리고 기술자에 의해 결성된 위원회도, 〔심지어〕 학계와 산업체의 지도적인 인사들에 의한 회담조차도 핵 시대의 역사적인 진행 과정에 제동을 걸거나 그런 과정을 조정할 수 없습니다. 인간적인 조직만으로는 결코 이 시대를 제압할 수 없습니다.

[23]

상태가 이 정도에 이르렀다면, 핵 시대의 인간은 멈출 줄 모르고 쇄도하는 기술의 힘에 할 말을 잃은 채 무방비 상태로 내맡겨진 셈이겠지요. 현대인이 단순히 계산하는 사유에 맞서 숙고적인 사유를 결정적인 사유의 장^{c}으로 이끌어 오기를 포기하는 한, 그는 그렇게 존재할 수밖에 없을 테지요. 그러나 숙고적인 사유가 깨어난다면, 뒤따라-사유함은 가장 보잘것없는 상황에서조차 틀림없이 부단히 작용하게 될 것이며, 따라서 지금 여기에서도 ― 다시 말해 우리의 기념 축제에서도 ― 그렇게 작용하게 될 것입니다. 왜냐하면 기념 축제는 특히 핵 시대에 위협을 당하는 것이 어떤 것인지를 우리로 하여금 사색하게 하니까요. 그것은 곧 인간적인 작품(작업)들 속에 깊이 스며 있는 토속적인 향토애입니다.

따라서 우리는 이제 다음과 같이 묻고자 합니다. 이미 예전의 토속적인 향토애가 상실되어 가고 있다면, 〔오늘날의〕 인간에게는 어떤 새로운 터전과 토양이 다시금 선사될 수는 없는지를, 다시 말해 거기로부터 인간의 본질과 그의 모든 작업이나 작품이 심지어 이런 핵 시대에서조차 새로운 방식으로 피어나 번성할 수 있는 그런 토양과 터전이 인간에게 다시금 되돌려질 수는 없는지를 묻고 싶습니다.

미래의 토속적인 향토애를 위한 터전과 토양은 과연 어떤 것일까요? 우리가 이렇게 물음으로써 찾고자 하는 그것은 아마도 아주 가까

---

c <Spiel>―?

이에 있을 것입니다. 그것은 그렇게 가까이에 있어서, 우리는 너무 쉽게 그것을 간과하곤 합니다. 왜냐하면 가까이에 이르는 길은 우리들 인간에게는 언제나 가장 머나먼 길이고, 따라서 가장 힘든 길이기 때문입니다. 이러한 길이 곧 뒤따라-│사유하는 그런 사유의 길입니다. 숙고적인 사유가 우리에게 요구하는 것은, 우리가 일면적으로 표상에 매달리지(bleiben)[7] 말라는 것이며, 또 우리가 일방적으로 표상을 향해 나아가지 말라는 것입니다. 그리고 우리가 얼핏 보기에는 그 자체 전혀 〔우리와〕 관계하지 않는 듯이 보이는 그런 것 속으로 들어가 〔그것과〕 관계 맺으라고(sich-einlassen auf) 숙고적인 사유는 우리에게 요구합니다.

[24]

한번 생각해 볼까요? 오늘날 우리 모두에게 기술 세계의 각종 설비와 장치 그리고 기계들은 없어서는 안 될 것들입니다. 혹자에겐 아주 상당히 필요하겠고, 또 혹자에겐 약간 필요한 정도이겠죠. 함부로 기술 세계에 대항하려고 덤벼든다면 그것은 어리석은 짓이겠죠. 또 기술 세계를 악마의 작품으로 간주해 저주한다면, 그것은 아마 근시안적인 태도일 것입니다. 우리의 몸과 마음은 기술적인 대상들에게 향해져 있습니다. 심지어 그것들은 우리들에게 언제나 더 좋고 향상된 품질을 추구하라고 닦달합니다. 하지만 우리는 자신도 모르는 사이에 기술적인 대상들에 단단히 얽매임으로써, 결국 우리는 그것들의 노예로 전락하고 말지요.

그러나 우리는 달리 생각해 볼 수도 있습니다. 물론 우리가 기술적인 대상들을 이용하기는 하지만, 동시에 그것들을 올바로 이용할 경우 우리는 그것들로부터 아무런 구속도 받지 않을 수 있으며, 그리하여 우리는 언제나 그것들을 〔자유롭게〕 풀어-놓게(loslassen) 되지요. 우리는 기술적인 대상들을, 그것들이 마땅히 사용되어야 하는 식으로 사용할 수 있습니다. 그러나 동시에 우리는 이러한 대상들을, 〔우리의〕 가장 깊은 본래 면목 속에서 우리에게 다가와 관계 맺지 못하는 그런 것으로

서〔대상들 자신 안에〕가만히 머물게 할 수도(beruhen lassen) 있습니다. 우리는 기술적인 대상들의 필요 불가결한 이용에 대해 '긍정'할 수도 있으며, 또 동시에, 그런 대상들이 우리에게〔자신들을 개선하도록〕결정적으로 요구하면서 우리의 본질을 비틀고 혼란스럽게 하고 마침내 황폐하게 하는 것을 우리가〔대상들에게서〕단호히 거절하는 한, 우리는 |〔그런 이용에 대해〕'부정'할 수도 있습니다. [25]

그러나 우리가 기술적인 대상들에 대해 이런 식으로 동시에 '긍정'하기도 하고 '부정'하기도 한다면, 그때 기술 세계에 대한 우리의 태도는 분열되고 불확실해지는 것이 아닐까요? 전혀 그렇지 않습니다. 오히려 그와는 정반대이지요. 기술 세계에 대한 우리의 관계는 놀라우리만큼 단순하고도 고요합니다. 우리는 기술적인 대상들을 우리의 일상 세계 속으로 들어와 머물러 있게도 하고, 동시에 그것들을 절대적인 것으로 존재하는 그런 사물들로서가 아니라 그 스스로 좀 더 드높은 것을 향해 지시된 채로 머무르는 그런 사물들로서〔일상 세계〕바깥에 가만히 머무르게 하기도 합니다. 저는 기술 세계에 대해 긍정하면서도 동시에 부정하는 이러한 태도를, 옛날 말로 사물들에 이르는 초연한 내맡김(die Gelassenheit zu den Dingen)이라고 부르고 싶습니다.

이러한 태도에서 우리는 사물들을 더 이상 단지 기술적으로만 바라보지는 않습니다. 우리의 눈은 해맑아져, 기계의 제작과 이용이 우리에게 사물들에 대한 다른 관계를 요구한다는 것을 알게 됩니다. 하지만 그런 관계는 무의미한 것이 아닙니다. 그래서 예컨대 밭을 직접 갈던 재래식 농업은 기계화된 식량 산업이 되지요. 다른 여러〔산업〕영역에서처럼 여기에서도 인간이 자연과 세계와 관계하는 그 방식에서 근본적인 변화가 일어나고 있다는 점은 분명합니다. 그러나 이러한 변화 속에 놓여 있는 그 의미가 무엇인지는 어둠 속에 남아 있습니다.

그렇다면 모든 기술적인 진행 과정들 속에는, 인간적인 활동과 ~하

게 함(das menschliche Tun und Lassen)을 요구하는 어떤 의미가, 다시 말해 인간이 처음으로 고안해 내거나 만든 것이 아닌 그런 어떤 의미가 지배하고 있는 셈입니다. | 우리는 섬뜩한 것 속으로 날로 치닫는 핵 기술의 지배가 어떤 의미를 갖고 있는지 알지 못합니다. 기술 세계의 의미는 스스로를 숨기고 있습니다. 그러나 우리가 이제 기술 세계에서는 어떤 숨겨진 의미가 우리를 어디에서나 휘젓고 있다는 사실을 언제나 제대로 주목하고만 있다면, 이런 경우에 우리는 우리에게 다가오면서도(auf uns zukommen) 스스로를 우리에게서 숨기고 있는 그것의 영역 속에 서 있는 것입니다. 그런 식으로 스스로를 내보이면서도(sich zeigen) 동시에 스스로를 내빼는(sich entziehen) 그것은 우리가 비밀(Geheimnis)이라고 부르는 것의 근본 특성입니다. 우리가 기술 세계 속에 숨겨진 의미를〔사색하기〕위해 열린 태도를 취하는 그런 태도를, 저는 비밀을 위한 개방성이라고 부릅니다.

사물들에 이르는 초연한 내맡김과 비밀을 위한 개방성은 함께 속해 있습니다. 초연한 내맡김과 개방성은 아주 다른 방식으로 세계 속에 머무르며 체류할 가능성을 우리에게 보증해 줍니다. 그것은 우리가 기술 세계에 의해 어떠한 위협도 받지 않은 채 그 세계 안에 서 있고 존재할 수 있는 새로운 토대를 우리에게 약속해 줍니다.

사물들에 이르는 초연한 내맡김과 비밀을 위한 개방성은 우리에게 새로운 양식의 토속적 향토애를 기대할 수 있는 전망을 열어 줍니다. 언젠가는 이러한 향토애가〔우리들 자신의 고유한 삶 속에〕동화되는 날이 올 수도 있겠지요. 그때 지금은 쏜살같이 사라져 가는 그 옛날의 토속적 향토애를 변화된 모습으로 다시금 부를 것입니다.

물론 당분간 ─ 그 기간이 얼마나 오래 계속될지는 모르겠습니다만 ─ 인간은 이 땅 위에서 여전히 위험스러운 상황 속에 있게 될 것입니다. 어째서 그럴까요? 그것은 단지 인류의 | 완전한 절멸과 지구의 파

괴를 몰고 올지도 모를 3차 세계대전이 별안간 발발할 수도 있다는 단 한 가지 이유 때문일까요? 그렇지 않습니다. 이제 막 나타나기 시작한 핵 시대에서는, 3차 세계대전의 위험이 완전히 사라지는 바로 그때에 좀 더 확산된 커다란 위험이 〔우리를〕 위협하게 될 것입니다. 묘한 주장처럼 들리시겠죠. 그러나 그것은, 우리가 〔사유해야 할 사태를〕 뒤따라-사유하지 않는 바로 그동안에만 묘하게 들릴 뿐입니다.

어째서 방금 전에 말한 그 명제는 중요할까요? 앞으로 언젠가는 오직 계산적인 사유만이 유일한 사유로서 간주되고 그것만이 널리 통용되는 그런 날이 다가올지도 모른다는 그런 식으로, 핵 시대에서 현란하게 펼쳐지는 기술 혁명은 인간〔의 마음〕을 단단히 사로잡아 〔마녀처럼〕 마구 유혹해 그의 눈을 부시게 하고 〔그리하여 급기야〕 그의 눈을 아주 멀게 할 수도 있기 때문에, 그 명제는 중요합니다.

그런 다음에는 어떤 커다란 위험이 고개를 쳐들 수 있을까요? 그런 다음에는 계산적으로 계획하고 고안하는, 아주 효과적인 최고로 날카로운 명민함이 〔뒤따라-사유하는〕 깊은 숙고와는 정반대되는 무차별적인 사유, 즉 완전한 무사유와 하나로 결합하겠지요. 그런 다음에는 어떻게 될까요? 그다음에 인간은 그 자신의 가장 고유한 점을, 다시 말해 그가 뒤따라-사유하며 숙고하는 본질 존재라는 사실을 부인하면서 가차없이 내던져 버릴 것입니다. 그러므로 중요한 것은, 인간의 이러한 본질 존재를 구해 내는 일이며, 또 뒤따라-사유하는 숙고를 늘 깨어 있도록 유지하는 일입니다.

물론 사물들에 이르는 초연한 내맡김과 비밀을 위한 개방성은 결코 저절로 우리에게 다가오지는(zu-fallen) 않습니다. 그것은 우연한 것(Zu-fälliges)이 전혀 아닙니다. 이 둘은 오직 부단히 마음속에서 우러나오는 그런 어떤 사유로부터만 피어나 번성하는(gedeihen) 것이지요.

어쩌면 오늘의 기념 축제가 그러한 사유를 일으키는 〔작은〕 충격이 될 것입니다. 우리가 이런 충격을 〔가슴 깊이〕 받아들일 때, 우리는 콘라딘 크로이처의 작품의 유래에 대해 — 즉 풀이 무성한 산속 마을 이 고향의 근원적인 힘에 대해 — 생각하면서 그를 추모하게 될 것입니다.

[28] 그리고 우리가 | 핵 시대로 파고 들어가 그 시대를 완전히 관통해 빠져나오는 그런 길을 발견하고 준비해야만 하는 그 인간이 〔바로〕 지금 여기에 모여 있는 우리들 자신이라는 점을 알고 있다면, 이렇게 사유하는 그런 존재자로서 우리는 존재하는 것이지요.

사물들에 이르는 초연한 내맡김과 비밀을 위한 개방성이 우리의 마음속에서 자라 나올 때, 우리는 새로운 터전과 토양으로 〔우리를〕 인도하는 그런 어떤 길에 도달할 수도 있겠지요. 불변하는 작품들의 창조는 이러한 토양에서 새로운 뿌리를 내릴 수도 있을 것입니다.

그러므로 요한 페터 헤벨이 했던 말은 〔앞으로〕 달라질 시대에서는 변화된 방식으로 분명히 새롭게 참다워지리라 믿어 의심치 않습니다.

"우리는 식물이라네 — 우리가 기꺼이 인정하고 싶든 아니든 간에, 우리는 지상에 꽃을 피우고 결실을 맺기 위해 흙에 뿌리를 내려 그 흙에서 자라나야 하는 식물이라네."[8]

초연한 내맡김의 해명
사유에 관해 들길을 거닐며 나눈 대화로부터*

탐구자(Forscher)　　　　　　　　　　　　　　　　　　　　　　　　[30]
학자(Gelehrter)
스승(Lehrer)

탐구자　당신은 강연을 마치면서 마지막으로, 인간의 본질에 대한　[31] 물음은 인간에 대한 물음이 아니라고 주장하셨습니다.

스승　저는 단지, '그렇다면 본질에 대한 물음은 그런 게 아니지 않는가'라는 점에 대해 숙고하지 않을 수 없다는 점만을 말씀드렸을 뿐입니다.

탐구자　어쨌든, 인간을 완전히 도외시한 채 과연 어떻게 인간의 본질을 찾을 수 있다는 것인지 저로서는 이해하기 힘듭니다.

---
*　287쪽의 「안내」 참조.[1]

스승   저도 그 점이 힘들기는 마찬가지입니다. 그래서 저는 과연 어느 정도로 이런 것이 가능한지 혹은 심지어 필연적인 것은 아닌지에 대한 명확함에 이르고자 합니다.

탐구자   인간을 고찰함 없이, 인간의 본질을 통찰한다니요!

스승   그렇습니다. 사유가 인간의 본질을 드러내는 특징이라면, 이러한 본질의 본질적인 성격은, 즉 사유의 본질은, 우리가 사유로부터 시선을 딴 곳으로 돌릴 경우에만 비로소 올바로 통찰될 수 있습니다.

학자   그러나 사유는 전승된 방식에서 표상(Vorstellen)이라고 파악되고 있으며, 따라서 그것은 일종의 의욕(Wollen, 원함)입니다. 칸트가 사 | 유를 자발성(Spontaneität)이라고 특징지었을 때, 그도 또한 사유를 그렇게 파악하고 있습니다. 사유한다는 것은 의욕한다는 것이며, 의욕한다는 것은 사유한다는 것입니다.

[32]

탐구자   사유의 본질이 사유와는 다른 것이라는 주장은, 그렇다면 사유가 의욕과는 다른 것이라는 뜻이겠지요.

스승   그래서 우리가 사유의 본질을 숙고하는 가운데 제가 진정으로 바라는 것이 무엇이냐라는 당신의 물음에 대해 저는 다음과 같이 답했었지요. 그것은 제가² 의욕하지-않기(das Nicht-Wollen)를 바란다는 것이지요.

탐구자   이 말은 우리에겐 이중적인 뜻으로 밝혀졌습니다.

스승 의욕하지-않음은 일단은 먼저 여전히 일종의 의욕을 뜻하기에, 그 안에는 어떤 아님(Nein)이 — 즉 의욕 자체를 지향하면서도 그런 의욕을 거절한다는 의미에서의 어떤 아님이 — 편재하고 있습니다. 따라서 이 경우에 의욕하지-않음은 의도적으로 의욕을 거절한다는 말입니다. 그다음에 의욕하지-않음이라는 표현은, 온갖 종류의 의지(Wille)에서 완전히 벗어난 채 그대로 머물러 있는 그런 상태를 의미합니다.

탐구자 따라서 그것은 결코 일종의 의욕에 의해서는 도저히 수행될 수도 없고 도달될 수도 없겠네요.

스승 그러나 아마도 우리는 처음에 언급한 의욕하지-않음이라는 방식의 의욕을 통해서 그것에 가까이 다가가게 될 것입니다.

학자 그러므로 당신은 어떤 특정한 관계 속에서 서로 관계하고 있는 두 종류의 의욕하지-않음을 바라보고 계시군요.

스승 저는 단지 이런 관계만을 바라보고 있는 게 아닙니다. 제가 〔이 자리에서〕 제 심경을 조금 고백해도 괜찮다면, 저는 우리의 대화를 움직이고 있는 그것에 관해 깊이 숙고하면서 그것을 뒤따라-사유하기(nachdenken) 시작한 이래로, — 비록 〔아직은〕 아무런 | 부름도 받지 못하고 있다고 하더라도 — 이러한 관계〔의 말 건넴〕에 의해 〔말하도록〕 요구되고 있었던 것입니다. [33]

탐구자 제가 헤아리건대 두 종류의 의욕하지-않음의 상호 관계를 다음과 같이 규정한다면, 그것은 올바른 생각일까요? 당신은 의욕하기를 단념한다는 의미에서 의욕하지-않기를 바라고 계시며, 이러한 무의욕을 철저히 관통해 나감으로써 우리는 일종의 의욕이 아닌 그런 사유의 탐구되는 본질 속으로 들어가 그것과 관계 맺을(sich-einlassen) 수 있거나 혹은 적어도 그런 것을 맞이할 채비를 할 수 있다는 것 아닙니까?

스승   당신의 헤아림은 옳을 뿐 아니라, 신들에게 맹세하건대 — 그 신들이 우리에게서 멀리 달아나지 않는 한 — 당신은 본질적인 어떤 것을 [이미] 찾아낸 셈이라고 저는 말하고 싶습니다.

학자   우리들 가운데 아무나 찬사를 표시해도 괜찮다면, 또 그런 찬사가 우리의 대화의 품격을 해치지 않는다면, 저는 이제 다음과 같이 말하고 싶습니다. 당신은 실로 이중적 어의를 지닌 의욕하지-않음이라는 말을 해석함에 있어서 우리를 완전히 능가할 정도로 탁월한 모습을 보이셨습니다.

탐구자   저에게 그런 생각이 운 좋게도 성취되었다면, 그것은 제 덕이 아니라, 오히려 그새 저물어 버린 깊은 밤 덕분이겠지요. 밤은 억지로 힘쓰지 않아도 집중하게 하니까요.

학자   밤은 서서히 깊어 감으로써, 우리에게 숙고할(nachsinnen) 시간을 베풀어 주지요.

스승   이로 인해 우리도 사람들이 모여 사는 곳으로부터 멀리 벗어나게 됩니다.

[34] | **탐구자** 제 마음은 더욱 풀어져, 대화 속에서 우리를 인도하는, 아

니 좀 더 정확하게 말하자면 우리를 낱말 가운데로 이끄는 보이지 않는 인도의 손길(Geleit)을 저는 신뢰하게 됩니다.

학자　　대화는 언제나 더욱더 어려워지기 때문에, 우리에겐 이러한 인도의 손길이 필요합니다.

스승　　당신이 어려운 것이라는 말 속에서 비범한 것(das Ungewohnte, 익숙하지 않은 것)을 생각하고 있다면, 그것은 우리가 우리에게 익숙했던 의지를 버린다(entwöhnen)는 점에 기인할 것입니다.

학자　　당신은 의지(Willen)라고 말씀하셨는데, 그렇다면 단지 의욕(Wollen)만을 떨쳐 내는 게 아니라…….

탐구자　　어떤 생각을 무리하게 자아내는 그런 요구(ein erregendes Ansinnen)도 떨쳐 버리라고 초연히(gelassen) 말씀하고 계십니다.

스승　　제가 이미 올바른 초연한 내맡김을 지니고 있다고만 한다면, 저는 방금 전에 말해진 그런 버림으로부터는 곧 벗어난 채로 있게 될 것입니다.

학자　　우리가 적어도 의욕만큼은 버릴 수 있는 한에서, 우리는 초연한 내맡김을 깨닫고자(beim Erwachen der Gelassenheit) 서로에게 도움을 주어야 합니다.

스승　　〔오히려 우리는〕그 이전에 초연한 내맡김을 위해〔언제든지〕깨어 있어야(beim Wachbleiben für die Gelassenheit) 하겠지요.

학자 어째서 깨닫는 게 아니란 말씀입니까?

스승 그것은 우리가 〔먼저〕 우리로부터 우리 자신의 입장을 그대로 견지한 상태에서 초연한 내맡김을 일깨우는(erwecken) 것이 아니기 때문입니다.

탐구자 그럼 초연한 내맡김은 〔우리가 아닌〕 다른 곳으로부터 작용되고 있다는 말씀이군요.

스승 작용되는 것이 아니라, 허용되는(zugelassen) 것이겠지요.

학자 저는 아직도 초연한 내맡김이라는 말이 무슨 뜻인지 잘 모르겠습니다. 하지만 저는, 우리의 본질이 의욕이 아닌 바로 그것 속으로 들어와 〔그것과〕 관계 맺을 수 있도록(sich auf das einzulassen) 허용될 경우에, | 〔비로소〕 그것이 깨어난다는 것을 어렴풋하게나마 알 것 같습니다.

탐구자 당신은 끊임없이 모종의 〔~하게〕 함에 관해 말씀하시므로, 그것은 일종의 수동적인 어떤 것이라는 인상이 듭니다. 그럼에도 불구하고 여기에서 문제시되는 것은 결코 사물을 무기력하게 움직이게 하여 몰아 대는 그런 종류의 어떤 함이 아니라는 것을 알 것 같습니다.

학자 아마도 초연한 내맡김에는 어떤 좀 더 고차원적인 활동(Tun)이 숨겨져 있을는지도 모릅니다. 즉 세계의 모든 사건들과 인류가 만들어 낸 숱한 작품들 속에 그런 활동이 숨겨져 있듯이 말입니다……

스승   하지만 그럼에도 불구하고 [초연한 내맡김 속에 은닉되어 있는] 고차원적인 활동은 능동적인 것이 결코 아닙니다.

탐구자   그러므로 여기에서 놓여 있다라는 단어를 사용해도 괜찮다면, 초연한 내맡김은 능동적인 것과 수동적인 것의 구분 바깥에 놓여 있을 것입니다.

학자   그것은 초연한 내맡김이 의지의 영역에는 전혀 속하지 않기 때문이겠지요.

탐구자   의욕으로부터 [빠져나와] 초연한 내맡김으로 넘어가는 이러한 이행은 저에겐 어렵게만 여겨집니다.

스승   초연한 내맡김의 본질이 우리에게 여전히 은닉되어 있는 한, 그것은 아주 어렵겠지요.

학자   특히 이러한 사실은, 사유의 위대한 옛 스승들에게서 — | 예컨대 마이스터 에크하르트[a]에게서도 — 이미 일어났듯이,[3] 아직도 여전히 의지의 영역 안에 그대로 머물러 있는 채 초연한 내맡김을 사유하려 하기 때문에 그런 것입니다.

[36]

스승   하지만 그럼에도 불구하고 우리는 그에게서 배울 점이 많이 있습니다.

---

a   *Eckhart*.

학자 물론이지요. 그러나 우리가 말한 초연한 내맡김은 죄에 젖은 이기심을 버리고 신적인 의지에 도달하기 위해 인간 자신의 의지를 떠나게 하는 것이 분명히 아닙니다.

스승 그런 것은 아니지요.

탐구자 우리에게 초연한 내맡김이라는 낱말이 무엇을 지칭하지 않는지는 저에겐 여러 관점에서 분명해집니다. 그러나 동시에 우리가 무엇에 관해 대화하는 것인지를 — 즉 담론의 주제를 — 저는 아직도 잘 모르겠습니다. 우리가 시도하는 것은 사유의 본질을 규정하는 것입니다. 초연한 내맡김은 사유와 무슨 관계가 있나요?

스승 우리가 사유를 종래의 개념에 따라 일종의 표상 행위라고 파악한다면, 실은 아무런 관계도 없습니다. 그러나 우리가 이제 비로소 찾고자 하는 사유의 본질은 어쩌면 〔이미〕 초연한 내맡김 속으로 들어와 그것과 관계 맺고 있을지도(in die Gelassenheit eingelassen) 모릅니다.

탐구자 제 의지를 아무리 잘 활용한다 해도 저는 사유의 이러한 본질을 결코 표상할 수 없습니다.

스승 그것은 바로 이러한 최상의 의지와 표상이라는 당신의 사유의 양식이 그렇게 표상할 수 없도록 당신을 방해하고 있기 때문이지요.

탐구자 그렇다면 도대체 이 세상에서 제가 해야 하는 일은 무엇일까요?

학자   그것을 저도 묻고 싶습니다.

|스승   우리는 아무것도 해서는 안 되며,[4] 오히려 기다려야만(warten)   [37]
합니다.[5]

학자   소용이 없는 위안(ein schlechter Trost)의 말씀이시군요.

스승   그것이 소용이 있든 없든 간에, 우리는 어떠한 위안도 고대해서는 안 됩니다. 이렇게 고대한다(erwarten)는 것 자체가 실은, 우리가 아무 위안도 받지 못하는 암담한 절망 속으로 단지 침잠해 들어갈 때조차도 우리 자신이 여전히 무엇인가 행하고 있다는 것이 되니까요.

탐구자   그렇다면 우리는 무엇을 기다려야 하나요? 또 어디에서 우리는 기다려야 하나요? 저는 제가 어디에 있는지, 그리고 제가 누구인지도 이제는 더 이상 모르겠습니다.

스승   우리가 어떤 것을 〔작위적으로〕 해내려는 태도로부터 완전히 떠나자마자(ablassen), 우리 모두가 실은 더 이상 그것을 알지 못하고 있습니다.

학자   그러나 우리는 여전히 우리의 길을 가고 있지 않습니까?

스승   물론 그렇습니다. 하지만 우리는 우리가 걷고 있는 그 길을 너무도 빨리 잊어버림으로써 사유를 포기하게 됩니다.

탐구자   지금까지 전혀 경험되지 못했던 사유의 본질 가운데로 우리가 이행하여 그 안으로 들어가야만 한다면, 우리는 여기에서 무엇을 사유해야만 할까요?

스승 그것은 오직 이러한 이행이 일어날 수 있는 그 근원에 대해서 입니다.

학자 그렇다면 당신은 사유의 본질에 대한 종래의 해석을 완전히 내버리려는 것은 아니겠지요?

스승 당신은 제가 예전에 혁명적인 것에 관해 대화하는 가운데 말했던 것을 잊으셨습니까?

탐구자 망각은 저에겐 실로 그런 대화에 늘 도사리고 있는 일종의 특이한 위험인 것 같습니다.

[38] **학자** 제가 올바로 이해하고 있다면, 우리가 초연한 내맡김이라고 부르면서도 실은 잘 모르고 있을 뿐 아니라 특히 그 어디에서도 올바로 간직하지 못하고 있는 그것을 우리는 이제 이미 언급했던 사유의 본질과의 연관성 속에서 바라보아야 합니다.

스승 바로 그것이 제가 생각하는 것입니다.

탐구자 최종적으로 우리는 초월적-지평적인(transzendental-horizontal) 표상 행위의 형태 속에서 사유를 생각해 보았지요.

학자 이러한 표상 행위는, 예컨대 하나의 사물이 나무의 모습으로, 혹은 단지의 모습으로, 혹은 접시의 모습으로, 혹은 여러 사물들이 돌의 다양한 모습으로, 혹은 초목의 무수한 모습으로, 혹은 동물의 모습으로 우리와 마주하여 서 있을 때, 우리가 나무의 나무다움, 단지의 단지다움, 접시의 접시다움, 돌의 돌다움, 초목의 초목다움, 동물의 동물다움을 통찰할 수 있는 시야를 우리에게 제공해 줍니다.

탐구자 당신이 다시 한번 서술한 그 지평(Horizont)이 곧, 〔사물의〕 외관을 둘러싸고 있는 시야(Gesichtskreis)입니다.

스승 그것은 대상들의 모습을 초월하는 것이죠.

학자 이와 마찬가지로 초월(Transzendenz)은 대상들의 지각 행위를 넘어서고 있습니다.

스승 그러므로 우리는 지평과 초월이라고 말해지는 그것을, 능가함(Übertreffen)과 넘어섬(Überholen)에 의해 규정하고 있습니다…….

학자 이러한 능가함과 넘어섬은 다시금 대상과 관계하고 대상의 표상 행위와 관계합니다.

스승 따라서 지평과 초월은 대상으로부터 그리고 우리의 표상 행위로부터 경험되는 것이기에 그것은 오직 대상과 우리의 표상 행위에 입각해서 규정될 뿐입니다.

학자 어째서 당신은 이 점을 강조하십니까?

스승 이런 방식으로는 지평을 지평 자신으로 존재하게 하는 그것은 결코 경험되지 않는다는 점을 암시하기 위해서죠.

탐구자 당신은 이런 주장을 하시면서 무엇을 생각하고 계신지요?

스승 우리는 지평을 철저히 통찰해야 한다고 말했지요. 따라서 시야란 어떤 열린 장(ein Offenes)입니다. 그러나 이 열린 장의 열려-있음(Offenheit)은 우리가 통찰한다는 사실에 의해 그것〔지평〕에게 다가오는 것이 아닙니다.

학자 이와 마찬가지로 또한 시야의 환히 트인 전망이 제공해 주는 대상들의 모습을 우리가 이러한 열린 장 안으로 설정하는 것이 아니겠지요.

탐구자 오히려 대상들의 모습이 거기로부터 우리에게 마주해 오는(entgegen-kommen) 것입니다.

스승 그러므로 지평적인 것(das Horizonthafte)은 단지 우리를 둘러싸고 있는 어떤 열린 장이 우리를 향해 다가오는 하나의 측면일 뿐입니다. 이 열린 장은 표상하는 우리에게 대상으로서 나타나는 그것의 모습을 밝혀 주면서 〔시야의〕 환히 트인 전망과 더불어 채워지는 것이지요.

[40] **탐구자** 따라서 그 지평은 여전히 지평과는 다른 어떤 것입니다. 그러나 이렇게 다른 것은 말해진 바에 따르자면 그것 자체와는 다른 것이며, 바로 그 때문에 그 자신과 같은 것입니다. 당신은 지평이란 우리를

둘러싸고 있는 열린 장이라고 말씀하셨습니다. 〔하지만〕 이 열린 장이 또한 우리의 표상 행위의 지평으로서 나타날 수도 있다는 점을 우리가 도외시한다면, 이 열린 장 자체는 〔도대체〕 무엇입니까?

스승   저에게 그것은 마치 하나의 영역(Gegend)처럼 보입니다. 그 영역의 진지한 마력에 의해 그 영역에 속하는 모든 것들이 그 안에서 저마다 평안히 쉬게 되는 그런 것으로 되돌아가는 것이지요.

학자   방금 당신이 하신 말씀을 제가 이해하고 있는지, 저는 잘 모르겠습니다.

스승   당신이 '이해한다'는 말로써, 〔당신에게〕 제공된 것을 표상하는 능력, 즉 제공된 것을 잘 인지하여 확고히 장악하는 식으로 그것을 표상할 수 있는 그런 능력을 생각하고 있다면, 저도 그것을 이해하지는 못할 것입니다. 왜냐하면 제가 열린 장에 대하여 영역이라고 말하고자 했던 그것을 〔거기에(worin)〕 안전하게 담아 둘 수 있는, 그런 잘 알려진 것이 저에게도 결여되어 있기 때문입니다.

탐구자   아마도 당신이 영역이라고 부르는 그것은 그 자체가 모든 머무름(Unterkunft, 정박)을 비로소 보증해 주는 그런 것이기 때문에, 여기에서 그것은 이미 가능한 것이 아니겠지요.

스승   바로 그런 것을 저도 생각하고 있습니다. 하지만 단지 그것만이 아닙니다.

학자   당신은 〔그 안에서〕 모든 것이 자신에게로 되돌아가는 '하나의' 영역이라고 말씀하셨습니다. 모든 것을 위한 하나의 영역이란, 엄밀히 말해 다른 여러 영역들 가운데 하나의 영역이 아니라 모든 영역들 중의 그 영역(die Gegend aller Gegenden)이겠지요.

[41] | 스승   옳습니다. 문제시되는 것은 바로 그 영역입니다.

탐구자   이 영역이 지닌 진기한 마력이란 바로 그것의 본질이 편재한다(Walten)는 것이겠지요. 제가 이렇게 말해도 괜찮다고 한다면, 그것은 사방으로 펼치는 것(das Gegnende)입니다.

학자   이 낱말에 따르자면 영역이란, 우리에게 마주해 오는 것이겠지요. 그러나 우리는 또한 지평에 관해 말하면서, 이 지평에 의해 한계 그어진 시야로부터 대상들의 모습이 우리에게 마주해 온다고 말했습니다. 우리가 이제 지평을 영역으로부터 파악해 본다면, 우리는 이 영역 자체를 우리에게 마주해 오는 것(das uns Entgegenkommende)이라고 받아들이게 됩니다.

스승   이런 방식에서 우리는 예전에 말한 지평만이 아니라 영역도 또한 우리와의 관계에 입각해 특징짓고 있는 셈입니다. 하지만 우리가 찾고자 하는 것은 우리를 둘러싸고 있는 열린 장 그 자체가 무엇이냐는 점입니다. 그것이 영역이라고 우리가 말한다면, 그리고 이 영역을 방금 언급한 의도적인 관점에서 말한다면, 그 낱말은 마땅히 다른 어떤 것을 일컫지 않을 수 없겠지요.

탐구자   게다가 마주해 온다는 것은 결코 이러한 영역이 지닌 하나의 근본 특성이 아니며 심지어 근본 특성이라고 할 수조차 없습니다.

그렇다면 이 낱말은 무엇을 뜻하는 것일까요?

학자 그것은 오랜 옛날엔 '사역(Gegnet)'이라고 쓰였으며, 환히 트인 터(freie Weite)를 의미합니다. 우리가 영역이라고 부르고자 하는 그것의 본질을 가리키기 위해 이러한 점으로부터 어떤 것이 취해질 수 있을까요?

스승 영역은, 마치 아무 일도 생기지 않은 듯이, 각각의 것을 저마다 각각의 것으로 모아들이며 또 모든 것을 자기 자신에게 〔편히〕 안주하면서 서로 친히 머무ㅣ르도록 모아들입니다. '사방으로 펼친다 (Gegnen)'는 것은 한적히 머무르는 동안에 널리 안주하도록 모아들이면서 되감싼다(das versammelnde Zurückbergen zum weiten Beruhen in der Weile)는 것입니다.

[42]

학자 따라서 영역 자체는 〔안주하는〕 넓은 터(Weite)인 동시에 〔한적히 머무르는〕 때(Weile)이군요. 그 영역은 〔각각의 존재자가 자기 자신으로 편히〕 안주하는 넓은 터에 친히 머무르고 있습니다(verweilen). 그것은 자유롭게 자신으로 회귀하는 것이 〔한적히〕 머물러 있도록 널리 펼쳐져 있습니다. 그래서 우리는 이 낱말의 강조된 의미를 고려해, 일상적으로 통용되는 '영역(Gegend)'이라는 말 대신에 '사역' 이라는 말을 사용할 수도 있습니다.

스승 사역은 모든 것을 모아들이면서 스스로를 열어 놓는, 친히 머무르는 넓은 터(die verweilende Weite)이며, 〔이렇게 스스로를 열어 놓음으로써〕 이러한 곳에서 저마다 각각의 것을 자신의 안주함 가운데 솟아나게 하는(aufgehen-lassen) 그런 열린 장이 간직되고 지속되는 것이지요.

탐구자 저로는, 사역이 우리에게 마주해 오기 이전에 오히려 그것이 스스로 물러나고 있는(sich-zurückziehen) 게 아니냐는 그런 생각이 드는군요…….

학자 그래서 결국은 사역 속에서 나타나는 사물들도 더 이상 대상의 성격을 갖지 않는 것이겠지요.

스승 사물들은 더 이상 우리와 마주하여 서 있는 것이 아니며, 더 이상 〔어떤 특정한 장소에〕 서 있는 게 전혀 아닙니다.

탐구자 그렇다면 사물들은 누워 있습니까? 그것도 아니라면 그것들은 어떠한 상태로 있습니까?

스승 당신이 그렇게 말하는 가운데 안주함(Beruhen)이라는 말 속에서 말해지는 편히 머무름(Ruhen, 평안함)을 생각하고 있다면, 그것들은 누워 있는(liegen) 것이겠지요.

탐구자 그러나 어디에서 사물들은 편히 머무르고 있을까요? 또 편히 머무름은 어디에 존립하는 것일까요?

[43] **스승** 사물들은 그것들이 속해 있는 넓은 터에 (한적히) 머물러 있고자 귀환하는 가운데 편히 머무르는 것이지요.

학자 그렇다면 〔그 자체〕 운동을 뜻하기도 하는 이러한 귀환 속에는 어떤 고요함(Ruhe, 정적, 정지)이 있을 수 있다는 것인가요?

스승 그렇습니다. 고요함이 모든 운동을 불사르는 화로이자 그 것을 지배하고 있는 한에서, 분명히 그렇습니다.[6]

탐구자 저는 당신이 지금 영역에 관해서, 〔안주하는〕 넓은 터와 〔한 적히 머무르는〕 때에 관해서, 그리고 귀환과 안주함에 관해서 말씀하신 그 모든 것을 올바로 표상할 수 없다고 고백하지 않을 수 없습니다.

학자 표상함에 의해서는 각각의 모든 것이 이미 일종의 어떤 지 평에서 우리와 마주하여 서 있는 대상으로 되어 버리는 한, 분명히 그런 것은 도저히 표상될 수 없겠지요.

탐구자 그렇다면 우리는 앞에서 말한 것을 제대로 서술할 수 없다는 것입니까?

스승 아닙니다. 모든 서술은 말해진 것을 대상적으로 보여 주어 야 하겠지요.

학자 그럼에도 그것이 말해질 수 있고 또 그렇게 말하는 가운데 사유될 수 있다는 것인지요…….

스승 사유함이 더 이상 표상함이 아니라면, 그렇게 될 수 있습니다.

탐구자 그러나 그런 경우에 그것은 무엇이어야 하나요?

스승 아마도 우리는 이제 사유의 본질 속으로 가까이 이끌려 들어오게(eingelassen) 된 것 같습니다.

[44] | **학자** 그것은 우리가 사유의 본질을 기다림으로써 그렇게 된 것이겠지요.

스승 기다린다는 것은 좋지만, 그렇다고 결코 고대하지는 맙시다. 왜냐하면 고대한다는 것은 표상하는 행위와 이런 행위에 의해 표상된 것에 곧잘 얽매이기 때문이지요.

학자 하지만 기다린다는 것은 그런 것으로부터 떠나는(ablassen) 것이지요. 심지어 저는 다음과 같이 말하지 않을 수 없습니다. 기다림은 〔어떤 것을〕 앞에-세우는 표상 행위와는 아무 관계도 없습니다. 기다림은 본래 어떤 대상도 갖고 있지 않습니다.

탐구자 그러나 우리가 기다릴 때, 우리는 언제나 어떤 것을 기다리기 마련입니다.

학자 그렇지요. 하지만 우리가 기다리는 어떤 것을 표상하여 그것을 〔우리 앞에〕 서 있게 하자마자, 우리는 이미 더 이상 기다리지 않게 됩니다.

스승 기다림 속에서 우리는, 우리가 기다리는 그것을 열어 놓게 되지요.

학자 어째서 그렇습니까?

스승   기다림은 열린 장 자체 속으로 들어가는(in das Offene selbst sich einlassen) 것이기 때문이지요.

학자   〔까마득히〕 먼 것의 넓은 터 안으로…….

스승   이 먼 것의 가까움 속에서 기다림은 자신이 머무르는 그때를 찾아내게 되지요.

탐구자   그러나 머무른다(Bleiben)는 것은 귀환한다(Zurückkehren)는 것이지요.

학자   우리가 오직 순수하게 기다릴 수 있는 그것은 열린 장 자체이겠지요.

탐구자   그러나 열린 장 자체는 사역이며…….

스승   우리가 사유할 때, 우리는 기다리는 가운데 이 사역 속으로 〔이끌려〕 들어오게 되지요. [45]

탐구자   그렇다면 사유란, 먼 것 가까이에-이르게-됨(das In-die-Nähe-kommen zum Fernen)이겠지요.

학자   이것은 사유의 본질을 과감하게 규정한 것인데, 바로 이러한 규정이 그때 우리에게 엄습해 왔던 것이죠.

탐구자   저는 우리가 방금 전에 말했던 것을, 전혀 아무런 표상도

하지 않은 채, 단지 요약했을 뿐입니다.

스승   그럼에도 당신은 〔이미〕 무엇인가 사유했던 것입니다.

탐구자   저는 무엇을 기다리는지는 몰라도 여하튼 어떤 것을 본래적으로 기다리고 있었던 것이지요.

학자   그러나 당신의 기다림은 어디에서 갑자기 유래할 수 있었던 것일까요?

탐구자   이제야 비로소 좀 더 분명히 알 것 같습니다만, 저는 우리가 대화하는 가운데 이미 오랫동안 사유의 본질의 도래를 기다리고 있었던 것이지요. 그러나 이제 저에게는 이러한 기다림 자체가 좀 더 뚜렷해졌을 뿐 아니라, 이와 아울러 우리 모두가 어쩌면 〔사유하는〕 도상에서 기다림에 좀 더 잘 익숙해졌을지도 모릅니다.

스승   어느 정도로 그런 것인지, 우리에게 말씀해 주실 수 있겠습니까?

탐구자   당신이 몇 마디 말로 저를 가늠해 보려는 그런 위험에 제가 빠져들 필요가 없다고 한다면, 기꺼이 그렇게 해 보겠습니다.

스승   그런 것은 우리의 대화에서는 전혀 필요하지 않습니다.

학자   그보다는 우리가 낱말들 가운데에서 자유로워지고 있음을 눈여겨보아야 하겠지요.

| **스승**   낱말은 전혀 어떤 것을 표상하지 않으며, 오히려 어떤 것의 의미를 해석하기(be-deuten) 때문입니다. 다시 말해 낱말은 어떤 것을 가리키되, 그것이 말 건넬 수 있는 말함의 넓은 터에 그것을 머무르게 하기 때문이지요.[b]   [46]

탐구자   저는 어째서 기다림에 이르게 되었으며, 또 어떤 방향에서 사유의 본질이 저에게 뚜렷해졌는지를 말하고자 합니다. 기다림은 어떤 것을 표상하지 않아도 열린 장으로 나아가기 때문에, 저는 모든 표상으로부터 완전히 벗어나고자 시도했습니다. 열린 장을 여는 것은 사역이기 때문에, 저는 표상으로부터 완전히 벗어난 채 오로지 순수히 사역에게 내맡기며 머물러 있고자 했던 것이지요.

스승   제 짐작이 맞다면, 따라서 당신은 초연한 내맡김 속으로 들어와 그것과 관계 맺고자 시도했던 것이군요.

탐구자   솔직히 고백해서, 비록 우리가 예전에 초연한 내맡김에 대해 말을 나눈 적이 있었다고는 해도, 저는 그것을 제대로 사유하지 못했던 것이지요. 저는 우리가 말했던 개별적인 대상들을 표상하기보다는 대화의 흐름을 따라오는 가운데 점차적으로 이미 언급했던 방식으로 기다림 속으로 들어와 그것과 관계 맺도록 (그것에 의해 이끌린 채) 유인되었던(veranlassen) 것입니다.

학자   우리가 (~속으로) 들어와 (그것과) 관계 맺도록 유인된다는 것보다도 더 알맞게 초연한 내맡김에 도달하는 길은 거의 없을 것

---

b (한국어 판) 247~248쪽을 참조하라.

같군요.

스승　특히 이러한 유인은 우리를 움직이는 대화의, 말 없는 흐름(Gang, 진행 과정)처럼 전혀 눈에 보이지 않는 것이기에, 더욱 그렇습니다.

학자　그러나 오직 초연한 내맡김 그 자체 이외에는 전혀 다른 것으로 여겨지지 않는 바로 그 길(Weg)에로 그것〔대화〕이 우리를 데려온다고 하는 이 말은 무슨 뜻입니까?

[47]　　|**스승**　초연한 내맡김은 고요함과 같은 그런 것입니다.

학자　이제 저에게는, 어떻게 운동이 고요함에서 발원해〔다시〕 고요함 속으로 들어가 머무르게 되는지가 갑자기 한결 더 뚜렷해지는군요.[7]

스승　그렇다면 초연한 내맡김은 단지 길일 뿐만 아니라 운동이겠지요.

학자　이렇듯 진기한 길은 어디로 가고 있으며, 또 그 길에 따라 움직이는 운동은 어디에 고이 머무르는 것일까요?

스승　초연한 내맡김이 있는 그대로〔머무르고〕 있는 그곳은 사역 이외에 다른 곳이 아니지요.

탐구자　제가 그것 속으로 들어와 그것과 관계하고자 시도하는 바로 그 초연한 내맡김이란 도대체 어떤 식으로 존재하는지, 이제 저는 끝으로 되묻고 싶습니다.

학자   당신의 이런 물음으로 인해 우리는 극심한 혼란에 빠지고 말았군요.

스승   그것은 우리가 우리의 길을 가다 보면 언제나 직면할 수 있는 것입니다.

탐구자   어째서 그렇습니까?

스승   우리가 그때그때마다 어떤 낱말로 명명하는 그것은 마치 간판에 걸려 있는 이름처럼 결코 적확한 낱말로 담아낼 수 없다는 점에서 그렇지요.

탐구자   우리가 명명하는 그것은 애초엔 이름이 없는(namenlos, 무명으로 존재하는) 것입니다. 따라서 우리가 초연한 내맡김이라고 부르는 그것도 그런 것이지요. 과연 그 이름이 적합한지, | 또 어느 정도로 적합한지를 헤아려 보고자 한다면, 그때 우리는 무엇을 지향해야 하나요?   [48]

학자   혹시 명명한다는 것은 무릇 무명으로 존재하는 것에 대해 어떤 작위적인 태도는 아닐까요?

스승   그러나 도대체 무명적인 것이 존재한다는 것은 결정된 사실일까요? 물론 우리가 종종 말할 수 없는 것이 많이 있습니다만, 그것은 단지 그것이 지닌 이름이 우리에게 잘 떠오르지 않기 때문이지요.

학자　모종의 어떤 명명력이 있는 것은 아닐까요?

스승　아마도 〔사물들이 저마다 지니고 있는〕 이름들은 〔우리가 명명하는 그런〕 명명(Benennung)에 의해 나오는 것이 아닐 것입니다. 당신은, 특히 부를 수 있는 것(das Nennbare), 이름(der Name), 그리고 일컬어진 것(das Genannte, 이름 지어진 것)이 〔그 안에서〕 생기하는(sich-ereignen) 그런 일종의 부름(Nennung)에 감사해야 합니다.

탐구자　당신이 마지막으로 부름에 대하여 말씀하신 내막을 저는 잘 모르겠군요.

학자　그것은 분명히 낱말의 본질과 관련되어 있는 것 같군요.

탐구자　그에 반해 당신이 명명에 관해 지적하신 것은, 그리고 무명으로 존재하는 것은 없다는 말씀은 오히려 저에겐 잘 이해가 됩니다.

학자　초연한 내맡김이라는 이름의 경우에서 보이듯이 우리가 그것을 시험해 볼 수 있기 때문이겠지요.

스승　이미 그 시험은 다 마친 상태이겠지요.

탐구자　어떻게 그렇다는 말씀인가요?

스승　초연한 내맡김이라는 이름에 의해 당신이 명명했던 것은 무엇입니까?

탐구자   실례가 되지 않는다면, 그 이름을 사용했던[8] 사람은 제가 아니라 바로 당신이었지요.

|스승   저는 당신과 마찬가지로 그렇게 명명한 적이 거의 없었습니다.   [49]

학자   그렇다면 누군가가 또 있기라도 했습니까? 우리들 가운데 어느 누구도 아니라는 말씀입니까?

스승   어쩌면 그럴 수도 있지요. 〔실은〕 우리가 몸담고 있는 영역에서는, 아무도 없었을 경우에만 모든 것은 가장 잘 정돈된 모습으로 있기 때문이지요.

탐구자   아무런 책임도 질 필요가 없는 참으로 기묘한 영역이군요.

스승   그것은 오직 자기 자신에게만 책임을 다하는(verantworten) 낱말의 영역이기 때문이지요.

학자   우리에게 남겨진 일은 오직 그 낱말에 따른 적합한 대답(die dem Wort gemäße Antwort)에 귀 기울이는 것일 뿐이죠.

스승   그것이면 충분합니다. 특히 우리의 말함(Sagen)은 단지 우리가 들은 대답에 뒤따라 말하는 그런 말함(ein Nachsagen der gehörten Antwort)이기 때문이지요.

탐구자   특히 누구의 말을 뒤따라 말해야 할지조차도 흔히 뒤따라 말하는 자는 모르고 있기에, 그렇게 뒤따라 말하는 그런 말함에 누가 제일 먼저 도달할지 또 그런 말함에 도달하는 자가 누구인지 등은 여기에선 중요한 게 아니겠지요.

학자 그러므로 누가 제일 먼저 '초연한 내맡김'이라는 명칭을 대화 속으로 끌어왔는지, 이러한 사안에 대해서 우리는 더 이상 논쟁하지 맙시다. 그 대신에 우리는 단지 우리가 그렇게 명명하는 그것〔초연한 내맡김〕이 무엇인지를 사색해야겠지요.

탐구자 앞에서 상술한 저의 경험에 의해 말씀드리자면, 그것은 기다림입니다.

[50] **스승** 따라서 〔그것은〕 무명으로 존재하는 어떤 것이 아니라, 이미 말해진 것(ein schon Benanntes)이겠지요. 이러한 기다림이란 무엇일까요?

탐구자 그것이 열린 장과 관계하고 있고 또 그 열린 장이 사역인 한에서, 기다림은 사역과의 어떤 관계(ein Verhältnis zur Gegnet)라고 말할 수 있겠습니다.

스승 기다림이 사역 속으로 들어가 그것과 관계 맺고 있는(sich-einlassen) 한, 아마도 그것은 심지어 사역과의 그 관계라고 말할 수 있겠지요. 그리고 그것 속으로 들어가 그것과 관계 맺는 가운데, 사역은 사역으로서 순수하게 편재하게 되는 것이지요.

학자 따라서 어떤 것과의 어떤 관계는, 그 관계가 관계하는 그것

[사역]에 의해 그 관계가 그 자신의 고유한 본질 속에서 지탱되고 있을 경우에만 참다운 관계가 될 것입니다.

스승　사역과의 관계는 기다림입니다. 그리고 기다림이란, 사역의 열린 장 속으로 들어가 그것과 관계 맺는다(auf das Offene der Gegnet sich einlassen)는 뜻입니다.

학자　따라서 사역 속으로 들어간다(in die Gegnet eingehen)는 말이군요.

탐구자　그 말은 마치 우리가 애초에는 사역 바깥에 거하고 있었다는 말처럼 들리는군요.

스승　하지만 우리는 그런 것이 아닙니다. 우리가 사유하는 본질로서, 다시 말해 이와 동시에 초월적으로 표상하는 본질로서, 초월의 지평 속에 머무르며 체류하고 있는 한, 우리는 전혀 사역 바깥에 있지 않습니다. 그러나 지평은 [어떤 것을 앞에 세우는] 우리의 표상 행위를 향해 다가오는 사역의 한 측면(die unserem Vor-stellen zugekehrte Seite der Gegnet)입니다. 사역은 지평으로서 우리를 둘러싸면서 우리에게 스스로를 내보이는 것이지요.

학자　저는 그보다는 사역이 지평으로서 자신을 감추고 있다고 생각합니다. 〔51〕

스승　물론 그렇지요. 하지만 그럼에도 불구하고 우리는 초월적으로 표상하면서 지평으로 넘어가는 가운데 사역 속에 존재합니다. 그러나 다시금, 우리가 아직은 사역으로서의 사역 그 자체 속으로 들어가 그것과 관계 맺지 못하고 있다면, 그 안에 있는 것이 아닙니다.

탐구자   하지만 기다림 속에서는 무엇인가 일어나고 있겠지요.

스승   당신이 이미 말씀하셨듯이, 기다리는 가운데 우리는 지평과 관계하는 초월적인 연관으로부터 풀려나 벗어나게(losgelassen aus dem transzendentalen Bezug zum Horizont) 됩니다.

탐구자   이렇게 풀려나-있음(Gelassensein)은 초연한 내맡김의 일차적인 구성 요소이지요. 하지만 그것은 초연한 내맡김의 본질을 적확하게 맞힌 것도 아니며, 심지어 그 본질을 완전히 길어 내고 있지도 않습니다.

학자   어째서 그렇지 않다는 말씀인가요?

스승   지평적인 초월로부터 벗어나게 된다는 것은 본래적인 초연한 내맡김(die eigentliche Gelassenheit)에 선행하는 것이지만, 비록 이런 일이 꼭 일어나지는 않는다고 하더라도, 본래적인 초연한 내맡김은 생기할(sich-ereignen) 수 있기 때문입니다.

학자   본래적인 초연한 내맡김이 사역과의 알맞은 관계로 존재해야 하고 또 이러한 관계가 관계하는 그것(사역)으로부터 그 관계가 순수히 규정되는 것이라면, (이때) 본래적인 초연한 내맡김은 사역 속에 틀림없이 안주하고 있는 것이며, 또 (사역 속에 머물면서) 사역으로부터 '사역으로 나아가는 운동(Bewegung zur Gegnet)'을 이미 받아들이고 있었던 것이겠지요.

스승 초연한 내맡김은 사역으로부터 나옵니다. 왜냐하면 초연한 내맡김은 인간이 사역 자체에 의해 이끌린 채 사역에 내맡겨져 초연히 머무르는(der Gegnet gelassen bleibt) 가운데 존립하는 것이기 때문입니다. 인간이 근원적으로 사역에 속해 있는 한, | 인간은 그 본질상 사역에 내맡겨져 초연히 존재하는 것이지요. 그가 사역 자체에 의해서 사역에 시원적으로 이끌린 채 〔사역의 고유한 본령 속에서〕 고유해지는(ge-eignet) 한, 그는 사역에 속하는 것입니다. [52]

학자 어떤 것을 기다리는 그 기다림이 어떤 본질적인 기다림, 다시 말해 모든 것을 결정짓는 그런 기다림이라고 가정한다면, 사실상 그런 기다림은, 우리가 기다리는 그것에 우리가 속한다는 사실 속에 근거하는 것이겠지요.

스승 기다림의 경험으로부터, 그것도 사역의 자기 개시(das Sichöffnen)를 기다리는 그런 기다림의 경험으로부터, 그리고 이러한 기다림 속으로 이끌려 들어가는 그런 관계(Beziehung auf solches Warten) 속에서, 그 기다림은 초연한 내맡김으로서 말 건네지고 있었던(an-gesprochen) 것입니다.

학자 따라서 사역을 기다리는 그런 기다림을 명명함은 일종의 응답하는 명명(eine entsprechende Bennennung)이군요.

탐구자 그러나 초월적-지평적으로 표상함이 ― 초연한 내맡김은 사역에 귀속함으로써 이러한 표상함으로부터 풀려나 벗어나게 되는

데 — 지금까지 지배해 온 사유함의 본질이라고 한다면, 이제 초연한 내맡김 가운데서 사유함은 그런 표상함으로부터 〔벗어나〕 사역을 기다리는 기다림으로 변화하겠지요.

스승 하지만 이러한 기다림의 본질은 사역에 이르는 초연한 내맡김(die Gelassenheit zur Gegnet)입니다. 그러나 사역은 그때그때마다 초연한 내맡김을 — 자기 안에 안주하도록 — 자신에게 속하게 하는 (gehören lassen) 것이기 때문에, 사유의 본질은, — 제가 그렇게 말씀드려도 괜찮다고 한다면 — 사역이 초연한 내맡김을 자기 안에서 사방으로-고유하게-펼친다(vergegnen)는 점에 있을 것입니다.

학자 사유의 본질은 초연한 내맡김을 사방으로 고유하게 펼치는 사방-펼침(Vergegnis der Gelassenheit)에 고요히 머물러 있기 때문에, 사유란 사역에 이르는〔속하는〕 초연한 내맡김입니다.

[53] **│스승** 하지만 이로써 사유의 본질은 사유로부터, 다시 말해 기다림 그 자체로부터 규정되는 것이 아니라, 오히려 사유 자신과는 다른 것으로부터, 즉 사방으로-고유하게-펼침으로써 본원적으로 존재하는 그런 사역으로부터 규정되는 것이라고 당신은 말한 셈이 되었군요.

탐구자 우리가 지금 초연한 내맡김, 사역, 그리고 사방-펼침에 대해 말했던 그 모든 것을 이제 저는 확실히 따라잡을 수 있습니다. 하지만 그래도 저는 아무것도 표상할 수 없군요.

학자 당신이 말해진 것을 그것의 본질에 따라 알맞게 사유하고 계신다면, 그렇게 해서도 안 되겠지요.

탐구자　당신 생각으로는, 우리가 사유의 변화된 본질에 따라 그것을 기다려야 한다는 말씀이군요.

학자　말하자면 사역의 사방-펼침을 기다린다는 것이지요. 그것은 우리의 본질을 사역 속으로 들어오게 합니다. 다시 말해 사역에 속하도록 한다는 말이지요.

스승　그러나 우리가 사역에 〔이끌린 채〕 이미 고유하게 그것에 속해 있다고 한다면요?

탐구자　하지만 만약 우리가 아직은 그렇게 참답게 존재하지 못한다고 한다면, 과연 무엇이 우리에게 그런 도움을 줄까요?

학자　따라서 우리는 그렇게 존재하기도 하고 또 그렇게 존재하지 못하기도 합니다.

탐구자　당신의 말씀은 다시금 긍정과 부정 사이에서 쉴 새 없이 이리저리 흔들리고 있군요.

학자　우리는 마치 이 양자 사이에 걸려 있는 것 같습니다.

스승　그러나 이러한 사이(Zwischen)에 머무르며 체류함이 곧 기다림이겠지요.

학자　그런 기다림은 초연한 내맡김의 본질이며, 이러한 초연한 내맡김 속으로 사역의 펼침이 | 인간을 사방으로-고유하게-펼치는 것　[54]

이지요. 짐작건대 사유의 본질은 초연한 내맡김인 듯싶습니다.

스승 그것[초연한 내맡김]을 그렇게도 빨리 다시 망각하기 위해서, 그렇게 짐작해 보는 것이겠지요.

탐구자 하지만 저는 그것 자체가 기다림이라고 경험했거든요.

스승 사유는 결코 저 홀로 존립하는 초연한 내맡김이 아니라고 우리는 사색해 봅니다. 사역에로 나아가는 초연한 내맡김은 사유이며, 이것은 오직 초연한 내맡김을 사방으로 고유하게 펼치는 사방-펼침으로서만 사유입니다. 이러한 사방-펼침이 초연한 내맡김을 사역 속으로 들어오게 하여 그것과 관계 맺게 했던 것이지요.

학자 그러나 사역은 이제 사물을 또한 [안주하는] 넓은 터에 친히 머무르게 하기도 합니다. 우리는 이렇듯 사물과 관련된 사역의 펼침(das Gegnen der Gegnet in Bezug auf das Ding)을 어떻게 명명해야 할까요?

탐구자 그것은 아마도 사방-펼침일 수는 없을 테지요. 왜냐하면 사방-펼침은 초연한 내맡김과 관계하는 사역의 연관(Bezug der Gegnet zur Gelassenheit)이지만, 초연한 내맡김은 사유의 본질을 자기 안에 간직하고 있기 때문이지요. 게다가 그것이 사물들 자체를 사유할 수는 없겠지요.

스승 일찍이 우리가 대화하던 가운데 사역의 펼침이 단지(Krug)를 사역의 넓은 터에 머물러 있게 하면서 스스로를 내보였듯이, 사물

들은 분명히 사역의 펼침을 통해서(만) 사물들로 존재하지요. 사역이 초연한 내맡김을 작용하게 하는 것이 아니듯이, 사역의 펼침이 사물들을 구성하는 (직접적인 물질적) 원인이 되거나 그것들을 작용하게 하는 것은 물론 아니지요. 사역은 사방으로-고유하게-펼치는 가운데 초연한 내맡김을 위한 지평으로 존재하는 것도 아니며, 또 그렇다고 해서 — 우리가 사물들을 단지 대상들로서 경험 | 하거나 혹은 대상들을 향해 표상되는 '사물 자체'로서 생각한다고 하더라도 — 그것은 사물들을 위한 지평으로 존재하는 것도 아닙니다. [55]

학자 당신이 방금 말씀하신 것은 저에겐 결정적인 이야기로 들리기에, 저는 말해진 것을 학술적인 용어로 확고히 담아내고자 합니다. 물론 (학술적인) 용어는 사상을 경직시킬 뿐 아니라, 이와 동시에 용어의 관례적인 사용이 필연적으로 동반하는 다의성에 의해 사상을 다시금 다의적으로 해석하게 한다는 점을 저는 잘 알고 있습니다.

스승 당신이 그런 것을 잘 알고 있다면 그에 유념해 학자답게 차분히 말씀해 보시지요.

학자 당신의 설명에 따르자면, 초연한 내맡김에 대한 사역의 관계는 어떤 인과적인 작용 연관도 아니며 지평적-초월적인 관계도 아닙니다. 그것을 좀 더 간단하면서도 일반적으로 말씀드리자면 다음과 같습니다. 사역과 초연한 내맡김 사이에 존립하는 그 관계는 — 그것이 일반적으로 하나의 관계로 존재하는 한 — 존재적인 것이라고도 사유될 수 없으며 그렇다고 존재론적인 것이라고도 사유될 수 없습니다.

스승 오히려 그 관계는 오직 사방-펼침일 따름이죠.

탐구자 그러나 이제 그와 마찬가지로 사역과 사물 사이에 존립하는 그 관계도 〔실은〕 어떤 인과적인 작용 연관도 아니며 초월적-지평적인 관계도 아닙니다. 아울러 그것은 존재적인 것도 아니며 존재론적인 것도 아니지요.

[56]　**학자** 그러나 사물에 대한 사역의 관계(Beziehung der Gegnet zum Ding)는 인간의 본질에 다가오며 관계하는(angehen) 사방-펼침이 아니라는 것 또한 너무나 분명합니다.

스승 사역이 사물을 사물로서 사물 자신 속에 머물게 한다면(weilen lassen), 우리는 따라서 사물에 대한 사역의 연관을 어떻게 명명해야 할까요?

탐구자 그것〔사역〕은 사물을 사물로 사-물화합니다(bedingen das Ding zum Ding).

학자 따라서 그것은 무엇보다도 먼저 사-물화(Bedingnis)를 뜻합니다.

탐구자 그러나 사-물화함은 인위적으로 만들거나 작용하게 하는 어떤 행위가 아니며, 또 초월적으로 〔어떤 것을〕 가능하게 하는 그런 것도 아닙니다.

스승 단지 사-물화일 뿐이지요.

탐구자 따라서 우리는 사-물화함이 무엇인지 이제 비로소 사유해 보아야 합니다.

스승 그것은 우리가 사유의 본질을 경험하는 가운데 이루어지겠지요.

학자 아울러 사-물화와 사방-펼침을 기다리는 가운데 사유해야겠지요.

탐구자 그럼에도 불구하고 또한 이러한 명칭들은 이제 앞에서 상술한 다양한 관계들을 좀 더 뚜렷이 밝히기 위해 이미 어느 정도는 도움이 되고 있겠지요. 그렇지만 아직도 저에게는 한 가지 관계가 여전히 모호합니다. 물론 저는 그 관계를 아주 잘 특징지을 수 있지요. 말하자면 그것은 사물에 대한 인간의 관계(das Verhältnis des Menschen zum Ding)라고 생각합니다.

학자 왜 당신은 그렇게도 집요하게 이런 관계에 매달리십니까?

| **탐구자** 우리는 일찍이 자연에 대한 물리적인 사고의 사실적인 관계에 입각해 나(자아)와 대상 사이에 존립하는 그 관계를 밝혀 보고자 길을 떠나왔던 것이지요. 나와 대상 사이에 존립하는 관계는, 즉 흔히 말해지는 주객-관계는, 제가 가장 일반적인 관계라고 간주하는 것입니다만, 이러한 관계는 명백히, 사물들이 대상들로 변할 수 있는 한에서, 사물에 대한 인간의 관계의 어떤 역사적인 변종일 따름입니다……. [57]

스승 게다가 이런 일은 사물들이 미처 자신의 사물 본질에 도달하기도 전에 이루어지고 말았던 것이지요.

학자 사물들의 이러한 변화에 상응하여 자아성(Ichheit)으로 변화하는 인간-본질의 역사적인 변화에 대해서도 그와 같은 것이 적용됩니다.

스승 인간의 본질이 자기 자신으로 되돌아가기도 전에, 그와 마찬가지로 자아성이 생기하여 팽배해졌던 것입니다.

탐구자 우리가 인간의 본질을 이성적 동물이라고 규정하는 그런 규정을 궁극적인 것이라고 간주하지 않는 한, 인간의 본질은 언젠가는 자기 자신으로 되돌아가야 할 필요가 있겠죠.

학자 하지만 항간에 떠도는 이야기에 따르자면 그런 일은 거의 불가능해 보입니다.

탐구자 저로서는 그런 문제에 대해 신속히 단정할 수는 없을 것 같군요. 하지만 그 사이에 다음과 같은 점이 저에게는 분명해졌습니다. 즉 나와 대상의 관계 속에는 인간의 본질적인 역사에 귀속하는 어떤 역사적인 것이 은닉되어 있다는 점입니다.

[58] **스승** | 인간의 본질이 인간에 의해 각인되어 규정되는 것이 아니라, 우리가 사역과 사역의 사방-펼침이라고 부르는 그것에 의해 각인되어 또렷이 경험되는 한에서만, 오직 이런 경우에만 당신이 어렴풋이 느끼고 있는 그 역사는 사역의 역사(die Geschichte der Gegnet)로서 생기하는 것이지요.

탐구자 저는 아직 그 정도까지는 [사태를 뒤좇으며 당신과] 더불어 사유할 수 없습니다. 저는 나와 대상 사이에 존립하는 그 관계의 역사적 성격을 분명히 통찰하게 된 것으로 〔이미〕 만족합니다. 〔예전에〕 제가 수학적 자연 과학의 분석적인 방법론적 측면에 찬성하고 있었을 때, 그러한 고찰은 역사학적인 것이라고 당신은 말씀하신 적이 있었지요.

학자 〔그때〕 당신은 그 말에 열심히 반박했었지요.

탐구자 이제 저는 그 말이 무슨 뜻이었는지 알겠습니다. 수학적인 기투와 실험은 '나'로서의 인간이 대상으로서의 사물과 관계하는 그런 관계 속에 근거하는 것이지요.

스승 수학적 기투와 실험은 심지어 이런 관계를 함께 이루어 낼 뿐 아니라 그것의 역사적인 본질을 전개하기도 합니다.

탐구자 무릇 역사적인 것을 지향해야 할 모든 고찰이 〔현실적으로〕 역사학적이라고 한다면, 이런 경우에 물리학의 방법론적인 분석은 사실상 일종의 역사학적인 것이지요.

학자 여기에서 역사학적이라는 개념은 넓은 의미에서 인식의 한 방식을 뜻하는 것이겠지요.

스승 아마도 그 개념은 세계의 이러저러한 사건이나 사실 속에는 존립하지 않는 역사적인 것을 향해 나아감으로써만 올바로 파악될 수 있겠지요.

│학자 〔역사적인 것은〕 인간이 이루어 낸 문화적 업적이나 유산 [59]

들 속에도 있지 않습니다.

탐구자　그렇다면 도대체 어디에 있다는 말씀입니까?

스승　역사적인 것은, 인간에게 자신을 보내 주면서도 인간을 그의 본질에로 사방으로-고유하게-펼치는 그런 사역으로서 스스로 생기하는 그것 속에 그리고 사역 속에 고요히 깃들여 있습니다.

학자　하지만 우리는 그런 본질을 경험한 적이 거의 없습니다. 특히 그런 것이 〔생각하는〕 동물의 이성적인 권역 속에서는 이루어지지 않는다면 말입니다.

탐구자　이런 처지에서 우리가 할 수 있는 것은 인간의 본질을 단지 기다리는 것일 뿐입니다.

스승　그것의 고유한 본질이 아직도 숨겨져 있는 그런 사역 속으로 우리를 속하게 하는 초연한 내맡김 속에서 〔우리는 기다려야 하겠지요〕.

학자　사역에 이르는 초연한 내맡김이야말로 우리가 찾고 있는 사유의 〔탐구되는〕 본질이라고 생각됩니다.

스승　우리가 사역에 이르는 초연한 내맡김 속으로 들어가 그것과 관계 맺을 때, 우리는 의욕하지-않기를 바랍니다.

탐구자　사실상 초연한 내맡김이란, 초월적인 표상 행위로부터 벗어나고 그리하여 지평을 의욕하려는 마음을 버리는 것입니다. 이러한 버림(Absehen, 단념)은 더 이상 어떤 의욕으로부터 오는 것이 아닙니다. 물론 사역 속으로 들어가 그것과 관계 맺으려는 (최소한의) 동기는 의욕의 미약한 흔적을 필요로 하지만 말입니다. 그렇지만 그 흔적은 (사역 속으로 들어가 사역과 관계 맺는) 그런 관계 맺음의 행위 속에서 사라지게 되고 급기야 초연한 내맡김 속에서 아주 완전히 해소되고 (ausgelöscht) 맙니다.

| **학자**   그러나 어떤 식으로 초연한 내맡김은 의욕이 아닌 그런 것과 관련되는 것일까요?   [60]

스승   우리가 (초연히) 머무르는 넓은 터의 체류함에 대해서, 또 (그렇게 열린 터로) 귀환하여 그 가운데 안주하게 함에 대해서, 그리고 사방으로 펼쳐지는 사역의 펼침에 대해 말했던 그 모든 것에 따르면, 사역은 도저히 의지라고는 말해질 수 없습니다.

학자   사역의 사방-펼침, 그리고 이와 아울러 사-물화는 모든 (인위적인) 작용 연관이나 (인과적인) 원인 관계와는 전혀 무관하다는 바로 이 점이 (우리가 앞서 말했던) 그 모든 것과는 의지의 본질이 얼마나 결정적으로 낯선 것인지를 이미 암시하고 있지요.

스승   무릇 어떠한 의지든지 그것은 작용을 미치고 싶어 하며, (작용을 미치기 위한) 자신의 근본 요소로서 (늘) 현실을 의욕하고 있기 때문입니다.

탐구자   우리가 이렇게 말하는 것을 듣는 사람이 있다면, 아마도 그 사람은 다음과 같은 생각에 얼마나 쉽게 빠져들겠습니까! 즉 초연한 내맡김은 (사실상) 비현실적인 것 가운데서, 따라서 덧없는 것 가운데서 마냥 허우적대고 있을 뿐 아니라, 그 자신은 모든 힘을 상실한 채 아무 의지도 없이 모든 것을 허용하는 것이며 근본적으로는 생에의 의지를 부정하는 것이라고 말입니다.

학자 따라서 당신 생각으로는, 과연 어느 정도로 행위력과 결단력과 같은 것이 초연한 내맡김 속에도 편재하고 있는지를 우리가 (적절히) 지적함으로써 어쩌면 초연한 내맡김에 따라다닐 수도 있는 그런 오해를 불식시키는 일이 필요하다는 말씀이시겠지요.

탐구자 비록 제가 그렇게 오해하지는 않습니다만, 제 생각으로는 모든 이들이 초연한 내맡김(의연함)이라는 그런 낱말을 접하자마자 그 즉시 그것을 자의적인 것(das Willensmäßige, 자신의 의지에 따르는 것)으로 오해한다는 말이지요.

[61] | **학자** 예컨대 사람들은 '결단성'이라는 낱말을, 『존재와 시간』에서 사유되었듯이, 열린 장을 (개시하기) 위해 고유하게 떠맡겨진 터-있음의 자기 개시 행위(das *eigens* übernommene Sichöffnen des Daseins *für das Offene*)라고 그렇게 사유해야 하겠지요……[99]

스승 우리는 그러한 열린 장을 사역이라고 생각하고 있습니다.

학자 우리가 그리스적인 말함과 사유함에 따라 진리의 본질을 비은폐성과 탈은폐로서 경험하게 된다면, 사역은 아마도 (본래부터 은닉된 채로 존재하는) 진리의 은닉된 본질(das verborgen Wesende der

Wahrheit)이라고 우리는 상기하게 됩니다.

탐구자 그렇다면 사유의 본질은, 다시 말해 사역에 이르는 초연한 내맡김은, 본원적으로 존재하는 진리에로 나아가는 결단성이겠지요.

스승 초연한 내맡김에는 어떤 인내가 숨겨져 있을 수도 있습니다. [하지만] 그런 인내는 [오직], 초연한 내맡김이 더욱더 순수하게 자신의 본질 가운데 거하게 되고 이런 자신의 본질을 감내하면서 그 안에서 있을 경우에만, 순수하게 존립할 뿐입니다.

학자 그것은 전혀 겉으로는 거들먹대지 않으면서도, 오히려 언제나 삼가고 자제하면서 초연한 내맡김의 상태로 한결같이 머물러 있는 그런 자제함(Verhaltenheit)의 한가운데로 자신의 마음을 모아들이는 그런 태도일 것입니다.

스승 따라서 삼가고 자제하면서 인내하는 초연한 내맡김은 사역의 사방-펼침을 받아들이는 마음(Empfängnis)이겠지요.

탐구자 그것에 의해 초연한 내맡김이 그 자신의 본질 속에 안주하게[놓이게] 되는 그런 자제하는 인내는 최상의 의욕에도 상응할[견줄] 수 있는, 하지만 그런 의욕을 필요로 하지 않는 그런 것이겠군요. [따라서 그런 인내는] 초연한 내맡김이 자기-안에-안주하기 위한 것이요, 이런 안주함[머무름]이 그것을 바로 사역의 사방-펼침에 속하게 하는 것이군요…….

| **스승** 그리고 확실히 그것을 사-물화에 속하게도 하지요. [62]

탐구자   자기 안에 고요히 머무르면서 사역에 속해 있다는 이런 인내를 지칭할 낱말이 우리에겐 여전히 결여되어 있습니다.

학자   아마도 '내존함(Inständigkeit)'이라는 낱말이 어느 정도는 그런 것을 지칭할 수도 있겠죠. 저는 언젠가 한 친구에게서 그가 어디에선가 베껴 쓴 다음과 같은 시의 몇 구절을 읽은 적이 있습니다. 그 시구는 이 낱말에 관해 해명해 주고 있지요. 제 기억에 그 시구는 다음과 같습니다.

내존함

참된 것은 결코 홀로 있지 않다네,
진리는 본래
성스럽게 치유하면서
아주 드넓게 존립하기 위해 있는 거라네.
고귀한 기억으로 인해
관대해진 유일무이한 마음은
사유하는 열정적인 가슴에게
그저 오래 참으며 인내하라고 속삭인다네.

스승   그러므로 사역에 이르는 초연한 내맡김 가운데 내존함은 사유의 자발성의 진정한 본질이겠지요.

학자   인용된 구절에 따르자면, 사유란 회념(Andenken)이며, 그것은 고귀한 것과는 상당히 친근한 것이겠군요.

스승   사역에 이르는 초연한 내맡김의 내존함은 고귀한 마음 (Edelmut, 고결한 마음) 그 자체입니다.

|**탐구자**   저에겐 이렇듯 꿈속을 거니는 듯한 깊은 밤이 당신 두 사람을 모두 열망의 한가운데 속으로 미혹하는 것처럼 보이는군요.   [63]

스승   그것에 의해 우리의 기다림이 좀 더 초연해지고 그리하여 우리의 마음이 더욱 맑아지는 그런 열망을 당신이 기다림 속에서 생각하고 계신다면, 분명히 그렇습니다.

학자   그런 열정에 의해 우리가 얼핏 보기엔 좀 더 빈곤해지는 듯 싶습니다만, 실은〔갑자기 우리에게 다가오는 존재의〕몰아쳐-옴(Zufall)에서 우리는 더욱 풍요롭게 되는 것이지요.

탐구자   그러면 실례합니다만, 과연 어느 정도로 초연한 내맡김이 고귀한 것과 친근할 수 있는지를, 당신은 밝게 깨어 있는 당신의 그 진기한 마음 상태 속에서 말씀해 주실 수 있겠습니까?

학자   유래를 가지고 있는 것은 고귀합니다.

스승   고귀한 것은 유래를 지니고 있을 뿐 아니라 자신의 본질이 유래하는 그 유래 속에서 머무르고 있지요.

탐구자   그럼 이제 본래적인 초연한 내맡김은, 인간이 본질적으로 사역에 속한다는 점에, 다시 말해〔사역에 이끌린 채〕사역에 초연히 내맡겨진 채로(gelassen) 있다는 점에 존립하겠군요.

학자 인간은 어쩌다 가끔씩 그렇게 내맡겨진 채로 존재하는 것이 아니라, 처음부터(im vorhinein) 그렇게 존재하는 것이라고 우리는 말하지 않을 수 없습니다.

탐구자 그런 처음이란, 본래 우리의 생각으로는 전혀 도달할 수도 없는 그런 곳이겠군요.

스승 왜냐하면 거기에서 사유의 본질이 시작하기 때문이죠.

탐구자 그러므로 생각이 도저히 미치지 않는 그런 곳에서(im Unvordenklichen) 인간의 본질은 사역에 초연히 내맡겨진 채 존재하는 것이군요.

[64] **학자** 그렇기 때문에 우리는 다음과 같은 말을 곧장 덧붙였던 것이지요. 다시 말해 〔인간의 본질은〕 사역 자체에 의해 〔사역에 초연히 내맡겨진 채〕 존재한다고 말입니다.

스승 사역은 인간의 본질을 사역 자신의 고유한 펼침 속에서 고유하게 합니다(vereignen).

탐구자 이로써 우리는 초연한 내맡김을 해명한 셈이 되었군요. 그런데 갑자기 제 머리를 스치는 한 가지 생각이 있습니다. 그것은, 과연 그렇다면 어째서 인간의 본질이 사역 속에서 고유해지는지, 그 까닭에 대해서는 우리가 아직 사색한 적이 없었다는 것[10]이지요.

학자 인간의 본질이 사역에 초연히 내맡겨진 채 존재하는 까닭은 분명히, 사역도 인간의 본질이 없다면 사역이 본원적으로 존재하듯이 그렇게 본원적으로는 존재할 수 없을 정도로 인간의 본질은 본질적으로 사역에 속해 있는 것이기 때문입니다.

탐구자　그 점에 대해서는 거의 사유하기 힘들군요.

스승　우리가 그런 것을 표상하려고 의욕하는 한, 다시 말해 '인간'이라고 말해지는 대상과 '사역'이라고 말해지는 대상 사이에서 대상적으로 현존하는 어떤 관계로서 그런 것을 강제로 우리 앞에 세워 놓으려고 애쓰는 한, 그것은 전혀 사유될 수 없습니다.

탐구자　그런 것이 있을 수도 있겠군요. 하지만 비록 우리가 그런 것에 유념한다고 해도, 사역과 관계하는 인간-본질의 본질적 관계에 대한 명제 속에는 이미 도저히 넘어서기 어려운 어떤 난점이 남아 있지는 않을까요? 그래서 우리는 앞에서 사역을 진리의 은닉된 본질이라고 특징지었던 것이지요. 요컨대 우리가 ǀ 사역이라는 말 대신에 진리라는 말을 일단 써 보기로 한다면, 사역과 인간-본질 사이에 존립하는 그 관계에 대한 명제는 곧, 진리가 인간을 필요로-하기(brauchen) 때문에 인간의 본질은 진리에 내맡겨진 채 그 진리에 의해 고유해진다(bereignet sein)는 뜻이겠지요. 그러나 이제 진리가 인간과는 무관하게 '그것이 존재하는 바의 그것'으로 [즉 진리 자신으로] 존재한다는 것이야말로 진리의 탁월한 성격이 아닐까요? 물론 이 경우에도 인간에 대한 진리의 관계를 고려하고 있긴 합니다만 말입니다.

[65]

학자　당신은 그렇게 말함으로써 어떤 난점을 건드리고 있군요. 하지만 그런 난점은, 우리가 진리의 본질을 제대로 해명하고 인간의 본질을 좀 더 명확히 규정할 때에만 비로소 해결될 수 있을 것입니다.

스승 우리는 이제야 이 두 가지에 이르는 도상에 서 있게 되었습니다. 그럼에도 저는 '인간에 대한 진리의 관계'에 관해 서술하는 그 명제를 〔조금은〕 수정하고자 합니다. 일단 우리가 그 관계를 제대로 사색하고자 한다면, 우리가 과연 무엇을 숙고해야 하는지가 〔그렇게 수정함으로써〕 좀 더 분명해지기 때문입니다.

탐구자 따라서 당신이 그것에 관해 말씀하시길 바라는 것은 우선은 단지 하나의 주장일 따름이겠지요.

스승 물론 그렇지요. 그런데 제가 생각하는 바는 이렇습니다. 인간은 자기 자신만으로는 진리에 관해 아무것도 할 수 없으며 또 이러한 진리는 인간과는 무관하게 존립하기 때문에, 오직 이런 이유에서만 인간의 본질은 사역 속으로 초연히 내맡겨진 채 존재하는 것이요, 또 그에 따라 사역에 의해 필요시된다는 것입니다. 그리고 | 인간의 본질은 사역에 이르는 초연한 내맡김으로서 사역에 의해 사방으로-고유하게-펼쳐지도록 그리고 〔사역의〕 사-물화를 참답게 간직하도록 필요시되는 것이기 때문에, 오직 이런 까닭에서만 진리는 인간과는 무관하게 본원적으로 존재할 수 있다는 것이지요. 하지만 진리가 인간과는 무관하게 존재한다는 이런 무관성(Unabhängigkeit)은 명백히 인간의 본질에 대한 하나의 관계입니다만, 이런 관계는 인간의 본질을 사역 속으로 사방으로-고유하게-펼치는 가운데 〔오직 그런 펼침 속에서만 편히 머무르고〕 있다는 것이지요.

학자 정말로 그렇다면, 인간은 사역에 이르는 초연한 내맡김 가운데 내존하는 존재로서 〔그는〕 자신의 본질의 유래 속에 〔이미 한적히〕 머무르고 있던 셈이 되겠군요. 그러므로 우리는 인간의 본질을 다음과 같이 조금은 수정해서 서술하는 것이 좋겠습니다. 인간은 진리의 본질 속으로 〔사역에 의해〕 필요시된 자(der in das Wesen der Wahrheit Gebrauchte)라고 말입니다. 이런 식으로 자신의 본질 속에 머무르면서, 인간은 그의 본질의 고귀함에 의해 매료된 채 존재하는 것이죠. 〔그때〕 그는 고매한 것(das Edelmütige)을 예감할지도 모릅니다.

탐구자   아마도 그런 예감(Vermuten)은 우리가 초연한 내맡김의 내존함이라고 사유했던 그런 기다림과 다른 것이 아닐 것입니다.

학자   이렇듯 사역이 체류하며 머무르는 넓은 터라고 한다면, 아득한 세월 동안 참고 기다려 온 기나긴 인내심(die Langmut am weitesten)은 〔존재의 열린 장 안에〕 머무르는 그 넓은 터 자체를 예감할 수도 있겠지요. 왜냐하면 그런 인내심은 아주 오랫동안 기다릴 수 있을 테니까요.

스승   오래 참고 견뎌 온 고매한 마음(der langmätige Edelmut)은, 의욕하기를 거부하면서도 의지가 아닌 그런 것 속으로 들어가 그것과 관계 맺고 있던 그런 의욕이 〔이제는〕 순수하게 〔맑아져〕 자기-안에서-휴식하고 있는 그런 마음〔의 초연하고도 평정한 상태〕이겠지요.

학자   고매한 마음은 사유(Denken)의 본질인 셈이며, 따라서 감사(Danken)의 본질일 테지요.

스승   그런 감사함은 어떤 것에 대해 비로소 감사하는 것이 아니   [67]

라, 단지 감사할 필요가 있기에 감사하는 그런 감사함이겠지요.

학자　사유의 이런 본질에 당도함으로써 우리는 〔여태껏〕 우리가 구하고자 했던 것을 찾아낸 셈이 되었군요.

탐구자　만약 우리의 대화를 통해 지금까지 말해진 모든 것이 그 안에서 편히 머무르는 듯이 보이는 그런 것을 우리가 찾아냈다고 가정한다면, 바로 그것이 사역의 본질이지요.

스승　아마도 당신은 이미 알고 계셨겠지만, 그것은 단지 가정된 것이기에, 우리도 〔실은〕 아주 오래전부터 모든 것을 단지 가정적으로 말해 왔던 것이죠.

탐구자　그럼에도 불구하고 저는 다음과 같이 고백하지 않을 수 없습니다. 즉 사역의 본질이 우리에게로 좀 더 가까이 다가왔다고는 하지만, 실은 저에게선 사역 자체가 더욱 멀어져 간 듯이 그렇게 보인다고 말입니다.

학자　당신은 방금, 당신이 사역의 본질 가까이에 있으면서도 사역 자체로부터 멀리 있다고 말씀하신 건가요?

탐구자　그렇지만 사역 자체와 사역의 본질은, —여기에서 일반적으로 사물이라는 표현을 사용해도 된다고 한다면—두 가지의 서로 상이한 사물들일 수는 없겠죠.

학자　사역 자신이란 추측하건대 사역의 본질일 것이며, 그것은 사역 자체(die Gegnet selbst)와 같은 것이겠지요.

스승   그렇다면 대화의 과정에서 얻어진 우리의 경험은 아마도 다음과 같이 진술될 수 있겠네요. 즉 우리는 | 사역 가까이에 이르렀으며 그리하여 이와 동시에 사역으로부터 멀리 머무르게(fern bleiben) 되었다고 말입니다. 이 경우에 이러한 머무름(Bleiben)은 물론 되돌아옴(Rückkehr, 귀환)이겠지요.　　　　　　　　　　　　　　　　[68]

학자   그러나 당신이 말씀하신 것은 단지 기다림과 초연한 내맡김의 본질만을 지칭하는 것 같은데요.

탐구자   그렇다면 〔그 안에서〕 사역이 스스로를 훤히-밝히면서 감추기도 하고, 또 가까워지기도 하고 멀어지기도 하는 그런 가까움과 멂(Nähe und Ferne)은 과연 어떠한 상태로 있을까요?

학자   이러한 가까움과 멂은 사역을 벗어나 그 바깥에서는 전혀 존재할 수 없습니다.

스승   사역은 모든 것을 사방으로 펼치면서도 모든 것을 서로 함께 모아들이며, 또 그러면서도 〔모든 것이〕 동일한 것 가운데에서 저마다 고유하게 안주하도록 〔각각의 것을〕 자기 자신에게로 귀환하게 하기 때문이지요.

탐구자   그렇다면 사역 자체는 가깝게 하면서도 멀어지게 하는 것이겠군요.

학자   사역은 그 자체가 멀고도 가까운 것이요, 가깝고도 먼 것일 테지요…….

탐구자   여기에서 우리는 이러한 특징을 변증법적으로 사유해서는 안 되겠지요…….

스승   그 대신에 오히려……?

탐구자   오로지 사역으로부터 규정된 사유의 본질에 따라 사유해야 겠지요.

학자   따라서 초연한 내맡김 가운데 내존하면서 기다려야겠지요.

스승   그러나 사역이 멀고도 가까운 것이라면, 사유의 본질은 무엇일까요?

학자   그것은 아무래도 단 하나의 낱말로는 더 이상 말해질 수 없 겠지요. 물론 저는 방금 전까지 사유의 본질 및 이와 더불어 인식의 본질도 알맞게 명명하기에 적합하다고 보였던 하나의 낱말을 알고 있습니다.

탐구자   그 낱말이 무엇인지 정말로 듣고 싶군요.

학자   그것은 이미 우리가 대화하기 시작했을 때 저에게 떠올랐던 낱말입니다. 오늘의 대화를 시작하면서, 우리가 애초에 들길에서 나누었던 대화에 제가 이루 말할 수 없을 만큼 감사해야 한다고 느꼈을 때에도, 그런 생각이 떠올랐었지요. 저는 오늘의 대화를 진행하면서도 그 낱말을 이미 수도 없이 토로하고 싶었습니다. 하지만 그때마다 저에겐 그 낱말이, 우리에게 사유의 본질로서 가까이 다가오는 바로 그것을 지칭하기엔 그다지 잘 어울리진 않는다고 여겨졌지요.

탐구자 마치 당신은 당신이 혼자서 애써 발견한 것을 그렇게 일찍이 잃어버리고 싶지는 않다는 듯, 당신의 착상에 대해 아주 비밀스럽게 말씀하시는군요.

학자 제가 생각하고 있는 그 낱말은, 저 자신이 발견한 것이 아닙니다. 그것은 단지 깨우침 속에서 떠오른 것(ein gelehrter Einfall)일 뿐이죠.

탐구자 따라서 제가 이렇게 말씀드려도 괜찮다면, 그것은 역사학적으로 회상된 어떤 것입니까?

|**학자** 당신이 원한다면 그렇게 생각하십시오. 우리는 오늘의 대화를 진행해 오면서 그리스 정신 문화의 사유로부터 유래하는 낱말들과 문장들을 자주 사용하곤 했는데, 당신의 그런 말씀은 우리의 이런 대화의 스타일에 아주 잘 어울리는 것 같군요. 그러나 앞에서 생각된 그 낱말은, 우리가 단 하나의 낱말로 부르고자 하는 그것과는 이제는 더 이상 잘 어울리지 않습니다. [70]

스승 당신은 사유의 본질이 사역에 이르러 그 안에 내존하는 초연한 내맡김(die inständige Gelassenheit zur Gegnet)으로서, 우리가 멀고도 가까운 것이라고 막연히 짐작하고 있는 그런 관계, 다시 말해 본

질적으로 사역과 관련된 인간적인 관계라고 생각하고 계시군요.

탐구자 비록 그 낱말이 이제는 더 이상 잘 어울리지 않는다고 하더라도, 대화를 매듭짓기 위해서라도 당신은 그것을 우리에게 토로할 수 있겠지요. 우리는 〔이미〕 사람들이 사는 자리로 다시 가까이 되돌아가고 있을 뿐 아니라, 어쨌든 대화는 종결해야 하니까요.

스승 예전에 당신에게는 이루 말할 수 없을 만큼 진귀한 것이었지만 이제는 더 이상 적합하지 않은 그런 낱말이라고는 하더라도, 이미 그것은 분명히 우리를 그 사이에 도저히 말할 수 없는 어떤 것(etwas Unsagbares) 앞으로 데려오고 있었던 것이지요.

학자 그 낱말은 헤라클레이토스의 낱말입니다.

탐구자 어떤 단편에서 당신은 그 낱말을 취하셨나요?

학자 저에게 그 낱말이 떠올랐던 까닭은, 낱말은 오직 〔낱말〕 자신만을 위해서 존립하기 때문입니다. 그것은 유일한 단어로서 단편 122를 구성하는 바로 그 낱말이지요.[11]

탐구자 헤라클레이토스의 단편은 너무나 간결해서, 저는 그것을 알지 못합니다.

[71]   **학자** 사람들은 개개의 낱말로는 좀처럼 〔말을〕 시작할 수 없기 때문에, 그 이외에 어디에서도 그 낱말을 거의 주목하지 못했던 거죠.

탐구자   그 단편은 뭐라고 합니까?

학자   앙키바시에(Ἀγχιβασίη)라고 하지요.

탐구자   그것은 무슨 뜻이죠?

학자   사람들은 그 그리스어를 '접근하다(Herangehen)'라는 말로 번역합니다.

탐구자   저는 그 낱말이 인식의 본질을 명명하기에는 아주 탁월한 명칭이라고 생각합니다. 왜냐하면 대상들에게 접근해 파고 들어가는 그런 성격이 그 낱말에서 상당히 적확하게[12] 표현되고 있기 때문입니다.

학자   제가 보기에도 그랬습니다. 그래서 우리가 처음에 대화를 나누기 시작하면서 근대적인 인식 및 특히 연구의 과정에서 나타나는 제반 행위와 업무 능력 그리고 작업에 관해 말했을 때, 알게 모르게 그런 생각이 저에게도 떠올랐나 봅니다.

탐구자   자연 과학적인 연구는 자연을 탐구하며 파헤쳐서 그것을 낱말로 길어 내는 모종의 공격(Angriff)과도 같은 것이라는 점을 분명히 밝혀 두기 위해서라도, 사람들은 곧바로 그 그리스 낱말을 사용할 수도 있겠군요. 앙키바시에, 즉 '접근하다'라는 헤라클레이토스의 이 낱말이야말로 근대 과학의 본질을 논의하며 풀어 가기 위한 핵심 단어가 될 수 있다고 저는 생각합니다.

| 학자   그렇기 때문에 이제는 그 낱말을 밖으로 발설하기가 저로   [72]

서는 무척 힘겹고 당혹스럽습니다. 왜냐하면 그 낱말은 우리가 〔사유의〕 도상에서 어렴풋이 추정했던 사유의 그 본질을 전혀 맞추지도 못하고 전혀 꿰뚫지도 못하기 때문입니다.

탐구자 기다림이란 물론 대충 말해서 접근함과는 반대되는 운동(Gegenbewegung zum Herangehen)이기 때문이지요.

학자 개괄적으로 말하기는 곤란합니다만, 〔그것은 운동과는〕 대립된 어떤 고요함(Gegenruhe)이겠지요.

스승 혹은 그저 단순히 고요함(Ruhe)이라고 해도 되겠습니다. 그러나 도대체 앙키바시에가 접근함을 뜻한다는 것이 이미 결정된 사실일까요?

학자 단어 의미 그대로 옮기자면, 그것은 '가까이 다가간다(Nahegehen)'라는 말입니다.

스승 어쩌면 우리는 그것을 '가까움에로-다가가다(In-die-Nähe-gehen)'라는 뜻으로 사유할 수도 있겠군요.

탐구자 당신은 '가까움-속으로-자신을-열어-들어간다(In-die-Nähe-hinein-sich-einlassen)'라는 의미에서 그것을 완전히 단어적으로 생각하고 계십니까?

스승 대략 그렇지요.

학자   그렇다면 이러한 낱말도 〔분명히 하나의〕 이름일진대, 아마도 그 낱말은 우리가 찾아 왔던 그것을 지칭하기에는 아주 멋있는 이름인 듯싶군요.

스승   〔그것은 우리가 찾아 왔던 것이지만〕 아직도 우리는 그것을 그것의 본질에서 탐구하고 있지요.

학자   앙키바시에는 '가까움에로-다가가다'입니다. 이제 저에게는 오히려 이 낱말이 들길을 거닐며 대화하던 오늘의 진행 과정(Gang)을 지칭하기 위한 이름일 수도 있다고 보이는군요.

스승   바로 그 이름이 우리를 깊은 밤으로 인도했던 것이지요…….

탐구자   그 밤은 언제나 찬란히 빛나고 있어…….   〔73〕

학자   별들마저도 놀라게 하지요…….

스승   밤은 뿔뿔이 멀리 떨어진 채 창공에서 반짝이는 무수한 별들을 서로에게 모아 주며 가깝게 하니까요.

탐구자   정밀한 과학자에겐 그렇지 않겠지만, 적어도 소박한 관찰자에겐 〔밤은 그렇게〕 보일 겁니다.

스승   사람들 가운데 〔특히〕 아이에게는 이 밤이 별들의 침모(Näherin)로 머물 겁니다.

학자　그녀는 솔기와 이음새 그리고 아무런 매듭도 없이 서로 이어 주지요.

탐구자　그녀가 〔별들의〕 침모인 까닭은, 그녀가 오직 가까움만 가지고서 일하기 때문이지요.

학자　그녀가 늘 일만 하고 쉬지 않는다면, 그것은……

스승　그녀가 높고도 깊은 것(die Tiefen der Höhe)에 놀라워하고 탄복하기 때문이지요.

학자　그렇다면 놀라움은 닫혀 있는 것(das Verschlossene)을 열어 놓을 수도 있을까요?

탐구자　어떤 식으로 기다리느냐에 따라 〔달라지겠지요〕……

스승　만약 기다림이 초연히 내맡겨진 그런 기다림이라면……

학자　그리고 인간의 본질이 거기로 다가가 고유해진 채 머무르고 있다면……

스승　바로 거기로부터(woher) 우리는 〔거기로 오라고〕 부름받고 있지요.

안내¹

[74]

    이 강연은 1955년 10월 30일 메스키르히에서 열린 작곡가 콘라딘 크로이처의 탄생 175주년 기념식에서 행해졌다.² 해명은 1944/1945년에 기록된 한 대화에서 발췌되었으며, 탐구자, 학자, 스승이 등장한다.³ 대화의 각주에서 언급된 '이중성(Zwiefalt)'에 대해서는ᵍʰ 강의 『사유란 무엇인가?(*Was heißt Denken?*)』(튀빙겐, 니마이어, 1954)를 참조하라.⁴

---

  g 즉, 앞에 위치한 미출간 부분에서.⁵
  h 앙드레 프레오의 지적에 따름.⁶

하이데거의 노트

편집자 주: 하이데거는 『초연한 내맡김』 초판의 자필본 맨 끝 장에 다음과 같은 메모들을 기록해 두었다. 배열은 원고의 시각적 배치를 가능한 한 따랐다.

Gelassenheit

  Bd. *Deutscher Predigten* [1]

Abgeschlossen

        Gelassen

      Wer

         hat

      "gelassen ist?"

"sich lassen"

Grimm

 "*Wörterbuch*"[2]

Gott*heit* um der

  Gottheit willen lassen

하이데거의 색인

편집자 주: 하이데거는 『초연한 내맡김』 초판 자필본의 74쪽, 인쇄된 본문 (「안내(Hinweise)」) 아래 부분에 쪽수 참조가 포함된 하나의 핵심어 목록을 자필로 작성했다. 여기에 그 항목들을 그대로 옮겨 싣는다. 해당 목록에 기입된 쪽수는 초판의 쪽수 체계를 따른 것이며, 본 판에서는 그 쪽수를 대괄호 〔 〕 안에 본문 여백에 표기했다.

고요와 움직임(Ruhe und Bewegung) — 43, 47쪽

이름들(Namen) — 48쪽

사-물화와 사방-펼침(Bedingnis und Vergegnis) — 56쪽

사방-펼침과 사태화(Vergegnis und Vereignung) — 64쪽

인간의 본질(Wesen des Menschen) — 65, 66쪽

50쪽 이하 — 사역(Gegnet) — 그리고 초연한 내맡김(und Gelassenheit)

편집자 주

이 판에서는 『초연한 내맡김』 초판의 전체 본문이 두 개의 글, 곧 「초연한 내맡김」과 「초연한 내맡김의 해명」으로 함께 재수록되었다. Martin Heidegger, *Gelassenheit*(Pfullingen, Verlag Günther Neske, 1959).

하이데거는 「초연한 내맡김」이라는 제목의 기념 강연을 1955년 10월 30일 메스키르히에서 작곡가 콘라딘 크로이처의 탄생 175주년 추모식을 맞아 발표했다. 「초연한 내맡김의 해명」은 하이데거의 최초의 '들길 대화(Feldweg-Gespräch)'에 속하는 글로, 철학적 대화 형식으로 구성되어 있다.

하이데거는 2차 세계대전 말기인 1944/1945년 겨울에 세 편의 허구적 대화를 집필했다. 세 편은 「'앙키바시에.' 들길에서 연구자, 학자, 지혜자 셋이 나누는 대화」, 「교사가 망루의 문 앞에서 망루지기를 만나다」, 「러시아 포로수용소에서의 저녁 대화 ― 젊은이와 노인의 대화」이다.

이 세 편은 『하이데거 전집(HGA)』 제77권 *Feldweg-Gespräche(1944/1945)*, Ingrid Schüßler 편(프랑크푸르트 암 마인, 비토리오 클러스터만, 1995), 제2판 수정증보판(2007)에 수록되어 있다.

이 판의 본문 여백에 대괄호 [ ]로 표시된 쪽수는 초판의 쪽수 체계를 따른 것이며, 가운뎃줄(|)은 하이데거 자필본의 원래 쪽 나눔을 나타낸다. 제2판 이후

부터는 페이지 수가 2쪽씩 줄어들었다.

본문에서 위첨자 소문자와 이에 대응하는 각주는 하이데거가 자신의 초판 자필본에 자필로 남긴 주석들(예: 메모, 보완, 수정, 내부 쪽수 참조)을 가리킨다. 별표(*)는 편집자의 주석이나 보완 사항을 나타낸다.(한국어 판에서는 하이데거의 주석을 영문 소문자로, 편집자 주석을 숫자로 표시했다. ─ 감수자 주)

하이데거의 단어 나눔 방식, 예컨대 "Zu-fall", "an-ge-sprochen", "Gedanken-flucht", "gedanken-los"와 같은 분리 표기는 그대로 유지되었으며, 줄 바꿈이 일어나는 경우 이 단어 분리는 단어 분리 기호선으로 줄 끝과 다음 줄 시작 모두에 명확히 표기되었다.

더 자세한 해설은 「편집자 후기」 참조.

「초연한 내맡김」

1. 「들길(*Feldweg*)」의 발췌문은 1949년에 다음 자료에 처음으로 실렸다. *Conradin-Kreutzer-Stadt Meßkirch*, Meßkirch, o. J. (1949), 1~2쪽. 전체 텍스트는 1949년 프랑크푸르트 암 마인의 비토리오 클로스터만 출판사에서 400부 한정의 사본으로 간행되었으며, 1953년 같은 출판사에서 재출간되었다. Martin Heidegger, *Der Feldweg*(Frankfurt a. M., Vittorio Klostermann, 1953, 11판 2006). 하이데거 전집에는 다음과 같이 수록되어 있다. Martin Heidegger, "Der Feldweg(1949)" in *Aus der Erfahrung des Denkens 1910~1976*, Hermann Heidegger 편(Frankfurt a. M., Vittorio Klostermann (HGA 13), 1983, 2차 개정판, 2002), 87~90쪽. 이에 대한 더 자세한 정보는 같은 책, 247쪽 참조. 삽화가 수록된 특별판도 같은 출판사에서 간행되었다. Martin Heidegger, *Der Feldweg*, Hermann Heidegger 편(Frankfurt a. M., Vittorio Klostermann, 1989, 4판 2010).

2. 하이데거 전집 제81권 『사유된 것들(*Gedachtes*)』에는 '초연한 내맡김(Gelassenheit)' 주제에 관한 하이데거의 텍스트들이 다수 수록되어 있다. Martin Heidegger, Gedachtes, Paola-Ludovika Coriando 편(Frankfurt a. M., Vittorio Klostermann(HGA 81), 2007). 이 시적 텍스트들 중 일부에서 하이데거는 잠언시(Spruchgedicht) 형식을 통해, 그가 이해한 바의 '내맡김'에 따른 '기다림'의 순간을 설명한다. 이 과정에서 그는 시의 서로 다른 판본들에서 일부 단어나 시구를 변주하고 있다.

Gelassenheit

Erst im Warten
werden wir uns selbst zu eigen,
hüten Menschen, Dingen
Rückkehr ins Beruhen.

Gleich dem zarten

Singen alter Meistergeigen
die den Klang empfingen,
in verborgnen Truhen.(HGA 81, 75쪽)
(기다림 속에서 비로소
우리는 우리 자신을 스스로에게 소유하게 되며,
사람과 사물들이 평온으로 되돌아가도록 보살핀다.

숨겨진 상자 속에서 그 소리를 받아들였던
마치 오래된 명품 바이올린의 부드러운 노랫소리처럼.)

———

Erst im Warten
werden wir uns selbst zu eigen,
gewähren allem Ding
die Rückkehr ins Beruhen.

Gleich dem zarten
Klange alter Meistergeigen,
der ungehört verging
den Instrumenten in verborgnen Truhen.(HGA 81, 214쪽)
(기다림 속에서 비로소
우리는 우리 자신을 스스로에게 소유하게 되며,
모든 사물이 평온으로 되돌아가도록 허락한다.

숨겨진 상자 속의 악기들에서 들리지 않은 채로 지나갔던
마치 오래된 명품 바이올린의 부드러운 울림처럼.)

'초연한 내맡김' 주제에 대한 다른 텍스트들은 다음에서 찾아볼 수 있다. HGA 81, a.a.O., 81, 140~144, 147, 150, 319쪽.

  Martin Heidegger, *Anmerkungen I–V(Schwarze Hefte 1942~1948)*, Peter Trawny(Frankfurt a. M., Vittorio Klostermann(HGA 97), 2015), 52, 67,

71~74, 78, 86~89, 119, 132, 183쪽, 295쪽 이하, 302쪽 이하, 305~317쪽.

특히 *Vigiliae und Notturno* (*Schwarze Hefte 1952/1953 bis 1957*), Peter Trawny(Frankfurt a. M., Vittorio Klostermann (HGA 100), 2019) 참조.

3. *Johann Peter Hebels Werke*, Wilhelm Altwegg 편, Bd. 3: *Hochdeutsche und lateinische Gedichte, Rätsel, vermischte Prosa, theologische Schriften, Predigten*(Zürich/Berlin, Atlantis-Verlag, 1943), 314쪽.

4. 하이데거가 언급한 노벨상 수상자 회의는 1955년 7월 11일부터 15일까지 린다우(Lindau)에서 개최되었다. 이 회의에서 채택된 「마이나우 선언(*Mainau Kundgebung*)」에서, 노벨상 수상자 18명은 핵무기의 사용에 대해 경고했다. 선언은 다음과 같이 전체 원문 그대로 전해진다.

마이나우 선언
우리는 이 선언에 서명하는 자연과학자들로서, 서로 다른 나라, 인종, 종교, 정치적 신념을 지니고 있다. 외형적으로 우리를 하나로 묶는 것은 우리가 수상한 노벨상뿐이다.

우리는 기꺼이 우리 삶을 과학에 헌신해 왔다. 우리는 과학이 인류의 더 행복한 삶으로 나아가는 길이라고 믿는다. 그러나 우리는 그 과학이 인류의 손에 스스로를 파괴할 수단을 쥐여 주고 있음을 두려움과 충격 속에 바라보고 있다.

오늘날 가능한 무기들이 전면적으로 사용된다면, 지구는 방사능으로 심각하게 오염되어 국가와 민족 전체가 파괴될 수 있다. 이 죽음은 교전국뿐 아니라 중립국도 예외 없이 덮칠 것이다. 만일 강대국들 사이에 전쟁이 일어난다면, 그 전쟁이 이러한 치명적인 충돌로 발전하지 않을 것이라 누가 보장할 수 있겠는가? 이렇게 한 국가가 전면전을 벌이게 되면, 그것은 곧 자국의 멸망을 불러오고, 전 세계를 위협에 빠뜨리는 일이다.

물론 우리는, 오늘날의 평화가 어쩌면 이러한 치명적인 무기에 대한 두려움 덕분에 유지되고 있다는 점을 부정하지 않는다. 그러나 정부들이 이러한 두려움만으로 장기간 전쟁을 방지할 수 있다고 믿는다면, 그것은 자기기만이라 우리는 생각한다. 극한의 위기 상황에서는, 어떤 국가도 과학 기술이 만들어 낼 수 있는 무기의 사용을 스스로 금지하지 않을 것이다.

모든 국가는 정치의 최종 수단으로서의 폭력 행사를 자발적으로 포기하는 결단에 이르러야 한다. 그렇지 않다면, 그들은 존재를 지속할 수 없을 것이다.

쿠르트 아들러(Kurt Adler), 본
리하르트 쿤(Richard Kuhn), 하이델베르크
막스 보른(Max Born), 바트 피르몬트
프리츠 리프만(Fritz Lipmann), 보스턴
아돌프 부테난트(Adolf Butenandt), 튀빙겐
H. J. 뮐러(H. J. Müller), 블루밍턴
아서 H. 콤프턴(Arthur H. Compto), 세인트루이스
파울 헤르만 뮐러(Paul Hermann Müller), 바젤
게르하르트 도마크(Gerhard Domagk), 부퍼탈
레오폴트 루지치카(Leopold Ruzicka), 취리히
폰 오일러켈핀(H. K. von Euler-Chelpin), 스톡홀름
프레더릭 소디(Frederick Soddy), 브라이턴
오토 한(Otto Hahn), 괴팅겐
웬들 메러디스 스탠리(Wendell Meredith Stanley), 버클리
베르너 하이젠베르크(Werner Heisenberg), 괴팅겐
헤르만 슈타우딩거(Hermann Staudinger), 프라이부르크
게오르크 폰 헤베시(Georg von Hevesy), 스톡홀름
유카와 히데키(Hideki Yuwaka), 교토.

다음에서 재인용함. Werner Stolz, Otto Hahn/Lise Meitner, *Biographien hervorragender Naturwissenschaftler, Techniker und Mediziner*, Bd. 64(Berlin, Teubner Verlagsgesellschaft, 2판 1989), 75쪽 이하.

5. 웬들 메러디스 스탠리(1904~1971)는 미국의 화학자이자 바이러스학자로, 1946년 노벨 화학상을 수상했다. 린다우 노벨상 수상자 회의에 대해서는 편집자 주 4 참조.

6. Friedrich Wagner, *Die Wissenschaft und die gefährdete Welt. Eine Wissenschaftssoziologie der Atomphysik*(München, C. H. Beck, 1964), 235쪽.

7. 초판(EA): 'hängenbleiben'.

8. *Johann Peter Hebels Werke*, Wilhelm Altwegg(Zürich/Freiburg i. Br., 1940), Bd. 3, 314쪽.

「초연한 내맡김의 해명」

1. 하이데거의 내부 쪽수 표시는 초판본 기준으로 한 것이다.(초판에서는 75쪽, 한국어 판에서는 291쪽)

2. 초판(EA): ⟨ich⟩.

3. 하이데거의 '초연한 내맡김(Gelassenheit)' 개념과 마이스터 에크하르트를 연관 짓는 논의에 대해서는 다음을 참조하라. Friedrich-Wilhelm von Herrmann, "Gelassenheit im Denken Martin Heideggers", in Wolfgang Erb/Norbert Fischer 편, *Meister Eckhart als Denker*, Eckhart-Jahrbuch, Beihefte 4, Stuttgart, Kohlhammer, 2017, 455~466.

4. EA: 쉼표 없음.

5. '기다림과 내맡김(Warten und Gelassenheit)'이라는 주제는 (한국어 판) 218쪽 2번 주석 참조.

6. HE: 여백 표시 ─ 문장 전체에 대한 중요 표시선.

7. HE: 여백 표시 ─ 문장 전체에 대한 중요 표시선.

8. 초판: 쉼표 없음.

9. Martin Heidegger, "Sein und Zeit. Erste Hälfte", in *Jahrbuch für Philosophie und phänomenologische Forschung* 8, Edmund Husserl(Halle an der Saale, Max Niemeyer, 1927), §62: "Das existenziell eigentliche Ganzseinkönnen des Daseins als vorlaufende Entschlossenheit". 『존재와 시간』은 이후 단행본(연감에서 발췌한 특별판)으로도 출판되었다. 1953년 제7판부터는 "제1부"라는 표기가 삭제되고 「제7판에 부치는 머리말」이 추가되었다. 1977년에는 저자의 오두막 소장본에서 가져온 여백 주석이 부록에 수록된 제14판이 나왔으며, 1979년에는 재검토된 제15판, 2006년에는 제19판이 출간되었다. 전집에서는 프리드리히빌헬름 폰 헤르만이 편집한 제2권(HGA 2)으로 수록되어 있다.(Frankfurt a. M., Vittorio Klostermann, 1977, 2판 2018)

10. EA: ⟨unterlassen⟩ 뒤에 쉼표가 있음.

11. Hermann Diels, "Die Fragmente der Vorsokratiker", Bd. I-III, Walther Kranz 편, Bd.1(Berlin, Weidmannsche Buchhandlung, 5판 1934), Fragment 122 참조.

12. 하이데거 전집 제13권(HGA 13, 72쪽)에서는 "schlagend"가 "treffend"로 대체되었으나, 하이데거의 자필본에는 해당 부분에 대한 수정이 없다.『초연한 내맡김』단행본의 이후 모든 판에서는 "schlagend"가 유지되었다.

「안내」

1. 하이데거의『초연한 내맡김』초판 자필본에서는 75쪽에 색인이 있으며, 한국어 판에서는 289쪽에 재현되어 있다.

2. 콘라딘 크로이처(Conradin Kreutzer, Meßkirch 1780~Riga 1849)는 매우 다작한 음악가이자 작곡가였다. 그의 가장 유명한 작품 중 하나는 낭만주의 오페라「그라나다에서의 하룻밤(*Das Nachtlager in Granada*)」이다. 하이데거와 크로이처에 대한 더 자세한 내용은 다음 문헌을 참조할 것. *Gelassenheit. Zum 125. Geburtstag von Martin Heidegger. Die Meßkircher Rede von 1955*. Alfred Denker und Holger Zaborowski 해설(Freiburg/München, Verlag Karl Alber, 2014).

3. 전체 대화는 다음 제목으로 출판되었다. "'Ἀγχιβασίη'. Ein Gespräch selbdritt auf einem Feldweg zwischen einem Forscher, einem Gelehrten und einem Weisen", 수록처: Martin Heidegger, *Feldweg-Gespräche*(*1944/45*), Ingrid Schüssler 편(Frankfurt a. M., Vittorio Klostermann(HGA 77), 1995), 1~157쪽.

4. Martin Heidegger, *Was heißt Denken?*(Tübingen, Max Niemeyer, 1954, 51997), 135~149쪽, 174쪽과 그다음 쪽. 하이데거 전집 제8권(HGA 8)에서는 Paola-Ludovika Coriando 편집으로 출간(Frankfurt a. M., Vittorio Klostermann, 2002), 여기에선 225~266쪽. 이 판은 두 편의 미공개 텍스트가 추가되었고, 하이데거 자필본의 정정과 주석이 반영되어 있다. 미공개 텍스트는 1951/1952년 겨울 학기 제9강의 중 미발표 원고와, 1952년 여름 학기 마지막 미발표 강의이다.

5.『초연한 내맡김』초판(Pfullingen, Verlag Günther Neske, 1959)에서는「해명」전체 중 중간 부분만을 "Zur Erörterung der Gelassenheit — Aus einem Feldweggespräch über das Denken"이라는 제목으로 출판했다. 앞부분

과 뒷부분은 하이데거 전집(HGA 77, 주석 3번 참조)에서 처음 출판되었다.

6. 초판 자필본에는 번역자 앙드레 프레오의 자필 편지가 포함되어 있다. 프레오는 『초연한 내맡김』을 프랑스어로 번역했다. Martin Heidegger, "Sérénité" in *Questions III* (Paris, Gallimard, 1968). 해당 편지는 다음과 같다.

Soustons, le 1er septembre 1964

Monsieur,

Je m'excuse beaucoup de venir à nouveau vous déranger, surtout au milieu de vos vacances. J'espérais pouvoir trouver seul des équivalents pour les termes techniques du "Feldweggespräch" ("Gelassenheit", 2e partie); mais mes conjectures restent finalement des conjectures et je ne puis évidemment traduire au petit bonheur — surtout un texte de cette importance. Je prends donc l'extrême liberté de vous adresser ci-joint un petit questionnaire, espérant que, cette fois encore, vous aurez la bonté d'y répondre.

Il serait aussi bien intéressant de savoir si ce n'est pas le "Feldweggespräch" qui vous a conduit à écrire *Der Feldweg*.

J'espère que cette lettre vous trouvera en parfaite santé et vous prie de vouloir bien agréer, Monsieur et cher Maître, avec encore mes excuses et d'avance mes plus vifs remerciements, l'expression de ma très respectueuse et profonde admiration.

Préau

수스통, 1964년 9월 1일

선생님께,

다시 한번 귀찮게 해 드려 정말 죄송합니다. 특히 휴가 중에 이렇게 연락을 드립니다. '들길 대화'(『초연한 내맡김(*Gelassenheit*)』 제2부)의 전문 용어에 대한 등가어를 혼자 찾을 수 있기를 바랐습니다. 하지만 제 추측은 결국 추측일 뿐이며, 특히나 이처럼 중요한 텍스트를 대충 번역할 수는 없었습니다. 따라서 첨부된 작은 질문지를 보내 드리는 극도의 무례를 무릅쓰며, 이번에도 친절하게 답변해 주시기를 바랍니다.

'들길 대화'가 선생님께서 『들길(*Der Feldweg*)』을 쓰시게 된 계기가 아닌지 아는 것도 흥미로울 것 같습니다.

선생님께서 건강하게 잘 계시기를 바라며, 선생님 그리고 존경하는 스승님께 다시 한번 사과와 함께 미리 깊은 감사의 말씀을 전하며, 매우 정중하고 깊은 존경의 마음을 표합니다.

프레오

「하이데거의 노트」

1. Meister Eckhart, *Erste Abtheilung*: *Predigten und Traktate*, Franz Pfeiffer 편; 제3판, 1857년 판과 동일(Göttingen, Vandenhoeck & Ruprecht, 1914).

2. Jacob und Wilhelm Grimm, *Deutsches Wörterbuch*(Leipzig, Hirzel, 1854).

편집자 후기

"나는 이전의 입장을 떠났다. 그것은 다른 입장과 맞바꾸기 위해서가 아니라, 이전의 입장 또한 단지 도중의 머무름이었기 때문이다. 사유 속에서 지속적인 것은 길이다. 그리고 사유의 길들은 우리로 하여금 그것들을 앞으로도, 뒤로도 걸을 수 있게 한다는, 심지어 되돌아가는 길이 우리를 비로소 앞으로 나아가게 한다는 신비로운 것을 품고 있다." ― 마르틴 하이데거, 『언어로의 여정』[a]

이 네 권[b]으로 된 판에 수록된 마르틴 하이데거의 저작은 초판 및 하이데거 자신의 여백 주석이 더해진 자필본을 바탕으로 한다. 그 범위는 『초연한 내맡김』, 『철학 ― 그것은 무엇인가』와 같은 핵심적인 주제를 다룬 소규모 단행본들에서부터 모음집 『강연과 논문들(*Vorträge und Aufsätze*)』, 그리고 『근거 명제(*Der Satz vom Grund*)』, 『언어로의 여정(*Unterwegs zur Sprache*)』 같은 대규모 단행본에까지 이른다. 이 글들은 마르틴 하이데거의 사유에 있어서뿐만 아니라 20세기 철학 전체에 있어서도 핵심 텍스트로 간주된다.

하이데거는 이 저작들을 학문 공동체뿐만 아니라 더 넓은 일반 독자층을 염두에 두고 준비했다. 그는 이 글들을 스스로 선별하고 출간을 위해 정리했으며, 그의 생전에 귄터 네스케 출판사를 통해 출간했다.

---

a Martin Heidegger, *Unterwegs zur Sprache*(Pfullingen: Günther Neske, 1959), p. 98.
b 클레트코타 출판사에서 출간된 전 4권의 *Denkwege*를 가리킨다. 한국어 판 『동일성과 차이』는 그중 *Kleine Schriften*(2022)에 수록된 여섯 편 중 네 편을 수록한 것이다. ―감수자 주

이 저작들은 하이데거가 세계적 명성을 얻게 되는 데 결정적으로 기여했으며, 그의 사유가 『헤벨: 가정 친구(Hebel—der Hausfreund)』처럼 이해하기 쉬운 글에서도, 『동일성과 차이』 같은 고도의 난해함을 띠는 글들에서도 드러나는 방식으로, 하이데거 사유의 다양성과 다층성에 대한 대표적인 통찰을 제공한다.

편집자들은 이 책에 수록된 짧은 저작들을 연대순이 아닌 주제별로 배열하기로 결정했다. 이는 독자가 하이데거 사유의 길들에 보다 쉽게 진입할 수 있도록 하기 위함이다. 여기 수록된 글은 본래 단행본으로 출간되었기 때문에, 각 텍스트와 해당 자필본에 대한 해설을 담은 고유한 편집자 주를 각각 덧붙였다.

이 책에는 마르틴 하이데거가 1954년부터 1962년 사이에 풀링겐의 귄터 네스케 출판사에서 출간한 모든 소규모 저작이 수록되어 있다.

『사유의 경험으로부터(Aus der Erfahrung des Denkens)』(1954)

『철학 — 그것은 무엇인가(Was ist das-die Philosophie?)』(1956)

『동일성과 차이(Identität und Differenz)』(1957)

『헤벨: 가정 친구(Hebel—der Hausfreund)』(1957)

『초연한 내맡김(Gelassenheit)』(1959)

『기술과 전환(Die Technik und die Kehre)』(1962)

위의 초판 저작들은 이후 여러 판에서 수정 없이 귄터 네스케 출판사에서 재판되었고, 1993년부터는 슈투트가르트의 클레트코타 출판사에서 재출간되었다.

하이데거 전집(Heidegger-Gesamtausgabe, 이하 HGA)에서 각 글이 수록된 곳은 다음과 같다.

『사유의 경험으로부터』와 『헤벨: 가정 친구』는 HGA 제13권 『사유의 경험으로부터』(헤르만 하이데거 편, 프랑크푸르트 암 마인: 1983), 75~86쪽 및 133~150쪽에 수록됨.

『철학 — 그것은 무엇인가』와 『동일성과 차이』는 HGA 제11권 『동일성과 차이』(프리드리히빌헬름 폰 헤르만 편, 프랑크푸르트 암 마인: 2006), 3~26쪽 및 27~110쪽에 수록됨.

단행본 『초연한 내맡김』의 첫 번째 글인 「초연한 내맡김」은 HGA 제16권 *Reden und andere Zeugnisse eines Lebensweges*(헤르만 하이데거 편, 프랑크푸르트 암 마인: 2000), 517~529쪽에 수록됨. 두 번째 글인 「초연한 내맡김의 해명: 사유에 관해 들길을 거닐며 나눈 대화로부터」는 HGA 제13권 『사유의 경험으로부터』, 37~74쪽에 수록됨.

단행본 『기술과 전환』의 첫 번째 글인 「기술에 대한 물음(*Die Frage nach der Technik*)」은 HGA 제7권 『강연과 논문들』(프리드리히빌헬름 폰 헤르만 편, 프랑크푸르트 암 마인: 2000), 5~36쪽에 수록됨. 두 번째 글인 「전환(*Die Kehre*)」은 HGA 제79권 『브레멘과 프라이부르크 강연들(*Bremer und Freiburger Vorträge*)』(페트라 예거 편, 프랑크푸르트 암 마인: 1994), 68~77쪽에 수록됨.

HGA에서는 다음 글들이 하이데거가 자신의 여러 자필본에 남긴 보완과 수정 사항을 반영하여 개정되었다. 『철학 — 그것은 무엇인가』, 『동일성과 차이』, 『기술과 전환』. 이 외의 논고는 하이데거의 주석 없이 HGA에 수록되었다.

하이데거의 자필본에는 보완과 수정 사항이 대개 인쇄된 본문의 여백이나 삽입된 별지에 기입되어 있다. 여기에는 연속적인 성찰과 해설, 발췌문, 키워드 형식의 언급, 쪽수 표시 또는 특수 기호를 통한 강조와 참조가 포함되어 있다.

'철학 논고 선집(Kleine Schriften)'이라는 제목으로 출간된 이번 판에서는 하이데거의 별지, 수정 기호, 여백 주석들을 해당 자필본을 바탕으로 전 저작에 걸쳐 확인하고, 필요한 경우 보완했다. 특히 이번에는 하이데거가 자필본의 책날개에 기입한 색인을 처음으로 수록했다.

또한 하이데거가 자필본에 끼워 둔 몇몇 메모와 편지도 처음으로 포함되었으며, 자필로 남긴 쪽수 참조도 처음으로 전면 반영되었다. 이 참조들은 주로 귄터 네스케 초판 쪽수를 기준으로 하며, 해당 쪽수 체계는 다수의 연구 문헌에서도 서지적 기준으로 사용된다. 따라서 이번 판에서는 초판의 원래 쪽수를 본문 여백에 대괄호 [ ]로 표시했다. 페이지가 나뉘는 표시는 세로줄 |로 나타낸다. 이러한 방식은 하이데거가 내부 쪽수 참조나 기타 기호를 통해 설정한 텍스트 간 연결을 더욱 쉽게 추적할 수 있도록 한다.

더불어 하이데거의 여백 표시, 밑줄, 특수 기호를 통한 강조 표현들도 이번에 처음으로 반영되었다. 이들은 특정 문장을 강조하거나 본문 내 연관 구조를 지시하는 역할을 하며, 하이데거 자신이 직접 설정한 연결점이기 때문에 수용사적 측면에서도 중요한 의미를 갖는다.

하이데거의 주석은 그의 철학 내적 연관 구조를 드러내며, 그의 사유가 끊임없이 되새겨지고 갱신되었다는 사실을 증명한다. 그는 전집 서문 초안에서 사유의 길을 다음과 같은 말로 설명한 바 있다. "다의적인 존재 물음의 변화하는 탐구 속에서 길의 영역(Wegfeld) 안에 있는 하나의 도정(Unterwegs)". 이러한 말로 그는 "사유의 길적 성격"을 다음과 같이 표현했다. "전집은 변화하는 질문, 다의적인 존재 물음의 길터 위의 도상을 여러 방식으로 보여 주려 한다. 전집은 그리하여 그 물음을 받아들이고, 함께 물으며, 무엇보다도 더 물음답게 묻도록 이끌고자 한다.

더 물음답게 묻는다는 것은 되돌아가는 걸음을 행하는 것이다. 곧 미리 가려져 머물러 있는 것 앞으로 되돌아가고, 이름하는 말하기로 되돌아가는 것이다. 여기서 '되-돌아감(zu-rück)'은 사유의 길의 성격이지, 시간적·역사적인 것이 아니다."[c]

---

[c] Martin Heidegger, *Gesamtausgabe, I. Abteilung: Veröffentlichte Schriften*

본문에서는 하이데거의 주석이 위첨자 영어 소문자로 표시되며, 같은 페이지 아래에 본문 각주로 제시된다. 아라비아 숫자로 표기된 각주는 마르틴 하이데거 자신이 남긴 원주이다.[d]

초판의 문장은 본문에 정확히 재현되었으며, 다만 약자 처리된 이름이나 하이데거가 자필로 명확히 지시한 교정 사항 중 인쇄 오류에 해당하는 경우는 예외로 했다. 이런 명백한 경우 하이데거의 수정은 본문에 반영되었다. 한편 편집자 주석은 본문에서 별표(*)로 표시되며[e] 해당 사항은 주석 내용에서 자세히 설명된다.

편집자들은 이 네 권짜리 판에 수록된 본문을 원전 비평적으로 정확히 재현하기 위해 다음 원칙을 따랐다.

— 하이데거의 주석은 위첨자 영어 소문자로 표시된다.

— 별표(*)는 편집자의 주석, 보완 및 해설을 지시하며, 이는 편집자 부록에 정리되어 있다.

— 모든 텍스트는 초판의 맞춤법과 문장 부호를 변경 없이 그대로 재현했다.

— 맞춤법과 문장 부호상의 차이는 편집자 부록에서 해설했다.

— 하이데거의 자필 교정 기호는 반영되었으며, 편집자 주에서 따로 제시되었다.

— Her-vor-bringen, Ge-stel, In-sich-beruhen, In-die-Nähe-hinein-sich-einlassen과 같은 단어 나눔 표기는 줄바꿈이 생겨도 그대로 유지되었다. 이 경우 하이데거 특유의 단어 나눔은 단어 분리 기호로 구분되며, 줄 끝과 다음 줄 첫머리 양쪽 모두에 명확히 표기되었다.

1914~1970, Band 1: *Frühe Schriften(1912~1916)*, Friedrich-Wilhelm von Herrmann 편, Frankfurt a. M., Vittorio Klostermann (HGA 1), 2판 2018, 437쪽.
d 한국어 판에서는 하이데거 원주를 별표(*)로 표시했다. —감수자 주
e 한국어 판에서는 원서 편집자 주를 아라비아 숫자로 표시하고 미주로 실었다. —감수자 주

— 초판 인쇄본과 달리, 본문에서는 모든 이름을 풀어 써서 독자의 이해를 도왔다.

— 고대 문헌에서 인용된 경구나 시적 인용문이 본문과 분리되어 있는 경우, 이탤릭체로 표시했다.ᶠ

— 활자 강조된 부분은 이탤릭체로 처리했고, 이미 이탤릭체 안에 있을 경우 정체로 되돌렸다.

— 하이데거의 자필 밑줄은 이탤릭체로 표기했다.

— 하이데거의 이중 밑줄은 단일 밑줄과 이탤릭체로 표기했다.

— 하이데거의 자필 취소선은 본문에서 삭제되지 않고 그대로 제시되었다.

— 그 외 다른 종류의 강조 표기들은 편집자 주에서 설명되었다.

— 하이데거가 자필본에 덧붙인 보완, 삭제, 표기 등으로 인해 생긴 텍스트의 변형은 모두 본문 각주에 수록되었다. 특수한 경우에는 편집자들이 편집자 주에서 그 변형의 유형을 명시적으로 지시했다.

— 자필 변형의 맥락과 배치를 이해하는 데 필요한 경우, 인쇄된 본문 속 단어 또는 문장 일부가 본문 각주에 다시 제시되었다. 이 단어나 문장 단위는 편집 괄호 〈 〉로 묶여 있으며, 필요한 경우 자필 주석에 포함된 이탤릭체, 인용 부호, 쌍점, 괄호, 단어 분리 기호 등이 함께 반영되었다.

— 하이데거의 자필 기호들(이중 수직선, 원, 십자, 플러스 기호 등)에 대해서는, 편집자 주에 그 강조 방식이 설명되어 있다. 이때 강조된 텍스트 단위는 경우에 따라 편집 괄호 〈 〉로 함께 제시되었다.

— 원형, 가로줄이 그어진 원형, X자형 원형, 십자, 수직선, 수평선, 플러스 기호 등 하이데거의 표기 기호들 가운데, 여백 주석과의 연결

---

f 이하 원서의 이탤릭체를 한국어 판에서는 고딕체로 표시했다. —감수자 주

기능이 없는 경우에 한해서만 해당 기호가 따로 언급된다.

— 하이데거는 자필본에서 때때로 다양한 색상을 사용했으며, 이는 주제별 구분이나 집필 과정의 서로 다른 단계들을 나타내는 것일 수 있다. 이번 판본에서는 각각의 색 구분마다 하나의 각주가 대응되도록 처리했다. 단, 한 문장 안 혹은 바로 이어지는 문장들 안에서 서로 다른 색이 쓰인 강조의 경우에는 일반적으로 하나의 각주만 부여되었다. 특수한 강조에 대해서는 편집자 주에서 별도로 언급했다.

— 가능한 경우 하이데거가 인용한 텍스트는 그가 사용한 도서관 소장판을 근거로 대조했으며, 본 판의 편집자 주에서 해당 문맥 속에 인용·보완되었다.

— 본문 속 대괄호 [ ]로 묶인 내용은 하이데거가 삽입한 것이다.

— 본문 각주의 대괄호 [ ] 안의 삽입 내용 그리고 「하이데거의 노트」, 「하이데거의 자필 색인」 항목 내의 대괄호 내용은 (별도의 언급이 없는 한) 편집자에 의해 추가된 것이다.

— 하이데거의 자필 텍스트 내 약어는 편집자에 의해 대괄호 [ ]에 완전한 형태로 보완되었다. 단, 약어 "u."는 항상 "und"로 풀어 적었다.

— 판독이 불확실한 구절은 [?]로 표시되었으며, 경우에 따라 편집자 주에서 해설되었다.

— 이 판본에서 사용된 주요 약어 및 그 밖의 기호들은 이 후기에 앞서 제시된 「약어, 참조 및 표시 기호 목록」에 정리되어 있다.

우리는 유고 관리자 헤르만 하이데거 박사(1920~2020)와 아르눌프 하이데거의 신뢰와 훌륭한 협력에 깊이 감사드린다. 이 두 분과 더불어 데틀레프 하이데거에게는 하이데거의 자필본을 제공해 주시고, 마르틴 하이데거의 자필 메모 해독 작업을 도와주신 데 대해 특별히 감사의 마음을 전한다. 또한 정성 어린 교정 작업에 대하여 유타 하이데거

(1929~2020)에게 특별한 감사를 드린다. 그리스어 인용문을 검토하고 교정해 준 귄터 노이만 교수에게도 깊이 감사드린다. 마바흐 독일문학아카이브의 아카이브 자료를 열람하고 제공하는 데 도움을 주신 구드룬 베른하르트, 율리아 마스 박사, M. A. 지몬 바이트만에게 감사드린다. 마리온 빈터(에슬링겐)와 토마스 지글러(파지나, 튀빙엔)에게는 세심한 교정 지원과 끊임없는 협력에 대해 특별한 감사를 드린다. 아울러 클레트코타 출판사와 발행인 미하엘 클레트 명예박사, 출판 책임자인 톰 크라우스하르, 편집자 요하네스 차자 박사에게도 감사드린다. 이 판이 마르틴 하이데거 사유에 대한 연구를 더욱 확장하고 심화하는 데 기여할 수 있기를 바란다.

알프레드 덴커(세비야, 메스키르히)
도로테아 숄(킬, 튀빙엔)
슈투트가르트, 2021년 5월 26일

옮긴이 신상희

건국대 철학과를 졸업하고 독일 프라이부르크 대학에서 하이데거의 수제자인 F.W. 폰 헤르만 교수의 지도 하에 철학박사학위를 받았다. 저서로는 『하이데거의 진리물음과 전회』와 『시간과 존재의 빛 ; 하이데거의 시간이해와 생기사유』등이 있으며, 역서로는 『하이데거』『하이데거의 존재와 시간을 찾아서』『야스퍼스』등이 있고, 주요 논문으로는 「말과 언어 — 기초 존재론적인 이해의 지평에서」외 다수가 있다.

감수자 임보라

홍익대 미학과 대학원에서 발터 벤야민의 문학비평 연구를 했다. 베를린 자유대에서 힐게 란트비어(Hilge Landweer) 교수의 현상학 콜로퀴움에 참여하면서 하이데거를 연구하기 시작했다. 행위와 감정, 좁게는 몸과 감각에 기반한 소통을 주제로 인간 존재방식에 대한 연구를 진행 중이다. 옮긴 책으로 에바 폰 레데커의 『삶을 위한 혁명』이 있다.

현대사상의 모험 4

동일성과 차이

1판 1쇄 펴냄 2000년 9월 21일
1판 6쇄 펴냄 2018년 9월 24일
2판 1쇄 찍음 2025년 10월 27일
2판 1쇄 펴냄 2025년 11월 14일

지은이 마르틴 하이데거
옮긴이 신상희
발행인 박근섭·박상준
펴낸곳 (주)민음사

출판등록 1966. 5. 19. 제16-490호
주소   서울특별시 강남구 도산대로1길 62(신사동) 강남출판문화센터 5층 (06027)
대표전화 02-515-2000 / 팩시밀리 02-515-2007
홈페이지 www.minumsa.com

한국어 판 ⓒ (주)민음사, 2000, 2025. Printed in Seoul, Korea

ISBN 978-89-374-1597-5 94160
       978-89-374-1600-2 (세트)

* 잘못 만들어진 책은 구입처에서 교환해 드립니다.